亚玲 著

分科时代的通才教育

——以清华大学为考察中心（1925-1937）

大学与现代中国◎主编 朱庆葆

南京大学出版社

图书在版编目(CIP)数据

分科时代的通才教育 ：以清华大学为考察中心 ：1925—1937 / 徐亚玲著. — 南京 ：南京大学出版社，2017.7

（大学与现代中国 / 朱庆葆主编）

ISBN 978-7-305-18675-2

Ⅰ. ①分… Ⅱ. ①徐… Ⅲ. ①高等教育—教育史—研究—中国—1925—1937 Ⅳ. ①G649.296

中国版本图书馆 CIP 数据核字(2017)第 112735 号

出版发行 南京大学出版社
社　　址 南京市汉口路 22 号　　邮　编 210093
出 版 人 金鑫荣

丛 书 名 大学与现代中国
书　　名 分科时代的通才教育
——以清华大学为考察中心(1925—1937)
著　　者 徐亚玲
责任编辑 王　静　官欣欣　　编辑热线 025-83593947

照　　排 南京南琳图文制作有限公司
印　　刷 丹阳市兴华印刷厂
开　　本 700×1000 1/16 印张 18 字数 270 千
版　　次 2017 年 7 月第 1 版 2017 年 7 月第 1 次印刷
ISBN 978-7-305-18675-2
定　　价 72.00 元

网址：http://www.njupco.com
官方微博：http://weibo.com/njupco
官方微信号：njupress
销售咨询热线：(025) 83594756

序　言

朱庆葆

现代意义上的大学起源于欧洲。19 世纪以来，随着西方文明在全球范围内的帝国主义化和殖民化，大学在全世界迅速扩展。著名的比较高等教育学者许美德将这一进程称为“欧洲大学的凯旋”①。是否是“凯旋”姑且不论，但大学的扩展给世界各国带来了深远的影响。

（一）

中国传统意义上的高等教育机构源远流长。远者如起源于汉代的太学，鼎盛时期东汉太学生多达三万；近者如宋元以来的书院，讲学之风兴盛，一时蔚为风气。但现代大学在中国的出现，至今不过百余年的历史，梅贻琦便曾指出：“近日中国之大学教育，溯其源流，实自西洋移植而来。”②作为一种新兴的组织机构，中国大学自诞生之日便受到社会各界的关注。在现代中国波澜壮阔的变迁历程中，大学以及活跃于大学场域的社会群体，对中国的历史进步和社会发展产生了广泛且深远的影响。这种影响不仅表现在教育、学术和文化领域，而且触及政治的更替、民族的救亡和广泛意义上的社会变革。

首先，大学是推动中国学术独立和文化重建的中心。从根本上

---

① ［加］许美德：《中国大学：1895－1995 一个文化冲突的世纪》，许洁英译，教育科学出版社，2000 年，第 32 页。

② 梅贻琦：《中国人的教育》，中国工人出版社，2013 年，第 12 页。

来说，大学是由学者组成的学术性组织，并以知识的生产和传播为本职。蔡元培说："大学者，研究高深学问者也"。[①] 强调的就是大学以学术为本位的组织特征。近代以来，在现代西方学术和文化冲击下，中国传统的知识体系和价值观念分崩离析，如何构建现代中国的学术和知识体系，推动中华的文化重建，是大学不可替代的历史责任。罗家伦在就任清华大学校长时说："要国家在国际间有独立自由平等的地位，必须中国的学术在国际间也有独立自由平等。"[②]并把追求学术独立作为新清华的使命。胡适在1915年留学美国时也说："中国欲保全固有之文明而创造新文明，非有国家的大学不可。"学术独立和文化重建，是百余年来大学孜孜以求的理想。[③]

其次，大学成为新兴知识分子汇聚的舞台和社会流动的新阶梯。随着科举的废除和现代学校体系的建立，大学这种新兴的学术机构成为城市知识分子安身立命的新场域。知识阶层在从传统的"士人"向现代知识分子的转变中，学术成为一门职业，使他们在大学找到了施展抱负的舞台，并致力于构建"学术社会"的努力。而对于有着数千年以读书为进身之阶传统的中国社会，"上大学"也成为各个阶层谋求改变社会地位、实现人生理想的重要途径。大学成为社会晋升阶梯中至关重要的一环。

再次，大学是政治变革的先导者和国家建设的担负者。大学还深度介入到现代中国的政治变革和国家建设之中。大学对政治和社会有着敏锐的洞察，并有着致力于国家政治建构的时代担当，屡屡成为政治变革的先导力量。正所谓"政治一日不入正轨，学子之心一日不能安宁"[④]，大学因其特殊地位和知识阶层汇聚的特征，成为近代政党鼓吹主义、发展组织、吸纳成员的重要场域。使得每一次政治变

① 高平叔编：《蔡元培全集》第3卷，中华书局，1984年，第5页。

② 罗家伦先生文存编辑委员会：《罗家伦先生文存》第5册，台北"国史馆"，1988年，第18页。

③ 姜义华编：《胡适学术文集(教育)》，中华书局，1998年，第23页。

④ 刘伯明：《论学风》，《学衡》1923年第16期。

动，都在大学有着相应的呈现。同时大学作为国家培育人才之地，又是国家建设的砥柱中流。如何服务于国家战略目标，应对政府的意志和需求，也深刻体现在大学的知识生产和人才培育之中。

最后，大学是推动中华民族救亡和复兴的先驱力量。在20世纪上半叶国难深重的时代环境中，大学体现出了沉毅的勇气和担当的精神，成为民族救亡的先驱。这不仅仅体现于五四运动、“一二·九”运动这些重大的爱国事件，也表现为大学为推动中华民族学术独立所做的不懈努力。而在当前中华民族实现伟大复兴的历史进程中，作为现代社会的“轴心机构”，大学是时代的引领者，也是社会进步最为重要的推动力量。

（二）

由此看来，现代中国的大学早已不再是那种潜心于学术创获的“象牙之塔”，其“担负”是如此沉重，乃至难以承受。这也使得人人都在评论大学，但在如此错综复杂的矛盾纠缠中难得要领。

在大学与外界复杂的互动中，大学与国家、大学与政府的关系尤为引人注目。虽然在民国时期曾存在为数不少的私立大学（包括教会大学），但公立大学是现代中国大学的主体。在这种制度环境下，大学受国家政治变动和政策变化的影响更为直接、显著；而大学对外界政治的反应和参与也显得积极且主动，卷入的程度也更为深切。大学与国家、大学与政府的关系对于理解学术与政治、知识与权力在现代中国大学场域的运作和交互影响提供了很好的视角。

在现代中国，大学是培养国家精英和社会栋梁之所，对于国家的发展和社会的变革有着重要的影响。曾任中央大学校长的罗家伦说过：“后十年国家的时事就是现在大学教育的反映，现在的大学教育好，将来的情形也就会好，现在的大学教育坏，将来的情形也就会坏。”[①]国家的命运和大学教育的得失成败密切相关。现代中国社会的精英阶层来自于大学，他们在大学中接受的知识训练、选择的政治立场和养成的文化主张，都深刻关系到国家和社会未来的发展方向。

国家和政府对大学的影响则显得直接且强烈。现代中国的大学是国家教育系统的组成部分，被纳入现代民族国家建构的进程，紧密服务于国家现代化建设和民族性知识生产的需要。国家意志和政府需求深刻影响着，乃至主导着大学的知识生产和传播。大学生产什么样的知识，怎样生产知识，培养何种人才，都紧密围绕国家的目标展开。这既有权力对知识的引导，也有大学对国家需求的主动适应。急国家之所急，想政府之所想，所谓“与民族共命运、与时代同步伐”，大学与民族国家的建构紧密结合在一起。

国家对大学的影响还突出体现在意识形态上的控制。无论是清末的忠君尊孔，还是国民政府时期的三民主义教育，抑或是此后的无产阶级专政，政府都把大学视为灌输主流意识形态、加强思想文化统治的主要场域。通过引导、规范乃至钳制大学的知识生产和传播，国家意志和党派观念对于大学学术自由和创造性的知识生产都造成了不同程度的影响。

（三）

基于上述理解，我们组织编写了这套“大学与现代中国”丛书。从宏观上来讲，该丛书的主旨有两个。

第一，以大学作为观察和认识现代中国社会变化的一个重要的着力点。著名教育学家弗莱克斯纳曾说过，大学“是时代的表现”，它“处于特定时代总的社会结构之中而不是之外”[②]。大学不是抽象的概念、结构和组织，大学是它所置身的社会环境的体现。对于大学的

---

① 中国第二历史档案馆编：《中华民国史档案资料汇编》，第5辑第1编，教育(一)，江苏古籍出版社，1994年，第287页。

② [美]亚伯拉罕·弗莱克斯纳：《现代大学论——美英德大学研究》，浙江教育出版社，2001年，第1页。

研究不能局限于大学本身，而要把它置于周遭复杂的社会、政治、文化环境之中，来展示大学对于更为广阔的历史发展和社会变迁的影响。现代中国的社会精英阶层绝大部分都在大学接受教育，他们的知识结构、政治主张、文化立场在很大程度上都是在大学中形成。通过培育社会的精英阶层，大学对于现代中国的历史发展和社会变迁产生了广泛而深远的影响。对中国社会变化的理解，难以绕开大学。不理解大学，不理解大学培养的社会精英，不理解大学在知识生产、社会流动、政治变革和社会变迁中的作用和影响，就很难对现代中国的历史发展和社会变动给予深层次的阐释和解读。

第二，为探索具有中国特色的大学建设道路提供鉴戒。当前，建设具有中国特色、体现民族文化的大学和高等教育体系已经成为国家的意志。这既需要有国际视野，学习西方国家的先进的办学经验；同时更需要有本土情怀，继承现代中国大学发展历程中积累的丰厚历史遗产。作为一种西方文明的产物，大学要植根中国大地，才能生根成长、枝繁叶茂。如何形成自身的大学理念、大学模式和学术文化传统，如何处理大学与国家、大学与社会的关系，近代以来的中国大学有着卓有成效的探索，并积累了很多经验，当然也有教训。这些在今天都需要给予认真的反思和总结，并根据时代环境的变化加以采择。

英国教育家阿什比曾说过："任何类型的大学都是遗传与环境的产物。"[①]所遗传的是大学对于知识创获和文化传承的一贯责任，而面对的则是变动的历史环境和互异的文化土壤。希望"大学与现代中国"丛书能以大学作为切入点，加深对于现代中国的理解，加深对于大学的理解，加深对于现代中国大学的理解。

---

① 杨东平编：《大学二十讲》，天津人民出版社，2009年，第274页。

目　录

引 言

一、选题缘起

(一) 中国大学系科体制的确立及其所产生的弊端

近代以来，中国在引进西方大学制度及其知识体系的过程中，牢固地确立了分科治学的大学系科体制。这一现象在晚清、民国政府历次颁布的学制、大学规程中得到了充分体现。如：1902 年中国第一部学制——“壬寅学制”规定大学设专门分科，设政治、文学、格致、农业、工艺、商务、医术等 7 科 35 目；①1904 年“癸卯学制”在 7 科基础上增设经学科，共设 8 科 46 门；②1913 年民国北京政府教育部颁布的《大学规程》取消经学科，规定大学设文、理、法、商、医、农、工 7 科 39 门；③1929 年南京国民政府教育部颁布的《大学规程》，规定大学各科改称学院，设文、理、法、农、工、商、医、教育等 8 学院 41 学系。④ 到 20 世纪 50 年代初，中国效仿苏联教育模式，学系之下分设专业，按专业培养人才，专业之下又再为划分，一些专业学院“把系一

① 《钦定京师大学堂章程》，见璩鑫圭、唐良炎编：《中国近代教育史资料汇编・学制演变》，上海：上海教育出版社，1991 年，第 237 页。

② 《奏定大学堂章程》，见《中国近代教育史资料汇编・学制演变》，第 341—384 页。

③ 《教育部公布大学规程》，见《中国近代教育史资料汇编・学制演变》，第 697—698 页。

④ 《大学规程》，载《教育杂志》第 21 卷第 9 号，1929 年。

级升到院一级，然后把教研室升到系一级”[①]，学科设置日趋细化，大学系科体制发展到巅峰状态。概而言之，中国近代大学百年历程，呈现出分科制盛行、学科分支日益细化、知识传授日趋专门化的态势。

与中国传统教育制度相比，大学系科体制显然具有无与伦比的优越性。传统教育传授知识偏重人伦道德方面，讲究贯通，结果是“学术既不专门，自不能发达”[②]；而在大学系科体制下，专业知识教育压倒一切，学生各择学系，分科研习，专心致志，心无旁骛，可在规定年限内获得某一分支学科的高深知识，以追求学术专精为最终目的。这种知识传授的模式非常符合晚清思想家冯桂芬当初对中国引进西学路径的设想，即所谓“始则师而法之，继则比而齐之，终则驾而上之”，也非常契合近代中国以挽救民族危亡、追求国家富强为特征的时代背景。这正是系科制得以在近代中国大学稳固确立的主要原因。

与大学系科制度相伴随的必然是学术专门化。大学系科制度在其发展过程中，愈来愈趋向于追求学术专精，基础知识的传授反而容易被忽视，以至于一些大学“每骛于高深，有将研究院应习之专门科目，列入大学课程之内者”，结果，囫囵吞枣，学而不化，“既无法专精，复不能建立普通之基础”。[③] 大学中的基础课程，不仅学生“看轻”，甚至有些教授也认为“很普通很肤浅”，不屑于教授此种课程，而专门高深课程却在大学中普遍受到青睐和重视。30 年代初中央大学校长朱家骅观察到大学中不重视基础课程、追求专精的现象：

学哲学的，并不着重哲学概论和哲学史，康德的纯理性之批判，却非听不可。经济学系，经济概论可以不有，马克

① 陈岱孙：《关于经济学学习问题的一次谈话》，原载《清华经济管理研究》创刊号，1985 年 4 月，见《陈岱孙文集》，北京：北京大学出版社，1989 年，第 894 页。

② 傅斯年：《改革高等教育中的几个问题》，原载《独立评论》第 14 号，1932 年 8 月 28 日，见欧阳哲生主编：《傅斯年全集》，第 5 卷，长沙：湖南教育出版社，2000 年，第 23 页。

③ 《一九三七年以来之中国教育》，中国国民党中央委员会党史史料编纂委员会：《抗战时期教育》，《革命文献》第 58 辑，台北，1972 年，第 63 页。

> 斯的资本论非有不行。文学方面,文学史之类的功课不关重要,各个名家的作品,非个别的特设课程不可。地质系中非有一专门古生物的讲座不可,至于普通地质学,随便叫个什么人,学探矿的或学土木工程的人来教却不紧要。
>
> 物理方面,普通物理可以不注重,爱因斯坦的相对论,不管教者、学者如何,都非有不可。有人说数学系的微积分,都可马马虎虎找一个人来担任的。曾经有一个法学院的院长对我说过:法学通论这一门功课,应该排列到预科去……①

直到1981年,美籍华裔物理学家任之恭在邓小平接见他时,对于中国大学教育所提出的意见仍然集中于过于专门化、知识面狭窄等老问题上,他认为"中国大学生的兴趣和知识范围总的说来太窄","学校的课程政策僵硬",工程科学"太狭窄地在它们本学科内专门化,常常忽视了基础科学的作用和重要性"。② "冰冻三尺,非一日之寒",中国大学教育中与系科制度相伴随的学术专门化,已经到了相当严重的地步。

大学过于追求学术专精,忽视基础课程,容易造成学生知识面狭窄,知识结构不合理,最终会影响能力的培养、人格的塑造,乃至于整个人的全面发展。教育家孟宪承认为,"片断的分类,只为学习的便利罢了","人生是整个的,文化是整个的","若是学生对于文化没有一种概括的了解,分科太早,所习太窄,但容易犯'只见树木不见森林'的毛病。结果只得些片段的、机械的知识、技能,而失却它们在人生上的意义"。③ 历史学家雷海宗也观察到当时大学教育追求专门

① 朱家骅:《大学教育问题》,中国国民党中央委员会党史史料编纂委员会:《抗战前教育概况与检讨》,《革命文献》第55辑,台北,1983年,第95、96页。

② 任之恭著,范岱年、范健年译:《一位华裔物理学家的回忆》,太原:山西高校联合出版社,1992年,第188页。

③ 孟宪承:《高等教育的新试验》,周谷平、赵卫平编:《孟宪承教育论著选》,北平:人民教育出版社,1996年,第136页。

化，不重视基础知识，“因根基的太狭太薄，真正的精通既谈不到，广泛的博通又无从求得；结果各大学每年只送出一批一批半生不熟的知识青年，既不能作深刻的专门研究，又不能正当的应付复杂的人生”。①

大学过于追求专门化，不注重基础知识，不仅会影响到个人的发展，而且会阻碍整个国家和社会的生存和发展，因为这种方式培养出的学生“只学到一些专门技术的成法”，“缺乏普通的常识”，其结果只能是“对于社会事情的见解及判断，一定不能正确”，“如果社会上有许多见解不清、判断不明的人，社会的进步便会受他们的坏影响，并因此养成盲从的舆论，从而影响到国家政治”。② 史学家、教育家钱穆认为，在大学系科制度下，各系、各科学生“各筑垣墙，自为疆境”，“在彼自以为专门之绝业，而在世则实增一不通之愚人”，“以各不相通之人物，而相互从事于国家、社会共通之事业，几乎而无不见其日趋于矛盾冲突，分崩离析，而永无相与以有成之日”。③ 教育家梅贻琦也认为：“社会所需要者，通才为大，而专家次之，以无通才为基础之专家临民，其结果不为新民，而为扰民。”④

总而言之，大学系科制的先天不足在于为了学习、研究的便利，将原本普遍联系的知识人为地划分此疆彼界，结果导致学生画地为牢，囿于某一门类知识的学习，只见树木不见森林，思维方式日趋于机械和僵化，无法多角度、多方位、全面地认识世界。这不仅不利于能力的培养、思想和知识的创新，而且对于学生自身人格的完善及适应复杂、多变的现实社会也是致命的缺陷。教育家罗家伦曾指出：

① 雷海宗：《专家与通人》，《新南星》第6卷第5期，1940年。

② 咏霓：《中国大学生的成绩与缺点》，《独立评论》第37号，1933年。

③ 钱穆：《改革大学制度议》，原载《大公报》（重庆）1940年12月1日，见《钱宾四先生全集·文化与教育》，台北：联经出版公司，1998年，第196—197、201—202页。

④ 梅贻琦：《大学一解》，见《藤影荷声——清华校刊文选（1911—1949）》，北京：清华大学出版社，2001年，第130页。

“一个国家的现状，往往就是过去大学教育的反映。”[①]大学与国家、社会总是相互影响，相互激荡，大学系科制如果不克服其与生俱来的弊端，必将在长期内影响整个国家和社会的全面发展。

（二）通才教育——应对大学系科制弊端的良策

大学系科制的弊端是近代社会特有的现象，是人类知识总量激增后，有限的个人精力与数量众多的知识分支之间的矛盾所引起的必然结果。在古代社会，人类知识总量相对处于较低水平，教育的重点是人格的养成。如中国古代教育注重人伦道德的培养，注重“君子”和“士”的养成；西方古典自由教育也是注重人格教育，强调非功利性的教化作用。但十九世纪以后，近代科学、技术革命引发知识总量激增，学科发展日趋专门化和工具化。针对学科专门化所造成的知识面狭窄和割裂的现象，西方教育界开始进行反思并提出了应对办法。英国红衣主教、都柏林大学校长纽曼发表演讲，大声疾呼，重申自由教育(Liberal Education)的传统，强调大学教育的目标就是理智训练和发展人的理性(心灵)。1829 年，针对美国大学实行选科制，不设置共同课程，由学生各自选择学习不同课程的情况，美国博德学院的帕卡德教授提出实施一种“General Education”(普通教育)，“为学生提供所有知识分支的教学”，“使得学生在致力于学习一种特殊的、专门的知识之前对知识的总体状况有一个综合的、全面的了解”，标志着通识教育理念的发端。

中国近代意义上的大学教育来自西方，最初只能是亦步亦趋地模仿，大学系科制的弊端自然也难以避免。一般研究认为，1902 年 1 月 10 日光绪帝任命张百熙为京师大学堂管学大臣的上谕中“端正趋向，造就通才”一语，以及同年由张百熙主持制定的《京师大学堂章程》中“谨遵此次谕旨‘端正趋向，造就通才’为全学之纲领”一条，足

---

① 罗家伦：《中国大学教育之危机》，《文化教育与青年》，商务印书馆，1946 年，第 132 页。

以说明通才教育"作为大学教育宗旨和办学思想"已经在中国出现了。[①] 但是,这并不能说明当时大学教育主持者已经意识到分科制所必将导致的知识割裂及其对人格培养所带来的不良影响。因为京师大学堂采用分科制,主要教授专业课程,普通课程只在预科中设置。而预科在当时只是一种中学的替代品,是为当时中学尚未发展到能为大学提供生源的程度而临时设立的,也只相当于中学程度。[②] 而且,张百熙不可能已经意识到分科治学所必将带来的弊端,因为其时他尚极力援引唐、宋分科取士的先例来证明西方大学教育中分科制的合理性。[③] 洋务运动的鼓吹者、改良派思想家薛福成曾出使英、法、意、比四国,对"泰西诸国"的学术"专精"制度印象尤其深刻:"士所之研,则有算学、化学、电学、光学、声学、天学、地学及一切格致之学,而一学之中,又往往分为数十百种,至累世莫殚其业。"他认为这种制度产生的原因在于"宜其骤致富强也",而这种办法中国早在唐虞之后、宋明之前就已采用,现在只须"渐扩充之","稍变通之","斯可"。[④] 张、薛二人对于学术专精之倾心如出一辙。所以,京师大学堂的预科教育尚不能称为真正意义上的通才教育。真正意义上的通才教育应是在二十世纪早期大批欧美留学生回国以后才引入了这种理念。

通才教育在西方主要有两个源头,一为英国都柏林大学校长纽曼所提倡的西方古典的"Liberal Education",一为美国博德学院的帕卡德教授提出的"General Education"。"Liberal Education"和"General Education"译为中文后往往不加区分,混为一谈,而且有多

① 杨竞红:《会通中西,传承创新——三、四十年代梅贻琦通才教育思想和实践研究》,浙江师范大学2004年硕士论文,第8页。李曼丽:《通识教育——一种大学教育观》,北京:清华大学出版社,1999年,第200页。

② 刘军:《中国近代大学预科发展研究》,华东师范大学博士论文,2012年,第38、42页。

③ 《管学大臣张百熙奏陈京师大学堂章程折》(光绪二十八年七月十二日),北京大学、中国第一历史档案馆编:《京师大学堂档案选编》,北京:北京大学出版社,2001年,第146页。

④ 薛福成:《治术学术在专精说》,《庸盦海外文编四卷》,清光绪二十二年(1896)上海醉六堂石印本,第3卷。

种译名，如通才教育、自由教育、文科教育、文雅教育、博雅教育、通识教育、普通教育、一般教育等。之所以产生歧义，原因在于通才教育的理论和实践一直处于不断地探讨和发展之中，其内涵难以稳定。甚至直到1977年，仍有美国学者抱怨："迄今为止，没有一个概念像通识教育那样引起那么多的歧义。"以至于"有多少个作者探讨过通识教育，就有多少种关于通识教育的内涵表述"。[①] 文学评论家李长之曾专门就"Liberal Education"一词的翻译进行辨析，他认为在字面上应译为"自由民的教育"，以揭示其为希腊自由民所受教育的本来含义；在内涵上则应译为"通才教育"或"通人教育"，以揭示其造就通才或通人的目标。[②]

又有研究者曾对通才教育的内涵进行了归纳，认为通才教育的内涵包括自由教育和通识教育两个层次，"自由教育是一种人格教育，重在教育非功利性的教化的价值，与功利性很强的实用教育相对；通识教育是一种文理科基本知识的教育，旨在纠正过于专门化的教育所造成的知识的隔裂和偏狭，与学术领域的专门教育相对"。通才教育的基本精神是"对知识和文化的完整性追求，对人格的完整性的追求，即对一种完整的人和完整的教育的追求"。通才教育"重视知识的完整性和广泛性"，"强调知识的理论性和基础性"，以文理科基础教育为核心。[③] 也就是说通才教育与通识教育在内涵上还是存在一定的差别，通才教育的范围更宽，涵盖了通识教育。

本书以1925年到1937年间的清华大学为考察中心。早在清华大学开办之前，筹备者们就提出了"通才教育(Liberal Education)"的概念。[④] 而且，从后来清华大学人才培养的模式来看，也并非完全局限于知识传授上的文理兼重，人格塑造也是其所追求的重要目标。

---

① 李曼丽：《通识教育——一种大学教育观》，北京：清华大学出版社，1999年，第10页。

② 李长之：《谈通才教育》，《教育短波》复1第2期，1947年。

③ 杨东平：《通才教育论》，沈阳：辽宁教育出版社，1989年，第162、154、168、169页。

④ 《教育方针》，《清华周刊》第265期，1922年12月30日，第9、10页。

为了与当时的历史语境相符，本书以使用“通才教育”一词为宜。本书所要讨论的“通才教育”既是一种理念，又是一种大学教育模式；在理念方面是对完整的人和完整的教育的追求；在教育模式方面，是强调知识的整体性和注重人格培养；是一个大学教育理念与实践相结合的过程。

（三）清华大学为实施通才教育的典型

清华大学为中国著名高等学府之一，前身为 1909 年用美国退还的“庚子赔款”创办的一所留美预备学校——游美肄业馆，1910 年更名为清华学堂，1912 年改称清华学校，以输送学生进入美国大学学习、适应美国社会为出发点，带有较浓重的美国色彩。在近代中国民族主义盛行的年代，美国色彩一度成为清华学校欲求褪去的外衣。

然而，在 1925 年清华学校改办大学后，美国色彩却一变而成为进行制度革新的动力。清华改办大学之初，聘用了一批欧美留学生回国执教，利用其对美国及其他西方大学制度的充分了解和认识，在如何使西方大学制度与中国社会环境相适应方面进行了开拓性的探索，其中最重要的尝试之一为在清华开始实施通才教育。

美国是相对较早意识到分科制的弊端并开始实施通识教育的国家。1829 年，美国博德学院的帕卡德教授提出实施一种“General Education”（普通教育），“为学生提供所有知识分支的教学”，“使得学生在致力于学习一种特殊的、专门的知识之前对知识的总体状况有一个综合的、全面的了解”。从二十世纪初开始，美国各大学陆续进行了一系列的制度变革，以使学生在学科日益分化的时代，获得“在其专业之外应该掌握的基本知识和能力”，并使“各个互不联系的学科成为一个有意义的整体”。[①] 吸收美国大学制度变革的经验对中国大学克服过于注重专业教育的弊病无疑具有重要的意义。清华大

① 李曼丽：《通识教育——一种大学教育观》，北京：清华大学出版社，1999 年，第 8、71 页。

学通才教育的理念很大程度上来源于对美国通识教育理念的吸收和创新。

在分科制下实施通才教育，必须在满足专业教育需求的同时，还能使学生获得其专业以外的基本知识和能力，以获得较为全面的发展，因此在财力、师资、设备等方面需要比单纯的专业教育追加更多的投入。民国时期的大学常常因经费不敷或卷入政治纷争，风潮迭起，以至于正常的教学秩序经常受到冲击。相对而言，1925 年到 1937 年的清华大学，远离政治纷争，而且经费来源稳定，设备、图书充足，师资优良，学风淳厚，为实施通才教育提供了良好的外部环境。

1925 至 1937 年的清华大学处于迅速崛起和成长时期，在人才培养和学术研究方面取得了令人瞩目的成就，声誉日隆。清华正式改办大学始于 1925 年，相对于开办于 1898 年的北京大学及 1921 年的东南大学等老牌大学而言，起步较晚，只能算作后起之秀，但是到 1937 年抗战爆发前，清华已跻身于中国著名大学的行列。选择清华这所较为成功的大学作为个案，来考察通才教育的具体实施进程，探讨其前因后果、来龙去脉，具有典型性和重要意义。

二、研究状况综述

（一）关于通才教育或通识教育研究

关于通才教育的研究，从教育学角度出发的较为多见。这些研究或以国别、地区为研究范围，或选择特定大学为研究个案，或作综合性论述。以国别及地区通才教育为研究范围的论著包括美国著名教育家赫钦斯的《美国高等教育》、陈锡恩的《美国大学课程的改造》，杨颉的《大学通识教育课程研究——日本通识教育的历史与模式》、黄俊杰的《大学通识教育探索——中国台湾经验》等。[①] 赫钦斯揭示了20世纪30年代美国高等教育中所存在的专门化、职业化问题，提出了教育的目的是增进人类思维的观点，认为大学所要解决的是思辨的问题。陈锡恩论述了20世纪20、30年代美国大学针对训练专家与训练公民不能兼顾的问题，在组织、课程和教学法上所进行的各种改革。杨颉论述了战后50年间日本大学通识教育的实施进程，并考察了国家政策、社会环境、经济状况以及教育制度对通识教育的影响。黄俊杰论述了20世纪50年代以来中国台湾地区大学通识教育实施进程，并就通识教育的理念以及大学与产业界的关系进行了探讨。这些研究主要从国家或地区层面来对通才教育的理论和实施进程进行探讨和论述，揭示了宏观层面不同国家或地区通才教育理论和实践的不同状况。

以大学为个案展开的研究包括黎学平的《美国大学通识教育课程发展研究》(涉及哈佛大学和加州大学洛杉矶分校)，朱燕飞的《麻省理工学院通识教育研究》，王海燕的《芝加哥大学通识教育研究》，李蕾的《普林斯顿大学通识教育研究》，陈向明等的《大学通识教育模式的探索:以北京大学元培计划为例》，李曼丽、林小英的《后工业时代的通识教育实践——以北京大学和香港中文大学为例》等。[②] 这些研究主要以某一所或两所大学为例，就其通识教育的理念和实施进程进行探讨和论述，有些研究如陈著和李著，还论述了通识教育实施过程中所面临的各种困难，揭示了微观层面不同大学通识教育理论

① 参见(美)罗伯特·M·赫钦斯著，汪利兵译:《美国高等教育》，杭洲:浙江教育出版社，2001年。陈锡恩著，檀仁梅、廖汉译:《美国大学课程的改造》，上海:商务印书馆，1948年。杨颉:《大学通识教育课程研究——日本通识教育的历史与模式》，华东师范大学博士学位论文，2003年。黄俊杰:《大学通识教育探索——中国台湾经验》，广州:中山大学出版社，2002年。

② 参见黎学平:《美国大学通识教育课程发展研究》，长春:吉林人民出版社，2005年。朱燕飞:《麻省理工学院通识教育研究》，中国科学技术大学硕士学位论文，2005年。王海燕:《芝加哥大学通识教育研究》，河北师范大学硕士论文，2007年。李蕾:《普林斯顿大学通识教育研究》，湖南师范大学硕士论文，2012年。李曼丽、林小英:《后工业时代的通识教育实践——以北京大学和香港中文大学为例》，北京:民族出版社，2003年。

和实践的不同面相。

涉及通识教育综合性讨论的有李曼丽的《通识教育——一种大学教育观》、张寿松的《大学通识教育课程论稿》等。[①] 李曼丽对通识教育的理论和实践、历史和现状分别进行了阐述与讨论。张寿松对通识教育课程的类型、理念、目标、内容与实施等方面进行梳理和总结。另外从教育学某一角度研究通才教育或通识教育的论文为数众多,约有千余篇。这些研究比较注重理论阐述和制度分析,尤其注重对课程设置的分析,主要不足在于没有为通才教育所涉及的最重要对象——人(包括教师和学生)留下言说空间,滤去了研究对象的丰富信息。

从历史学角度研究通识教育的著作稍有欠缺,主要有李曼丽的《通识教育——一种大学教育观》及陈向明等的《大学通识教育模式的探索:以北京大学元培计划为例》,两著都是以少量篇幅对中国通才教育的历史作了概述性的回顾。[②] 另外,张雪蓉的《以美国模式为趋向:中国大学变革研究(1915—1927)——国立东南大学为个案》从教学内容和课程设置的角度提及了东南大学的通才教育。[③] 在这些研究中,历史学角度的通才教育并非其研究的重点,一般只是背景式的概述或简略叙述,尤其对于人格培养方面更是惜墨如金。

(二) 关于清华大学通才教育的研究

关于清华大学通才教育,较为全面、深入的研究至今尚未得见。已有的研究主要集中于人物的通才教育思想,其中对梅贻琦的研究为数较多,如黄延复的《梅贻琦与清华大学》《梅贻琦教育思想研究》,吴洪成的《生斯长斯,吾爱吾庐——清华大学校长梅贻琦》,苏云峰的

① 参见李曼丽:《通识教育——一种大学教育观》,北京:清华大学出版社,1999 年。张寿松:《大学通识教育课程论稿》,北京:北京大学出版社,2005 年。

② 陈向明等:《大学通识教育模式的探索:以北京大学元培计划为例》,北京:教育科学出版社,2008 年。

③ 张雪蓉:《以美国模式为趋向:中国大学变革研究(1915—1927)——国立东南大学为个案》,华东师范大学博士学位论文,2004 年。

《从清华学堂到清华大学(1928—1937)》等,都对梅贻琦的通才教育思想进行了阐述。[①] 另外,探讨梅贻琦通才教育思想的论文约有10余篇。智效民的《清华大学与通才教育》则以梅贻琦、冯友兰、潘光旦三者的言论为材料,来阐述清华大学的通才教育。[②]

已有的研究还有一部分以学系为中心进行探讨,主要有孙宏云的《中国政治学的展开:清华政治学系的早期发展(1926—1937)》,对清华政治学系的通才教育课程设置略有提及;[③]朱潇潇的《专科化时代的通才之辨——1920—1940年代史学转型中的张荫麟》对清华历史学系学术上的中西会通取向做了分析;[④]肖玮萍的《中国近代大学外语专业人才培养研究》对清华大学外文系的博雅教育模式、培养目标、课程体系、课外活动、师资队伍等方面进行了论述。[⑤]

此外,清华大学校史编写组编写的《清华大学校史稿》及苏云峰的《从清华学堂到清华大学(1911—1929)》《从清华学堂到清华大学(1928—1937)》在课程设置及教学方法方面提及清华大学的通才教育。[⑥] 美国学者易社强的《战争与革命中的西南联大》提及西南联大的通才教育问题。[⑦] 徐葆耕的《释古与清华学派》以论文集的形式,阐述了清华学术取向上的古今、中西及文理会通。[⑧] 以上研究为本书奠

---

① 黄延复:《梅贻琦教育思想研究》,沈阳:辽宁教育出版社,1994年。黄延复:《梅贻琦与清华大学》,太原:山西教育出版社,1995年。吴洪成:《生斯长斯　吾爱吾庐——清华大学校长梅贻琦》,济南:山东教育出版社,2004年。

② 智效民:《清华大学与通才教育》,《书屋》2001年第9期。

③ 孙宏云:《中国政治学的展开:清华政治学系的早期发展(1926—1937)》,北京:生活·读书·新知三联书店,2005年。

④ 朱潇潇:《专科化时代的通才之辨——1920—1940年代史学转型中的张荫麟》,复旦大学2008年博士学位论文,此论文后更名《专科化时代的通才——1920—1940年代的张荫麟》,2011年由复旦大学出版社出版。

⑤ 肖玮萍:《中国近代大学外语专业人才培养研究》,厦门大学2013年博士学位论文。

⑥ 清华大学校史编写组:《清华大学校史稿》,北京:中华书局,1981年。苏云峰:《从清华学堂到清华大学(1928—1937)》,北京:生活·读书·新知三联书店,2001年。苏云峰:《从清华学堂到清华大学(1911—1929)》,北京:生活·读书·新知三联书店,2001年。

⑦ (美)易社强著,饶佳荣译:《战争与革命中的西南联大》,北京:九州出版社,2012年。

⑧ 徐葆耕:《释古与清华学派》,北京:清华大学出版社,1997年。

定了一定的基础。但总体上来说，这些研究或者因通才教育并非其研究的重点，或者因体裁所限，均未进行深入地分析。

三、研究视角和方法

中西文化的碰撞和融合是中国近代史上非常显著和重要的现象之一。近代中国大学制度作为中国向西方学习及西学东渐的产物，其建立的过程也伴随着中西文化的碰撞和融合。大学作为一种教育制度，并不能脱离社会历史环境而孤立存在，大学制度移植到中国社会后，必定要经过一个调整与适应的过程，这一过程也必然伴随着中西文化的碰撞和融合。中西文化的碰撞和融合在大学教育的各个方面都有显著的体现，具体到本书的考察对象清华大学而言，主要体现在知识体系、教育理念、学术取向等方面。在知识体系方面，不仅大学内中西知识体系并存，而且相互引进和渗透，人文社会学科尤其如此。如历史学系中国史与西方史教学并重；哲学系虽然偏重于西方的逻辑学，但也开设了中国哲学史课程；中国文学系将外国语文系的西洋文学概要列入必修课程等等。在教育理念方面，中国传统的教育理念与西方引入的教育理念获得了融合，如校长梅贻琦认为，虽然中国大学教育制度移植自西方，但是大学教育精神作为人类文明的经验，中西方是相通的，他通过融合中西方的教育理念形成了自己的教育理念。在学术取向方面，清华大学一些中国传统学科在引入西方学术理论的基础上进行了创新，如冯友兰的“新理学”就是将新实在主义引入中国哲学史而形成的新理论，雷海宗的“文化形态史观”是将德国历史学家、哲学家斯宾格勒的历史形态学引入了中国史研究而形成的新观点。所以，本书以中西文化的碰撞和融合作为研究视角非常必要。

本书为中国近代教育史研究，属于历史学与教育学的交叉研究。从历史学的角度来看，自 1902 年第一部学制——“壬寅学制”颁布，特别是1905年科举制废除后，中国全面建立学校教育制度，引进西方知识体系，教育体制发生了深刻的变化，对整个近代中国社会发展进程产生了深远的影响，教育史无疑已成为中国近代史的重要组成部分。从教育学的角度来看，教育史又是教育学的基础学科，是建构教育理论的基础，对教育学的重要性也是毋庸置疑。所以，鉴于教育史学科的双重属性，本书采用历史学与教育学相结合的研究方法。

采用历史学与教育学相结合的研究方法也是教育史研究的客观需要。一方面，历史学研究可以借鉴教育学的理论，来对相关史料进行解读，对历史进行综合，能够更好地揭示历史现象的本质。另一方面，教育学最初源自于西方，其理论体系完全是建立在西方教育制度基础之上。但教育是一种复杂的社会现象，不可能脱离整个社会环境而孤立存在，教育学理论必须接受实践的检验，并不断进行补充和更新，才不至于沦为空洞的条文。所以，教育学研究也需要运用历史学的方法，把教育置于社会大环境下，厘清教育与社会各方面的关系，才能最终得到清晰的认识。

实际上，因受客观条件的制约，教育史研究往往不太注重采用历史学和教育学相结合的方法，教育学者和历史学者总是分别从各自熟悉的角度切入。如有研究者指出，教育学者研究教育史时，“比较擅长探讨教育内部问题，教育理论色彩也相对浓厚，可是容易昧于历史大背景或失于史料考据，显得些许‘小家子气’和不够踏实”；历史学者研究教育史时，“一般善于从宏观视野把握问题，史料工夫亦到家，给人以高屋建瓴之感，但有时对教育术语的运用不够准确，对教育内部问题的认识不够深入，尤其对教育历史的现实意义不够敏感”。[①] 这反映了教育史研究方法的问题所在，也是本书力求注意之处。

史学家陈寅恪对于运用社会科学理论进行历史研究有很精辟的

---

① 宋恩荣、李剑萍：《民国教育史及其研究中的几个问题——李华兴主编〈民国教育史〉读后》，载《历史研究》2000年第3期。

见解，他认为社会科学理论“讲大概似乎对，讲到精细处则不够准确”，但“讲历史重在准确，功夫所至，不嫌琐细”。[①] 如果用这一观点来观照教育史研究中历史学与教育学相结合的研究方法，也会受到类似的启发，即教育学理论虽然可以作为历史研究的参照，但并不能完全用教育学理论来组织和裁剪史料，而必须尊重史实，努力用史料说话。本书一方面把研究对象置于广阔的历史背景中，通过对史料的梳理和排比，致力于论从史出，避免先悬一假设，然后选择史料加以注解；另一方面借鉴教育学的理论，注重对史料教育学层面的考察，期望通过两种方法相结合的方式，来避免从单个角度研究所产生的弊端。

本书所采用的另一种方法为比较研究法。比较研究法是历史学研究常用的方法之一，通过对不同条件下的研究对象之间发展状况、影响因素等进行对比研究，使事物的特征得以突显，从而论证更为直接、鲜明。比较研究法也是教育学研究的常用方法之一，通过对研究对象发展变化的历史过程的不同阶段的对比研究，或者通过对在某一时间条件下研究对象之间发展状况、影响因素等的对比研究，来揭示教育现象的本质、发展规律、发展趋势。本书主要通过横向比较和纵向比较的方法，或与同时期的大学相比较，或对自身在各个不同时期的发展状况进行比较，来探寻异同，以揭示本质。

① 卞僧慧：《陈寅恪先生年谱长编(初稿)》，北京：中华书局，2010年，第146页。

第一章　改办大学受挫与新大学制度的酝酿

清华大学的前身是一所用美国退还的“庚子赔款”创办起来的留美预备学校，成立于1909年，主要目的是选送学生赴美国大学深造，学习西方文化知识，以尽快摆脱中国近代落后挨打的悲惨状态。该校主持者一直希望将留美预备学校改办成一所大学，以便能选送大学毕业生直接进入美国大学研究院研习高深的专门知识，培养更高一级的专门人才。但是，虽经过前后十余年的筹划，改办大学计划始终未能实现，其中最主要的原因是该计划将减少和推迟学生赴美留学机会，屡屡引发学生强烈反对。在这一现实面前，该校主持者认识到，原先预备留美的教育目标并不能培养出中国真正需要的人才，最终放弃了将留美预备学校改办大学的计划，决定另行建立新大学制度，以培养适合中国需要的人才。改办大学过程中新大学制度的酝酿，标志着清华实施通才教育的发轫，所以有必要对改办大学的过程进行梳理，以探寻清华实施通才教育的最初动因。

第一节　留美预备学校概况

二十世纪初，在西方压倒性的优势面前，以清王朝为代表的中国对西方的态度发生了根本性的转变，从原来的不屑一顾、视之如“鬼”，变为仰视和崇拜、视之如“神”，终于张开怀抱正式接纳西方文明。西方世界也开始向中国伸出了橄榄枝。1908年12月31日，美国总统西奥多·罗斯福(Theodore Roosevelt)根据国会两院联合决议授权，签署法令，决定从1909年1月1日起到1940年止，逐月向中国退还庚子赔款中超出实际损失的款项，总额约 10,785,296.12 美元。美国表示退还这笔赔款的目的在于“协助中国的教育，使中国人都能适应现代环境”，协助中国教育的办法之一是“促进派遣留学生来美国大学读书”。[①] 当时，清政府正在实施新政，引进西方教育体制，全面建立学校教育制度，美国的这一举动无疑受到了热烈欢迎。

清政府外务部与美国驻华公使柔克义商定，“自拨还赔款之年起，初四年每年遣派学生约一百名赴美留学，自第五年起，每年至少续派五十名”。外务部又与学部会同奏设游美学务处作为选送学生赴美留学的专门机构，并附设肄业馆一所，选取学生入馆进行培训，“择其学行优美，资性纯笃者”，送往美国学习，“以十分之八习农、工、商、矿，十分之二习法政、理财、师范”。[②] 1909 年 9 月 28 日（清宣统元年八月十五日），游美肄业馆正式设立于清皇室赐园“清华园”，办学方针是：“延用美国高等、初等各科教习，所有办法均照美国学堂，以便熟悉课程，到美入学，可无杆[扞]格。”[③]在游美肄业馆最初的开办计划中，对入馆的学生并无学习年限规定，“或数月或一年”。[④] 学生按学力高下，编入高等、初等两科，分班教习。三个月后，举行甄别考试，学行优美者派遣留学，考试及格者继续留馆学习，考试不及格

---

① U. S. Congressional Record 60th Congress 2d Session, 1909, House Representive Document 1275, p. 6. 转引自苏云峰：《从清华学堂到清华大学(1911—1929)》，北京：生活·读书·新知三联书店，2001 年，第 8 页。

② 《会奏收还美国赔款遣派学生赴美留学办法折》[宣统元年五月二十三日(1909 年 7 月 10 日)]，清华大学校史研究室：《清华大学史料选编》第 1 卷，北京：清华大学出版社，1991 年，第 116 页。《柔克义公使致国务卿(鲁特)》附件《派遣美国留学生的章程草案》对留美学生所习科目的计划为：“派出的学生中有百分之八十将专修工业技术，农学，机械工程，采矿，物理及化学，铁路工程，建筑，银行，铁路管理，以及类似学科。另外百分之二十将专修法律及政治学。”见《清华大学史料选编》第 1 卷，第 107 页。

③ 清政府外务部与学部会奏：《谨拟派遣游美学生办法大纲》，《学部奏咨辑要(续编)》，转引自清华大学校史编写组：《清华大学校史稿》，北京：中华书局，1981 年，第 8、9 页。

④ 《派遣游美学生办法大纲》[宣统元年五月二十三日(1909 年 7 月 10 日)]，清华大学校史研究室：《清华大学史料选编》第 1 卷，第 120 页。

实难造就者退学。[1] 但是，由于前三批留美生都是在考选后不久就直接送美，故游美肄业馆成立后的最初一年多时间中，并无学生入馆学习。

在考选留美生的过程中，两个新问题的出现对游美肄业馆的办学方针提出了新的要求。首先，外务部和学部对于留美人选的选拔标准持不同意见。曾经是一名留美幼童生的外务部尚书梁敦彦主张“须派年少者，以使他们能够彻底美国化”。他认为“只有树苗而不是已长成的树，才能经过适当的修剪，裁培成为需要的树木”。而持反对意见者，如“中体西用”论的代表人物、学部主持者张之洞等则认为年少者出国，会失去国民性，“变为彻底的‘洋人’”；他们会丢掉中国习俗、传统和学术知识，甚至可能会淡漠对民族文化的感情，缺乏对民族文化的理解，从而变成无法为国家效力的人，坚持“应派遣国学基础扎实的成年学生出国”。[2] 外务部与学部意见相左，以至在评阅考卷时亦各执一端，相持不下，“外务部英文取第一之人，在学部竟一分未得；而学部取第一之人，则在外务部一分未得”。[3]

其次，游美学务处考选前三批留美生，分别只录取 47 人、70 人、63 人，未能完成每年 100 人的输送计划。而且，第一批 47 名留美生中，因程度不齐，只有一部分人得以直接进入美国大学，另一部分只能暂时进入美国高级中学补习。[4] 有鉴于此，1910 年 8 月，游美肄业馆教务提调胡敦复护送第二批留美生赴美时，竭尽全力交涉，才得以

---

① 《学部札各省提学使考选学生及考送游美学生办法文》(1909 年)，《清华大学史料选编》第 1 卷，第 124、125 页。

② 颜惠庆著，吴建雍等译：《颜惠庆：一位民国元老的历史记忆》，北京：商务印书馆，2003 年，第 75、76 页。

③ 努生：《留美通信》，《清华周刊》第 275 期，1923 年 3 月 30 日，第 30 页。

④ 清华大学校史编写组：《清华大学校史稿》，北京：中华书局，1981 年，第 8 页。

全体进入美国大学。[①] 这说明当时国内学校教育尚未发展到能提供足够合格的留美人选。

为了解决以上两个问题，从 1910 年 12 月起，游美肄业馆改为"清华学堂"（英文名：Tsing Hua Imperial College），正式成为一所留美预备学校。清华学堂参照中、美两国中等以上学校办法，设高等、中等两科，学制各为四年。高等科以美国大学及专门学堂为标准，注重专门知识教育，中等科主要为高等科作预备，学习普通基础知识。所授课程分为哲学教育、本国文学、世界文学、美术音乐、史学政治、数学天文、物理化学、动植生理、地文地质、体育手工等十大类。各类课程又分为通修、专修两种，通修注重博赅，专修注重精深。高等科毕业且学行优美者，资送美国留学。对于那些未获派遣但有志深造的高等科毕业生，清华学堂计划设立专科以为修习。[②]

1911 年初春，清华学堂正式开学。清华学堂设正、副监督三人，由游美学务处总办周自齐和会办范源濂、唐国安分别兼任；设教务长一人，由原游美肄业馆教务提调胡敦复改任。清华学堂开办之初，课程设置和教学方法的规划主要由教务长胡敦复主持。[③] 在他的主持下，清华学堂采取了一种因材施教的教学方法。中等科与高等科并不按年级严格划分，而是按照学生实际知识水平进行分班、升级。"中等科学生，以英文程度之深，与高等科同上课者颇多。而高等科学生，亦间有俯就中等科同习某科者。且班次之升降，惟视各生程度

---

① 蔡西玲：《数理学界的"胡氏三杰"》，王宗光主编：《老交大名师》，上海：上海交通大学出版社，2008 年，第 63 页。胡敦复（1886—1978），又名炳生。江苏无锡人。美国康奈尔大学哲学学士。1909 年受聘游美学务处，主持考选留美生。1910 年 4 月出任游美肄业馆教务提调。1911 年初，成为游美肄业馆改名清华学堂后的首任教务长。参见《老交大名师》第 59 页。

② 《清华学堂章程》（1911 年 2 月），清华大学校史研究室：《清华大学史料选编》第 1 卷，第 146、149 页。

③ 刘崇鋐：《我对清华的回忆》、李济：《六十年前的清华》，均收入《学府纪闻——国立清华大学》，台北：南京出版有限公司，1981 年，第 277、309 页。

之高低、进步之迟速,不定以年限拘人。”[①]胡敦复“为人才学极富”,“办事亦极有条理”,倾向于把高等科按照美国大学的标准来办,“欲为中国办一高深完备之学堂”。[②]

然而,胡敦复的这一办学计划受到了美籍教员的牵制。清华学堂开办之初,中等科教员主要由中国人担任,高等科教员则通过美国青年会聘请美国中学或大学中的教员担任。[③] 当时美籍教员“学问浅薄”,数学、几何课程稍微高深一些,即表示“不敢教授”,要求更换教材。[④] 这与胡敦复的办学计划完全不相符合。而且,在高等科的课程设置上,美籍教员也与胡敦复意见相左。胡敦复主张学生多读理工科课程,多吸收西方自然科学方面的知识;而美籍教员瓦尔德(P. L. World)则主张多读英文、美国文学及美国史地等课程,使学生多接受一些美国文化的影响。双方各执一端,不可调和,最后只得诉诸外务部。[⑤] 一方面,美籍教员以美国公使为后盾,极力排挤胡敦复;另一方面,胡敦复又“性气高傲”,凡事“自拿主意”,不与总办、监督商量,难免引发不满,结果于该年4月被迫辞职。[⑥]

胡敦复辞职后,美籍教员曾极力向外务部争取教务长职位。据说,一旦美国人担任教务长后,将“大减学科程度”,将来高等科毕业生只能入美国高等学堂,入不了大学。[⑦] 但游美学务处总办、清华学堂监督周自齐清醒地意识到“教育权柄”“断不能授之外人”,因此美国人最终未能如愿,教务长一职由张伯苓接任。张伯苓不仅具有办

① 吴学昭整理:《吴宓日记(1910—1915)》,北京:生活·读书·新知三联书店,1998年,第48、49页。

② 吴学昭整理:《吴宓日记(1910—1915)》,第68页。

③ 苏云峰:《从清华学堂到清华大学(1911—1929)》,第17页。

④ 吴学昭整理:《吴宓日记(1910—1915)》,第66页。

⑤ 清华大学校史编写组:《清华大学校史稿》,第17页。

⑥ 吴学昭整理:《吴宓日记(1910—1915)》,第67页。

⑦ 吴学昭整理:《吴宓日记(1910—1915)》,第66、68页。

学经验，与美国人“相处亦甚相得”，堪称合适的人选。①

张伯苓任教务长后，清华学制发生了很大的变化。1911 年 9 月 6 日，游美学务处奏请将清华学堂学制改为中等科五年，高等科三年，以与当时学部所定学制相符，以便那些最后未能获得留美资格的学生升入国内大学堂或高等学堂。学制改变后，课程也随之重新加以厘订，中等科课程包括修身、国文、英文、算术代数、几何、三角、中国历史、中国地理、外国地理、博物、物理、化学、地文地质、手工、图画、乐歌、体操等，高等科课程包括修身、国文、英文、世界历史、美国史、高等代数、几何、三角、解析几何、物理、化学、动物学、植物学、矿物学、生理学、法文或德文、拉丁文、手工、图画、体操等。② 修订后的中等科与高等科课程，分别与当时国内中学及大学预科课程颇为接近，注重传授普通知识，而不是高深的专门知识。而且，各科课本全部更换，“程度一切皆趋浅薄”。学生们对此大失所望。如中等科学生吴宓即认为这些课程“极粗浅”，在此必将虚度光阴，感觉前途暗淡，甚至一度萌生“东渡日本，求有用实学”的念头。③

张伯苓还废除了前任教务长胡敦复创立的按学生实际学力进行分班、升级的办法，重新对学生进行分级，以“划一学制”。这样，学生必须到一定年限才能毕业，不能提前。而且，每周六下午皆不安排课程，课时较以前有所减少。另外，体操课开始受到重视，除每周的体操课外，学生每日下午须至操场运动一小时。④ 与胡敦复时期相较，张伯苓更注重基础知识的传授以及促进学生全面发展，而不是着重于提高学生的专业知识程度，完全是两种不同的办学取向。

---

① 吴学昭整理:《吴宓日记(1910—1915)》，第 67、68 页。张伯苓(1876—1951)，名寿春，字伯苓，以字行。天津人。1895 年毕业于北洋水师学堂。1904 年在天津创办敬业中学堂(后改名南开中学)。1911 年 4 月受聘为清华学堂教务长，同年 8 月正式到任。未到任期间，教务长一职由副监督范源濂代理。

② 《游美学务处改行清华学堂章程缘由致外务处申呈》(1911 年 9 月 6 日)，清华大学校史研究室:《清华大学史料选编》第 1 卷，第 150—152 页。

③ 吴学昭整理:《吴宓日记(1910—1915)》，第 121、137、138 页。

④ 吴学昭整理:《吴宓日记(1910—1915)》，第 120、121、129、128 页。

此后，清华学堂的美国化色彩渐趋浓重。首先是美籍教员的比例有所提高。一些中国教员被辞退，历史（世界历史、美国史）、数学、化学等课程一律聘用美国人任教。另外，一些新开设的课程，如修身、体操、手工等，也由美国人担任教学。① 美国教员采用提问法教学，课前要求学生预习所指定的课本内容，课上即要求学生进行诵读和讲解，并回答问题。如该学生不能回答，则依次对其余学生就此进行发问，直到多人不能回答时，才予以解答。在这样的教学方法下，学生必须在课外努力下功夫才能跟上教学进度。②

1912 年民国成立后，各省学堂一律按照教育部令更名为“学校”，同年 10 月，清华学堂更名为“清华学校”（英文名：Tsing Hua College），隶属外交部，原监督唐国安出任首任校长。③ 唐国安本人为留美幼童生，认为年长的学生“习气很深”，即使送到美国也很难养成“健全的人格”；主张招收年少的学生，“在国内即授以美国教育，使学生获得基础知识，到出洋时则求学问便如驾轻就熟了”。④ 1913 年 8 月，清华学制又重新改为中等、高等两科各四年，既可与当时国内四年制的中学学制相适应，又可与美国学制相衔接。中等科教授科目有修身、国文、中国历史、中国地理、世界地理、英文读本、英文文范作句、英文文范修辞学、英文作论、默写、习字、英语会话、算术、代数、博物、卫生、化学、手工、图画、音乐、体操等 21 门。⑤ 与原来五年制中等科相比较，物理、地文地质、几何、三角等科目被取消，增加了卫生科目，增添了英文科目，更加注重英文训练。英文一科分为英文读

① 吴学昭整理：《吴宓日记（1910—1915）》，第 87、121、128、156、157 页。

② 吴学昭整理：《吴宓日记（1910—1915）》，第 132 页。

③ 唐国安（1858—1913），字介臣。广东香山人。留美幼童生。耶鲁大学肄业。曾任教于圣约翰书院。后为《南方报》编辑、外务部候补主事。1911 年 7 月任游美学务处会办。1911 年 2 月任清华学堂副监督。1912 年 4 月任清华学堂监督。同年 10 年清华学堂改称“清华学校”后出任首任校长。

④ 邱椿：《清华教育政策的进步》，《清华年刊》，1927 年，见清华大学校史研究室：《清华大学史料选编》第 1 卷，第 270 页。

⑤ 《北京清华学校近章》，原载《神州》第 1 卷第 2 册，见清华大学校史研究室：《清华大学史料选编》第 1 卷，第 164 页。

本、英文文范作句、英文文范修辞学、英文作论、默写、习字、英语会话等课程，其中读本为正课，其余为附课，以确保学生全面掌握读、说、听、写能力。① 改制后的中等科程度减低，更接近于美国的高等小学。清华学生为此还闹了一次风潮反对校长唐国安，认为他把清华程度改得“太低了”。②

改制后的高等科开始实行分科，分文、实两科，分别设有必修科目和选修科目。高等科文科必修科目有修身、国文、英文学、修辞作论、德法文、通史、上古文(史)、中古文(史)、美国史、地文、生理、物理、化学、高等算学、平面几何、经济、政治、手工、音乐、体操等 20 门，文科选修科目有拉丁文、第二种方言德法文、立体几何、三角、高等代数、高等生理、心理、论理、分析几何、算学总论等 10 门。高等科实科必修科目为修身、国文、英文学、修辞作论、德法文、通史、上古史、中古近代史、美国史、地文、生理、物理、高等物理、化学、高等化学、高等算学、平面几何、立体几何三角、高等代数、经济、政治、手工、用器画、体操等 24 门，实科选修科目为音乐、化学、第二种方言德法文、分析几何、高等化学等 6 门。文、实两科学生必须分别在选修科中选修其中一门。③ 与原来的三年制高等科相比，增加了政治、经济等社会科学类的必修科目，而且实科自然科学程度加深，比文科增加高等物理、高等化学、立体几何三角、高等代数、用器画等 6 门必修科目。此后，又陆续增添加了一些专门课程，如生物学、社会学、高等政治学、高等经济学、现代文明史等等。④

从清华学堂到清华学校，高等科课程几经调整，从分类设置课

① 潘光旦:《清华初期的学生生活》，见潘乃穆、潘乃和编:《潘光旦文集》第 10 卷，北京:北京大学出版社，2000 年，第 569 页。

② 邱椿:《清华教育政策的进步》，《清华年刊》，1927 年，见清华大学校史研究室:《清华大学史料选编》第 1 卷，第 270、271 页。

③ 《北京清华学校近章》，原载《神州》第 1 卷第 2 册，见清华大学校史研究室，《清华大学史料选编》第 1 卷，第 160—163 页。实科选修科内“高等化学”一科专备民国二年、四年级学生插入暂设。

④ 《一年来全校之进步》，《清华周刊》临时增刊，1916 年 6 月，第 16 页。《下学年课程表》，《清华周刊》第 213 期，1921 年 3 月 25 日，第 23 页。

程、以专门课程为主，调整到完全是普通课程，再折衷到以普通课程为主外加少量专门课程，包括自然科学、社会科学、人文科学等三大类学科的入门课、基础课。通过这样的调整，高等科课程设置初具“通才教育”的雏形，课程和课时不多，每学期六七门课程，每周上课二十余小时，学生不仅可随意选修一些课程，而且拥有一定的自由时间，来进行广泛的阅读和涉猎。[①]

由于高等科实行文、实分科，学生中专门化的倾向也开始显现，一些文科学生重文轻实，不太重视自然科学课程的学习，有机会就试图逃课。如梅贻琦曾任高等科物理教员，早上第一节课偶尔会因故稍稍来迟，文法科学生见机就带头开溜，一哄而散。对此，梅贻琦的办法是既不生气，也不点名，也不算这些开溜的学生缺课，而是平和如初，用感化的方式让那些开溜的学生感到愧疚，进行反省和改正。[②]梁实秋作为文科学生只选修了自然科学课程中较为轻松的生物课，而且生物实验总是请同学代做，“敷衍了事”，物理、化学则一概不选，终身“引为憾事”。[③]

在教学方面，清华学校分设中文部和西文部。中文部的课程相对较少，包括修身、国文、中国历史、中国地理、博物、哲学史、伦理学、修辞、中国文学史等，其余数十门皆为西文部课程。西文部课程是衡量学生能否升级、毕业、留美的主要指标，一般都安排在上午，教师大多是美国人或受过美国教育的中国人，教材也主要来自美国，一律用英语教学。学生都比较重视，课前皆作充分预习，阅读指定的参考书，以备参与课堂讨论，课堂景象“整齐、严肃、紧张，而不碍活泼”。中文部课程成绩则不计入学分，一般都安排在下午，一律用国语授课，教材都是中文版，教师则都是一些中国的老先生。学生都不认真

---

① 潘光旦：《清华初期的学生生活》，见潘乃穆、潘乃和编：《潘光旦文集》第10卷，第256页。

② 黄人杰：《“沉着”——梅校长的榜样与训示》，《清华校友通讯》新2期，1962年8月29日。

③ 梁实秋：《八年清华》，收入《学府纪闻——国立清华大学》，第251、252、253、254页。

对待，经常不上课，由同学代为应付课堂点名，或点名之后就“开溜”，课堂景象“凌乱、浮动、松懈，而死气沉沉”，与西文课形成强烈的反差。①

由于清华学校的主要目标是选送学生赴美留学，学校的经费来自美国退还的“庚子赔款”，教师大多数是美国人或受过美国教育的中国人，教材也主要来自美国，所以，学生所受的教育基本上是美国式的。生活方式无形之中也趋向美国化。② 1921 年英国学者罗素参观清华学校后，给出的评价为：“清华学校恰像一个由美国移植到中国来了的大学校。”③对此，当时社会上一片批评之声，尤其是对清华学生不重视中文课程最为诟病，讥讽清华学生“预备‘留美’”，但不“预备‘回国’”。④ 北京大学学生对此反应尤为强烈，抨击清华为“买办学校”。⑤ 清华为此承受了巨大的舆论压力，甚至体育教员马约翰也利用上体育课的时间谆谆告诫学生们要注意中文课堂秩序。⑥ 清华学生对此也开始反省，认识到“文字虽非爱国之极端要素，然我国数千年之文化存于文字，其不通文字者，不能真知文化，因而不能爱慕文化，因而减少爱国心”，且留学回国，服务社会，“国文不通，事理难明，即不至枘凿不相入，必往往感受隔阂。科学虽精，洋文虽通，一外国人耳，于国何补，于社会何益”。⑦ 这也是当初派遣留美生时张之洞最为担心的问题。

---

① 潘光旦：《清华初期的学生生活》，见潘乃穆、潘乃和编：《潘光旦文集》第 10 卷，第 569、570 页。梁实秋：《八年清华》，收入《学府纪闻——国立清华大学》，台北：南京出版有限公司，1981 年，第 251、252、253、254 页。

② 潘光旦：《清华初期的学生生活》，见潘乃穆、潘乃和编：《潘光旦文集》第 10 卷，第 574、597 页。

③ 邱椿：《清华教育政策的进步》，收入《清华年刊》，1927 年，清华大学校史研究室：《清华大学史料选编》第 1 卷，第 272 页。

④ 邱椿：《改良清华刍议》，《清华周刊》第 273 期，1923 年 3 月 16 日。

⑤ 邱椿：《清华教育政策的进步》，收入《清华年刊》，1927 年，清华大学校史研究室：《清华大学史料选编》第 1 卷，第 272 页。

⑥ 梁实秋：《国文堂秩序纷乱的真因》，《清华周刊》第 237 期，1922 年 2 月 24 日。

⑦ 严鹤龄：《对于改良清华与学生之谈话》，见《清华学校董事管理校务严鹤龄报告书》，北京市档案馆藏档：J004-002-00271。

为促使清华学生中英文并重，1920年外交部秘书严鹤龄代理清华校长时，开始将中文部课程一同纳入考核范围，规定中等科、高等科学生国文课程须分别获得41、24积点才能毕业，同时对中文部课程设置进行调整，减少了一些"干枯无味"的课程，增加了一些"现时有趣、将来有用"的课程。[①] 但问题并非如此简单，除此之外，还涉及到教师人选、教材、教学方法甚至于社会大环境的问题。譬如教师人选问题，不要说对于现有中文部教师不便立即重新选聘，即使此点无问题，"欲求硕学通儒而又善于教授者亦寥若晨星"。[②] 所以，中文部教学的改进并非一朝一夕即能完成，而只能是一个渐进的过程。1922年戴元龄任中文部主任后，组织"国学课程委员会"，对中国历史、中国地理、哲学史、国文教材重新进行了选编，同时通过增进教师与学生之间的互相了解，以维持课堂秩序，提高教学效果。[③] 1923年秋张彭春任教务长后，对中文部进行了一次较大幅度的改革。在教师延聘方面，多以"通新学"为标准，"以引起学生之兴趣"。在教学方法方面，也力求加以改进，规定教师每堂课中必须有半小时用于讲解及讨论，以活跃课堂气氛，改变以前"漫无生气"的课堂景象。在学生方面，为提高学习中文课程的积极性，出台了奖励办法，规定每月或每两月举行甄别考试一次，成绩优异者不仅可获得物质奖励，而且可自己进行专门研究，不必上课，但最终必须提交著述或研究成果，否则即取消这种特别待遇。[④] 中文课程教学改革之所以引起高度重视，不仅在于其有关清华学校的声誉，而且在于其关系到清华的教育宗旨能否实现，以及如何正确对待中西文化之间的关系甚至立国之本的大问题。

总而言之，清华学校作为一所留美预备学校，因其角色定位特

① 旁观：《我为国文教员鸣不平》，《清华周刊》第208期，1921年1月22日。《国文课程施行规则》，《清华周刊》第九次增刊，1921年。

② 严鹤龄：《对于改良清华与学生之谈话》，《清华学校董事管理校务严鹤龄报告书》，北京市档案馆藏档：J004－002－00271。

③ 《国学部新闻》，《清华周刊》第250期，1922年9月11日。

④ 《教务新猷》，《清华周刊》第320期，1924年9月26日。

殊，遭遇到很多国内其他教育机构尚未引起关注的问题：如文化上要中西会通，中文课程与西文课程要兼顾；教育体制上既要考虑与中国学制相连，又要与美国学制衔接；课程设置上基础课程与专门课程要分配得当等等。尤其是对于基础课程与专门课程的设置，不仅学校当局所持观点前后摇摆，而且学生之间也存在分歧。学校当局既考虑到要确保学生留美后适应美国大学教育，就必须增加基础课程的设置，同时又考虑到若能在国内尽早进入专门课程的学习，赴美后即可尽早完成学业；学生们则热衷于对专门课程的学习，追求更高深的专门知识。二者力量相平衡，最终促成了高等科课程设置初具通才教育的雏形。对这些问题的反思和处理为此后创办的清华大学实施通才教育提供了前车之鉴，积累了经验。

第二节　改办大学受挫与新大学制度的酝酿

清华学校作为留美预备学校只是一种过渡办法，而不能作为长久之计，改办大学只是时间迟早的问题。一般认为清华学校筹办大学最初始于周诒春任校长期间，但周诒春曾自称在任期间“成绩甚鲜”，所做的一切皆为“承唐校长之后，于唐君所规划而未成者，积极完成之，已成者逐渐扩充之”[①]。“唐校长”即前任清华校长唐国安。1913年8月22日，唐国安因心脏病突发去世。同年10月，副校长周诒春接任校长。[②] 若如周所言，则筹办大学的计划极有可能在唐国安任内即开始。1913年春，清华学校将清华园的西邻近春园并入，校

① 周诒春：《清华大学廿周纪念》，见《国立清华大学二十周年纪念刊》，新竹：国立清华大学出版，1931年。

② 周诒春（1883—1958），字寄梅。祖籍安徽，生于湖北汉口。1903年毕业于圣约翰书院。1907年赴美留学，先后入耶鲁大学、威斯康辛大学学习，1910年获文科硕士学位。回国后任中国公学英文和历史教员，复旦公学心理学和哲学教员，南京临时政府外交部及孙中山英文秘书，北京政府实业部次长。1912年任清华学校副校长兼教务长，1913年10月出任清华校长。

址扩大了一倍有余，奠定了此后十余年中清华校园的大致轮廓。扩大校址除了以备扩大留美预备教育规模外[①]，不能排除其中有改办大学的考虑在内。因为1914年美国建筑师墨菲为清华设计的校园规划就是在校园中规划两个校区，东部清华园为八年制留美预备学校，西部近春园为四年制综合性大学。[②]

周诒春是唐国安临终前向外交部力荐的校长人选，所谓"老成练达，学识皆优"，"必能胜任愉快"。[③] 事实上，周诒春也的确颇具"见识、能力和锐气"[④]，于上任后第二年即着手继续筹备改办大学计划[⑤]。他认为清华输送高中程度的学生进入美国大学，所能造就的人才毕竟有限，乃向外交部建议改办大学，以便在大学毕业后择优选送美国大学研究院学习，一方面可以培养更多的大学毕业生，另一方面可以造就高级专门人才。此议得到当时外交部分管清华学校的次长曹汝霖的赞同和大力支持。[⑥]

1916年7月，校长周诒春又呈文袁世凯倒台后的新一届外交部，正式提出改办大学计划，"拟以原定学程上，分年扩充增加，俾于数年之后，得完全成一大学本科之程度，以应时势之需要"。理由有以下三点：1. 将大学学程逐年在清华设立，使清华扩充至大学程度，学生大学毕业后择优派遣赴美，入大学院，进求大学以上之专科学术，既可提高留学程度，又可缩短年限节省学费；2. 延长国内学习年限，缩短国外求学之期，可使学生对本国情形不致隔阂；3. 改办大学后，清华不致因赔款退清后关闭，仍可继续存在。外交部认为"所具理由尚

---

① 夏献廷：《清华学校之清华园》，《清华周刊》第四次增刊，1918年。

② 方惠坚、张思敬主编：《清华大学志》(上)，北京：清华大学出版社，2001年，第678页。

③ 唐国安：《呈外交部文》(1913年8月21日)，清华大学校史研究室：《清华大学史料选编》第1卷，第8页。

④ 潘光旦：《清华初期的学生生活》，潘乃穆、潘乃和编：《潘光旦文集》第10卷，第593页。

⑤ 曹云祥：《清华学校之过去现在及将来(清华之教育方针目的及经费)》，清华大学校史研究室：《清华大学史料选编》第1卷，第38页。

⑥ 曹汝霖：《曹汝霖一生之回忆》，台北：传记文学出版社，1980年，第103页。

属适当”,即予以批准。[①]

清华筹办大学除了周诒春所说的上述原因外,还有社会舆论敦促的因素。1914年,清华第二批留美生胡适如此批评清华的教育目标:“惟以预备留美为志,岁掷巨万之款,而仅为美国办一高等学校。”他认为“留学乃一时缓急之计,而振兴国内高等教育,乃万世久远之图”[②];“当以国内高等教育为主,而以留学为宾;当以留学为振兴国内高等教育之预备,而不当以国内高等教育为留学之预备”;建议“增设大学,所以增进国内之高等教育,为他日不留学计也”。[③] 社会各界认为清华拥有如此充裕的经费,应积极谋求改办大学,而不是仅仅满足于派遣留学。

此外,筹办大学还可将所退还赔款最大程度用于清华本校事业,从而杜绝各种潜在的侵蚀。当时美国退还“庚子赔款”并未能全部用于清华学校及派遣留学,经常有来自各方的用款要求。如曹汝霖任外交部次长期间,曾应内务总长朱启钤要求,在此项经费中拨出20万元,用于将热河故宫的古物迁移至北京故宫武英殿陈列展览。但自周诒春提出筹备大学计划后,曹汝霖便不再允准此类拨款请求,后来还因此“招怨”“遭祸”。[④]

周诒春筹办大学的准备首先从基础设施建设开始。为建筑图书馆、体育馆、科学馆及大礼堂,专门设立“清华工程处”,聘请美国留学生和美国工程师负责工程建设。图书馆、体育馆土木工程由德商泰来洋行承包,器械工程由天津美丰公司承包,于1916年4月开工,1920年竣工。科学馆与大礼堂土木工程由洋商公顺记木厂承包,于1917年4月开工,1919年5月建成。四大工程总造价为698,500元,其中图书馆17.5万元,体育馆24.4万元,大礼堂15.5万元,科

① 周诒春:《详外交部文为逐渐扩充学程,预备设立大学事》(民国五年七月二十七日),清华大学档案,全宗号1,目录号1,案卷号3,见《清华大学史料选编》第1卷,第276—278页。

② 胡适:《非留学篇》(1),《留美学生年报》,1914年,第10页。

③ 胡适:《非留学篇》(3),《留美学生年报》,1914年,第18页。

④ 曹汝霖:《曹汝霖一生之回忆》,台北:传记文学出版社,1980年,第103—104页。

学馆12.4万元。[1] 据统计，1912至1916年间，全国公、私立大专学校每年经费不过500万元[2]，清华四大工程即投入近70万元，这固然显示了清华经费充足，同时也反映了周诒春对于大学计划寄予很高的期望。

为了逐渐向改办大学过渡，周诒春又出台了两项举措。其一，从1915年入校的学生起，膳食不再免费，每人每月须缴纳一半伙食费(每月六元，一半为三元)[3]。一方面不仅可以节省经费，投入到改办大学计划中去；另一方面还可以改变以前学生养尊处优的习气。其二，自1917级学生起，不再实行全体出洋，改为择优派遣。[4] 择优派遣的关键步骤是自1917年秋季开学起采用科学计分法。此前清华核计成绩采用百分制，各科成绩以60分及格，每学年总平均分数在70分以上者即可升级。采用科学计分法后，学生成绩分为超、上、中、下、末、不列六等，其中列入超等和不列等的学生不超过总人数的5%，列入上等和下等的为20～25%，列入中等的为50%。以前70分就及格，及格者一般都能取得留学资格；现在即使大家都在80分以上，总有5%的人不列等，最后就可能被淘汰。[5] 据1915年入学的李先闻回忆，科学计分法也称"常态制"，英文课有两门不及格，就要开除，一门不及格则留级。[6] 科学记分法实行残酷的淘汰制，一方面既可择优派遣留学，派遣人数减少后，节省下来的经费可以投入到筹办大学中去；另一方面，筛选下来的学生，可作为未来大学新生的来

---

① 《清华周刊十周年纪念》，1924年3月1日，(学校方面)，第40—41页，转引自苏云峰：《从清华学堂到清华大学(1911—1929)》，第105页。

② 《第一次中国教育年鉴》，上海：开明书店，1934年，第30、31页，转引自苏云峰：《从清华学堂到清华大学(1911—1929)》，第88页。

③ 张忠绂：《八载清华》，《学府纪闻——国立清华大学》，第315页。1917年潘大逵进校时，膳费也是只交一半(每月全费五元)。见潘大逵：《风雨九十年——潘大逵回忆录》，成都：成都出版社，1992年，第47页。

④ 邱椿：《清华教育政策的进步》，《清华年刊》，1927年，《清华大学史料选编》第1卷，第270页。

⑤ 《一九一七年后清华学生方面之大变溯源》，《清华周刊》第204期，1920年12月27日，第2、3页。

⑥ 《李先闻自传》，台北：台湾商务印书馆，1970年，第13页。

源。科学记分法实行后，竞争异常激烈，学生们不敢有丝毫松懈，终日埋头苦读，无暇他顾，以至于“学生会务不发达，课外作业及社会服务冷淡，团体精神不如从前，学生对于各种事业心冷”。但是，鉴于周诒春在学生中的崇高威信，“学校的组织与规程，尽管有不合理处，学生们不敢批评，更不敢有公然反抗的举动”。①

对于要创办一所怎样的大学，周诒春并未提出具体的计划，最初的设想只是在原来留美预备教育的基础上，逐步增设一些专门课程，提高到大学程度而已，最终目的是将留学的程度从大学提高到研究院，缩短留学的年限，仍然未脱“留美预备学校”的窠臼，只不过是从美国大学本科的预备学校改为美国大学研究院的预备学校而已。然而，大学计划未及展开，1918 年 1 月周诒春即被迫辞职。辞职原因可能为外交部人事变动，周失去支持力量，遭受排挤。②

1918 年 7 月 1 日，外交部参事、秘书张煜全接任校长。③ 张煜全到任后，继续推进筹备大学计划。他认为清华学堂开办之初，原本就有按照美国大学课程办理的打算，并非以派送留美为唯一目的，只不过由于当时国内中等教育发展缓慢，学生教育程度不齐，不得不降低标准，按照高级中学程度办理而已。现今中等教育水平有了很大的提高，清华直接招收高等科插班生已经没有困难，这样即可停办中等

---

① 梁实秋：《清华八年》，《学府纪闻——国立清华大学》，第 262 页。

② 参见清华大学校史编写组：《清华大学校史稿》，第 19 页。关于周诒春辞职的原因有各种说法和猜测。曹云祥任清华校长时亦认为周诒春的难处是“在外交部没有说话的地位”。见《张彭春日记》（1924 年 12 月 25 日），稿本，南京图书馆藏。陶行知认为是“用人不当，威权过施，以致被人攻击”，《清华教育的背景》，原载《新教育》第 6 卷第 5 期，1923 年 5 月 15 日，见胡晓风等编：《陶行知教育文集》，成都：四川出版集团、四川教育出版社，2005 年，第 123 页。

③ 张煜全（1880—1953），字昶云。广东南海人。先后毕业于福州英华书院、香港皇后（仁）书院、天津北洋大学。1898 至 1899 年肄业于日本东京帝国大学。1903 至 1904 年就读于美国加州大学和耶鲁大学，获法学硕士学位。1906 年回国，赐进士出身。先后任上海、河北、山东、河南教育督察，驻日使馆二等秘书。1912 年任总统府秘书兼外交部顾问。1913 至 1915 年任江苏、安徽交涉员及芜湖海关监督。1917 年 9 月任清华学校董事会董事。参见苏云峰：《清华校长人选和继承风波（1913—1931）》，载《中央研究院近代史研究所集刊》（台湾），1982 年，第 22 期。

科，以办中等科的经费和力量筹办大学。[①] 张煜全在任期间，清华改办大学的步伐明显加快。

1918年秋季开学时，张煜全宣布，因经费不足，将限制出洋名额。[②] 同年冬天开始实行等数计分法(Weighted Credit System)。等数计分法比科学计分法更为精确，不仅将考试成绩分为超、上、中、下、末、不列六等，而且每一等级予以不同的积点，积点分别为1.2、1.1、1.0、0.9、0.7、0，要求中等科毕业生至少需73成绩时，高等科毕业至少需72成绩时。[③] 等数计分法的实行，进一步加强了淘汰机制，其目的不外是为了减少留学人数，节省经费，使淘汰下来的学生留作大学的生源。张煜全又规定，1919年及以后入校的新生，必须填写入大学志愿书，同意高等科毕业后升入即将开办的大学学习，而不是直接赴美留学。[④] 这些举措再次制造了紧张的气氛，对学生形成很大的压力，“课外作业寂聊无闻，体操场上亦且有古道行人之感，而一至钟鸣午夜，万籁无声时，乃见各室中灯火犹明，诵习未辍，焚膏继晷，日就月将，好学之勤，诚可敬矣”。[⑤]

在张煜全的提议下，经全体教职员一致同意，决定设立大学筹备委员会，“筹定计划，逐渐增高本校之程度，期跻于完全之大学”。1920年初，大学筹备委员会提出了改办大学方案：在不改变八年在校学习年限(中等科四年、高等科四年)的前提下，高等科尽量多招生，中等科尽量少招生；从1920年秋季起高等科四年级改为大学一年级，即撤消高四级，高三级直接升入大一级；增加高等科一、二、三年级插班生招生名额，将来除一部分学生(仅指已入校的学生)按旧

① 《发外交部陈报筹设大学》(1920年1月15日)，《清华大学史料选编》第1卷，第278—280页。

② 姚永励：《清华之人才教育与其今日根本之大错误》，《清华周刊》第199期，1920年11月19日，第4页。

③ 《一九一七年后清华学生方面之大变溯源》，《清华周刊》第204期，1920年12月27日，第2、3页。

④ 贺麟：《为民国八年以后来校之新学生诉冤》，《清华周刊》第204期，1920年12月27日，第8页。

⑤ 《新气象》，《清华周刊》第179期，1919年11月28日。

制如期毕业，择优选送留学外，高三、高二、高一级其余学生将分别在校学习至大二、大三、大四毕业，大学毕业生将来可进入美国大学院学习三年。大学筹备委员会决定，让等数计分法淘汰下来的学生进入大学阶段，“与新生同习大学之课程”。[①] 1920 年 1 月 15 日，张煜全向外交部呈报了大学筹办方案，决定自 1921 年起停止中等科招生，专招高等科插班生，并在北京、上海、广州、汉口四地开始招考大学新生。[②]

但是，不久“去张”运动发生，正在迅速推进的改办大学计划因校长张煜全被迫辞职戛然而止。张煜全去职的直接原因是学生不满其干涉学生自治会的成立。“五四”运动以后，清华学生开始酝酿成立学生自治会。然而，对于学生自治会章程，校长张煜全与学生之间存在意见分歧。张对章程提出了三点要求：1. 学生会通过的议案非经校长核准不能行；2. 章程要注明不干涉政治；3. 章程要注明不干涉学校一切管理规则。另外，张煜全还要求学生自治会必须到警察厅立案，否则即等同哥老会，属于非法。但这些要求全部遭到学生驳斥。学生认为学生会通过的议案必须经校长核准，违反了学生自治精神；国家要亡了，学生必须有所表示；学校的规则完美，学生可以不必过问，但要是到了腐败不堪的地步，学生起来帮助整顿也是情理上的事。学生与校长之间最后发展到了剑拔弩张的地步。清华学生不顾校长的反对，仍于 1919 年 12 月 23 日召开自治会成立大会。校长张煜全立即召集警卒、宪兵到场干涉。学生认为校长“剥夺”“人格”，于次日罢课，宣布“誓与奴隶教育脱离关系”。[③] 学生又上书外交部和美使馆，指责张“颟顸营私，不顾学生”。但后来经过调查，外交部和美使馆人员得出的结论为：“关于学生攻击校长之点，大致谓由于双

---

① 《大学筹备委员会预定报告大旨》(1920 年)，清华大学校史研究室：《清华大学史料选编》第 1 卷，第 281 页。

② 《发外交部陈报筹设大学》(1920 年 1 月 15 日)，《清华大学史料选编》第 1 卷，第 278—280 页。

③ 《清华学生全体罢课风潮》，《申报》1919 年 12 月 27 日，第 6 版。

方误会而来，此等弊病各校皆有，不能独为张煜全咎。”[①]后来学生自己也承认“去张”运动，“虽托义于毁灭学生人格，然其根本的主因也不过‘出洋问题’而已”。[②] 又有学生对张煜全辞职原因进行分析，认为“并不是因为要办大学，受了阻力，乃是因为限制出洋和其他种种杂因”，“限制出洋与开办大学，本来是两个分开的问题，他把前一个看作后一个的附带问题，所以失败”。[③]

1920年2月，张煜全辞职，外交部秘书严鹤龄暂为代理校长。为了缓和限制留学、改办大学计划在学生中引发的紧张局面，严鹤龄决定凡未填写入大学志愿书的学生仍将派遣留学。[④] 严鹤龄还对学生表示“宜多派学生出洋，以备将来各途之用”，而不是“斤斤较量改设大学，以备二十年后退还赔款告终时，培植人才之用”。[⑤] 严鹤龄在职期间，学生情绪逐渐恢复平静。

1920年9月外交部参事金邦正接任校长。[⑥] 金邦正在就职演说中表示了整顿和发展清华的决心：“此次是为办教育而来的，绝不是因生计关系，更不是想与外交部发生关系，以后谋别种职位而来的。”[⑦]金邦正意识到当务之急是实施改办大学计划，因为在改办大学问题解决之前，一切整顿计划都将无从谈起。但是他也非常清楚“改

① 《清华学校今后之改良方法，外交部与美使馆会查员提出》，《申报》1920年1月27日，第7版。

② 《一九一七年后清华学生方面之大变溯源》，《清华周刊》第204期，1920年12月27日。

③ 费培杰：《清华学校应不应速设大学》，《清华周刊》第195期，1920年10月22日。

④ 《一九一七年后清华学生方面之大变溯源》，《清华周刊》第204期，1920年12月27日。

⑤ 严鹤龄：《对于改良清华与学生之谈话》，《清华学校董事管理校务严鹤龄报告书》，北京市档案馆藏档：J004-002-00271。

⑥ 金邦正(1887—1946)，字仲藩。祖籍安徽，生于浙江杭州。1901至1902肄业于上海南洋技术研究所，1905至1908年就读于天津南开中学，后肄业于北京海关书院。1909年考取清华首批留美生，1910年入美国康奈尔习森林学，1914年获硕士学位。回国后，主持安徽林政并兼任省立安庆农校校长。后任北京农业专门学校校长、外交部参事等。

⑦ 《金校长就职演说之感想与对于本校改良之希望，宜言成为事实》，《清华周刊》第191期，1920年7月24日，第1页。

组大学，不是容易办到的”。[①] 金邦正到任后，改办大学的步子迈得更为谨慎，最初所采取的步骤仅限于在新生志愿书上明确地注明“照将来改办大学办法”等字样，以及将中等科一年级裁撤，以为改办大学之预备。[②]

然而，仅此一点立即在学生中引起了骚动。首先采取行动的是高四级学生，因为高四级即将毕业，面临去留问题。该级推举十名代表询问校长金邦正及董事会会长刁作谦：“要办大学，什么时候起？没有写志愿书住大学的是不是要住大学？出洋名额是不是要加限制？多少人？”[③]金邦正及董事会一致表示未写入大学志愿书的学生，均将照旧派美留学。[④] 但是这并不意味所有未写志愿书的学生都能派美留学，仍然是要经过激烈的竞争，择优派遣。清华学生再次进入紧张状态，“他们每天只坐在卧室内，或图书馆内，细细的研究正课书籍。倘使是历史呢，就将年代、人名一个个记穿；倘使是地理呢，虽然天边地角细小地名也控到他的脑子里。以为不是如此，不能超过别人，那时得到下等、劣等，于出洋就有危险”。[⑤]

1921 年 1 月，金邦正宣布自该年秋季开始实行大学计划，即将高等科四年级改为大学一年级，同时增设大学二年级，学制仍为八年（中等科三年，高等科三年，大学二年），入大学者仅涉及曾经填写志愿书的学生，其余学生仍将照旧派遣留学。[⑥] 此后，大学课程设置事宜开始提上议事日程。教职员屡次就此开会讨论，但彼此意见存在分歧。教务长王文显主张效仿美国哥伦比亚大学的新组织方法，设“普通知识”部，专门教授普通知识，“如科学界进步已到若何程度，世

① 《与金校长谈话，校长来校后之感想》，《清华周刊》第 195 期，1920 年 10 月 22 日。

② 《一九一七年后清华学生方面之大变溯源》，《清华周刊》第 204 期，1920 年 12 月 27 日。

③ 《询问真相》，《清华周刊》第 198 期，1920 年 11 月 12 日。

④ 《出洋问题上星期内学生方面之消息》，《清华周刊》第 197 期，1920 年 11 月 19 日。

⑤ 孙瑞璜：《一个重大的问题》，《清华周刊》第 197 期，1920 年 11 月 5 日。

⑥ 《本校暑假后添设大学班》，《清华周刊》第 208 期，1921 年 1 月 21 日，第 42—43 页。

界的思想潮流何如等等”，作为大学一年级必修科目。1920 年 8 月，王文显在护送 1920 级学生赴美之际，曾对美国著名大学的教育进行调查，并据美国教育家杜威的建议专程赴哥伦比亚大学调查该校别具特色的“普通知识”部。“普通知识”部由该大学各部主任轮流担任教学，以使各专业学生对各学科发展状况及世界思想潮流有所了解和认识。① 但校长金邦正认为最好分科，“学生选科可依次学习，不致今年学甲科，明年习乙科，毫无得益”。② 1921 年 3 月，大学一年级课程议定，分文、实两科，文科设政治学科、社会学科、经济学科、银行学科等；实科设医学预备科、农林科及工程科。③ 大学一年级就开始实行分科教育，传授专门知识，不难断定高年级的课程只能是更为专门。当时在华的美国教育家孟罗对此提出了看法：“清华的课程不应当专为职业的科目，应当是预备职业的科目。学工程的人在清华对于社会科学、历史、言语，应当有一个很广博的研究，学文科的人更当如此。”④在讨论大二课程设置时，课程委员会也是意见不一，“有主张实科课程须与文科一并提高，以但学实科学生，将来到美后，亦可入大学三年级者；有主张令学实料（科）学生，在清华时，多学各种外国文、西史等科，到美后仅令其能入大学一、二年级者”。虽前后历时数月之久，经过数十次的讨论，始终未能就大学课程问题达成共识。⑤

不久，清华改办大学计划因校长金邦正被迫辞职再次受挫。1921 年 6 月 11 日，即清华学年考试前一日，清华学生以声援北京专门以上八校校长及教职员索薪运动为由，宣布罢课。主张罢课的只有少数高四级学生，他们因为前两级学生皆因发生风潮未经过考试

---

① 《教务长返校及谈话情形》，《清华周刊》第 206 期，1921 年 1 月 7 日，第 22—25 页。

② 《校长对于课程及管理上之意见》，《清华周刊》第 208 期，1921 年 1 月 21 日，第 43 页。

③ 《大学消息》，《清华周刊》第 211 期，1921 年 3 月 11 日，第 22 页。

④ 《名人谈话》，《清华周刊》第 231 期，1921 年 12 月 16 日，第 19 页。

⑤ 《课程委员会》，《清华周刊》第 236 期，1922 年 2 月 17 日，第 22 页。

即获准出洋，这次也想借此机会如法炮制，鼓动学生会通过了罢课议案。[1] 但是，这一举动引发了严重的后果。经教员会议决定，校长金邦正宣布，未与考学生全体留级一年，其中高四级二十九人入大学一年级继续学习，延期一年赴美。这一决定遭到了涉事学生及其家长的强烈抵制。家长们认为这一决定意味着“以设备不完全之大学，令诸生留级一年，学生方面每人荒废一年之光阴”[2]，联名通电，抨击金邦正“蹂躏青年，摧残教育”[3]。江苏省教育会也致电清华学校表示抗议：“以学生不愿改入大学，利用罢课机会强之留校，且未有大学之实，徒标大学之名。”[4]1921 年秋季开学时，全体学生抵制由金邦正主持的开学典礼。大一以下各级又在每级选举代表七人组成“取消留级委员会”，以求取消留级。校内气氛渐趋紧张。1921 年底，金邦正请假赴美，校长一职由教务长王文显代理。1922 年 4 月，外交部宣布取消留级决定，金邦正正式向外交部辞职。不久，大二级因课程难以确定，也宣布取消。

1922 年 4 月，外交部参事曹云祥兼代清华学校校长，同年 10 月被任命为代理校长，1924 年 5 月 12 日正式被任命为清华学校校长。[5] 曹云祥上任后，一改前几任校长专断的作风，首先邀请全体教职员及学生代表茶会，后又分批宴请教员午餐及各级学生茶叙，纵论学校兴革要旨，征求各方意见。[6] 接着又组织调查委员会，聘请政治

---

① 《学潮解决中之清华学校》，《清华周刊》第 223 期，1921 年 9 月 15 日，第 24、25 页。1919 年清华罢课二日，高四级全体不考出洋，其余各级补考升级；1920 年清华罢课一日，高四级不考出洋，其余各级补考升级。

② 《清华学生监护人之不平鸣》，《晨报》1921 年 7 月 26 日，转载于《清华周刊》第 223 期，1921 年 9 月 15 日，第 56 页。

③ 《清华校长负固之反应》，《晨报》1921 年 7 月 9 日，转载于《清华周刊》第 223 期，1921 年 9 月 15 日，第 78 页。

④ 《省教育会再致清华学校电》，《申报》1921 年 7 月 30 日，第 14 版。

⑤ 曹云祥(1881—1937)，字延生，又字庆五。浙江嘉兴人。圣约翰书院毕业。1907 年考取两江总督端方所选派之留美公费生。毕业于美国耶鲁大学、哈佛大学。1914 年获哈佛大学商业管理学硕士。后入伦敦大学经济学院为研究员。曾任驻英使馆秘书、代理总领事、驻丹麦公使馆一等秘书。

⑥ 《校长新猷》，《清华周刊》第 246 期，1922 年 5 月 5 日，第 18 页。《校长请客》，《清华周刊》第 249 期，1922 年 5 月 26 日，第 16 页。

学教员余日宣、英文文案处主任何林一及职员陈绍唐为委员，调查各方详情，以为整顿之预备。① 此后，余日宣提出了一种改办大学方案：把高三改大一，大一改大二，再加一年大三，同时将中三、中四、高一、高二改为四年制中学，裁撤中二级，另设补习科为入学者补习英文等功课，目标是把清华建成一所初级大学。② 根据余日宣的建议及调查委员会的报告，清华制定了“大学发展计划”，于五年内借款150～200万元，其中50万用于建筑教室、教员住所，到1927年将高三改大一，大一改大二，增设大三，到1934年增添大四，并将留美年限缩短为3年，留美学额减至每年25名，到1941年留美学额减至15人。③

此“大学发展计划”只是在原来留美预备制度内的修改，不需要大的动作，操作起来较为容易，但并没有提出完整的大学教育目标，追求的只是一种大学的形式而已。不久，新成立的教育方针委员会对这一方案提出了异议。该委员会由教务长、英文教员王文显、教育学教员庄泽宣、德文教员谭唐、物理教员梅贻琦、农学教员虞振镛等组成。他们认为“清华不办大学则已，若办大学，必求与美国一等大学程度相符。故以高三改作大一之议，当作罢论。高三、大一两级当注重通才教育(Liberal Education)，目下过于专门，殊非造就人才之道。一切功课，以提高质料，减轻钟点为原则”。④

如此，以余日宣为代表的调查委员会与以王文显为代表的教育方针委员会之间，在人才培养目标上显然存在着意见分歧。教育方针委员会内部也有暗流涌动。庄泽宣想取代王文显任教务长，转而与余日宣合作，将王推倒。但庄“因为资历不够，校中旧派不服，而旧人中又没有可以胜任的，所以双方让步，约第三方来”。⑤ 1923年6

---

① 《曹校长秋季开学演说辞》，《清华周刊》第250期，1922年9月11日，第2页。

② 余日宣：《对于清华课程问题的我见》，《清华周刊》第257期，1922年11月3日，第6页。

③ 《大学发展程序》，《清华周刊》第264期，1922年12月22日，第13—15页。此计划因外交部人事更迭，六易总长，迟迟未获得批准。

④ 《教育方针》，《清华周刊》第265期，1922年12月30日，第9、10页。

⑤ 《张彭春日记》(1926年1月27日)，稿本，南京图书馆藏。

月，曹云祥宣布将聘请清华第二批留美生、哥伦比亚大学博士张彭春担任教务长。[①]

张彭春到任后，本已放缓的改办大学步骤转趋加快。1923 年秋季开学后，校长曹云祥宣布将改办大学计划提前实施，即从 1927 年提前至 1924 年，开始逐步实行“大学发展计划”，将中四改为高一，高一改为高二，高二改为高三，高三改为大一，大一改为大二。并组织课程委员会，以张仲述（张彭春）、庄泽宣、陈福田、梅贻琦、余日宣、戴孟松、G. H. Danton（谭唐）、E. K. Smith（施美士）、A. Heinz（海晏士）等九人组成，并由张彭春、庄泽宣、谭唐、陈福田、余日宣等另组成大学课程委员会，负责规划大学课程设置。[②] 1923 年 11 月 1 日，教职员会议讨论并通过了课程委员会报告，决定清华学制分高中和大学两级，高中学习期限三年，大学学习期限三至六年；高级中学的教育目的为“在使将来之领袖人才受广阔的基本训练”，其方法为“利用教室内外实际生活之动作，使经验近世文化之要领”；大学“应特别奖励创造学力、个人研究及应付中国实际状况及需要之能力”。[③]

但是，自 1923 年 11 月 15 日教务长张彭春向学生公开宣布课程委员会计划后，学生中又开始议论纷纷。高二级学生认为，按照课程委员会计划，该级留校年限将被延长，“欲以该级作大学计划之牺牲者”，当即召开全级紧急大会，并组织委员会，专门对此事进行讨论，以与学校当局接洽。[④] 高二级学生陈家騄致函校长曹云祥，认为该大学计划将延长学生在校年限，与此前宣布的计划相比，“操之过急，一

① 张彭春(1892—1957)，字仲述。天津人。清华第二批留美生。哥伦比亚大学博士。博士论文为《从教育入手使中国现代化》。曾任南开学校专门部主任、代理校长、大学部筹备课主任。1922 年受中国教育促进会委托，到西欧各国研究教育制度。参见龙飞、孔延庚著:《张伯苓与张彭春》后所附《张彭春年表》，天津:百花文艺出版社，1997 年。

② 《与曹校长谈话》《讨论课程》，《清华周刊》第 286 期，1923 年 9 月 20 日，第 13、19 页。《课程委员会》，《清华周刊》第 291 期，1923 年 11 月 26 日，第 9 页。

③ 《教职员会议》，《清华周刊》第 293 期，1923 年 11 月 9 日，第 12 页。

④ 《高二级》，《清华周刊》第 295 期，1923 年 11 月 23 日，第 33 页。

旦失败，岂仅学生供其牺牲试验，恐清华前途将不堪闻问”。[①] 中四级、高一级也以延长年限将增加家庭经济负担为由，派代表向教务长张彭春提出意见。[②] 中等科新生也频繁集会，组织委员会，讨论办法，与教务长接洽，“以祈达到全体留美”。[③] 清华历次改办大学中的老问题再次发生。

为了平息学生中的不安定情绪，1923 年 12 月 6 日，教务长张彭春代表课程委员会在教职员会议上做第二次报告。最终经讨论决定，除 1923 年刚入校的新生外，其余学生将来如能修毕“大一”课程，即可赴美留学；1923 年刚入校的新生修毕“大一”课程后，采取择优派遣办法。[④] 但学生对此仍不满意。次日，学生会评议部开会通过议案，要求“现在在校学生均照现行制度（大一读完后就出洋）办理，凡在新方针正式发表后招收之新生均照新制度办理”，以免在校各级学生受新制度波及。[⑤]

学生对于新方案的质疑之处在于：对于 1923 年入校的学生，大一毕业后但又没能选送赴美，应如何处理。教务长张彭春的答复是让他们插入即将开办的大学继续学习，若到时清华大学还未开办完备，则送到国内其他大学。但是学生对这一答复并不满意，他们认为清华在短时期内肯定办不成完备的大学，这一班学生将因此失去接受高深学问的机会，转入国内其他大学还不如当初直接入学，何必要到清华绕一圈后再进。[⑥] 又有学生认为择优选派“只可行于大学已成之日，不可行于大学未成之日；可行于改办大学方法公布之后，不可行于改办大学方法公布之前”，因为“今课程未改，学制未革，教育仍

① 陈家騄：《改办大学不宜过急，照原定计划较为稳妥》，清华大学档案馆藏档，全宗号 1，目录号 1，案卷号 3。

② 《高一级》《中四级》，《清华周刊》第 296 期，1923 年 11 月 30 日，第 26 页。

③ 《新生集会》，《清华周刊》第 299 期，1923 年 12 月 21 日，第 24 页。

④ 《教职员会议》，《清华周刊》第 298 期，1923 年 12 月 14 日，第 22—23 页。

⑤ 《评议会》，《清华周刊》第 298 期，1923 年 12 月 14 日，第 26 页。

⑥ 苏宗固：《读了课程委员会的计划之后》，《清华周刊》第 299 期，1923 年 12 月 21 日，第 5 页。

是预备留美之教育；对于新生，既未与旧生分别教授，显然为施与同等预备留美之教育”。而且1923年招生时，只是在入学试验规程第十条中载有“本校将来或改办大学，或延长毕业年限，学生毕业后被派出洋与否，亦不能一定”等字样，所以虽有“择优留美”四字载于志愿书上，此方法仍属行不通。[①]

纵观清华历次改办大学计划之所以屡屡受挫，一个主要原因是它将减少或推迟在校学生的留美机会，结果导致学生以各种方式极力反对。当时，留学在中国已经成为一种变相的科举，社会上普遍存在“西洋一等，东洋二等，本国三等”的偏见，学生出国的动机“并不在求学，而在藉此龙门以抬高身价”。[②] 另一方面，社会又普遍对留学生不满意，认为他们不了解中国国情，不能为社会尽责任。清华的预备留美教育也难逃责备，有人予以如此严苛的批评：“试以年来清华送出之人数，拿来和回国来真给国家尽了责任的人数比一比，若说不等于零谁都不信！”[③]清华所要改办的大学仍是一种变相的留美预备学校，自然也难以改变社会上已经形成的看法。

清华当局如梦初醒，终于认识到了改办大学问题的症结所在，决定重新调整大学计划，将入校与留学分为两事，对于已入校的学生，仍按原来办法派遣留学；新大学另外进行招生，并决定聘请周诒春、胡适、范源濂、张伯苓、张福运、丁文江等为清华大学筹备顾问，协助新大学的筹备。[④] 不久，校长曹云祥宣布1924年停招新生，以一年的时间作为大学筹备期，1925年正式开始招收大学新生。[⑤] 停止招生一年，“实有不得已之苦衷”，主要是想把新大学学生与旧制留美生分开，因为两类学生待遇不同（旧制生毕业留美，新生则无此待遇），混

---

① 陆贯一：《对于十二年来校之新生实行选派留美之意见》，《清华周刊》第299期，1923年12月21日，第3—4页。

② 舒新城：《中国近代留学史》，上海：中华书局，1927年，第210页。

③ 焦菊隐：《清华与燕大》，《燕大周刊》，1926年，97B。

④ 《请担任清华大学筹备顾问》，清华大学档案，全宗号1，目录号1，案卷号3，见清华校史研究室编：《清华大学史料选编》第1卷，第287页。

⑤ 《与曹校长谈话记》，《清华周刊》第299期，1924年3月21日，第25—26页。

合在一起，难免发生冲突，使大学计划“又受打击”。[1] 新大学以“养成国家需要的人才，训练适合本国社会生活之人民”为目标，舍弃了预备留美的目标。[2] 经过近十年的纷纷扰扰，筹办大学计划总算尘埃落定。

改办大学屡屡受挫，固然是因减少或推迟留美机会导致学生反对所致，但也由此反映了一个普遍的现象，即当时中国教育界对于大学教育这个来自西方的新生事物尚未形成清晰的认识，对于教育目标与课程设置之间的内在联系认识也很模糊，尚处于亦步亦趋的模仿阶段。即使与西方接触较为密切的清华学校也不能例外。难能可贵的是，清华得以因此而开始进行反思，从挫折中总结教训，开始了新大学制度的尝试。

---

① 右民:《清华之现在与将来》,《申报》1924 年 3 月 29 日，又转载于《清华周刊》第 299 期，1924 年 4 月 11 日，第 37 页。

② 彭光钦:《“两头制”管见》,《清华周刊》第 334 期，1925 年 1 月 9 日，第 1 页。

第二章 “造就领袖人才”:新大学制度的尝试与通才教育

1925年秋,在经过整整一年的筹备后,清华大学正式成立,开始实行新大学制度。新大学制度的目标是要造就具有充足的学识、健全的能力,并乐于为人群服务的“领袖人才”。通才教育的实施主要是通过普通科二至三年课程的学习,使学生对于所处的世界有总体上的了解和认识。新大学制度吸收了书院制的精神,注重教师对学生人格的影响,将智力训练与人格培养合而为一,是一种颇为理想的通才教育制度。

第一节 新大学教育宗旨和方针的确立

在留美预备学校时期,清华的办学宗旨主要为“造就留美人才”。虽然,1911年2月由外务部和学部制订的《清华学堂章程》规定清华学堂“以培植全材,增进国力为宗旨”,“以进德修业,自强不息为教育之方针”,[①]但是,1912年10月清华学堂改名为清华学校后,其章程即明确规定“以造就能考入美国大学与彼都人士受高等教育为范围”[②]。后来清华学校几任校长都曾对派遣留美生的目的加以进一步解释。如1920年任代理校长的严鹤龄认为,清华派遣留学的目的在

---

① 《清华学堂章程》(1911年2月),原载《清华大学校史参考资料》(一),见清华大学校史研究室:《清华大学史料选编》第1卷,第146页。

② 《北京清华学校近章》,《清华大学史料选编》第1卷,第159页。

于“输入西洋之文明”。[①] 1922年任代理校长的曹云祥曾解释派遣留学的目的“在求得知识技术，以裨益于国计民生”，并认为清华留美生更应负有一种特殊使命，即：“了解与沟通东西之学艺思想，挈其精英，舍其糟粕，以融冶一种新文化也。”[②]不管他们对其宗旨如何加以阐发，“造就留美人才”依然是其主要目的。清华设定这样的目标乃时势使然，因为当时的时代特征就是“中国人过于重视外国人”，是视其如“神”的时代。[③]

清华以“造就留美人才”为目标，批评者认为此即等同于没有目标，因为这只是一种“暂行的政策”，不能作为真正的教育目标，在这样的目标下，“全校的事业总带着多少机械成分，染着些官署例行公事的气味”，“学生在这种无目标政策之下当然也只好随波逐浪在浮面上回旋”。[④] 更有人认为，在这样的目标下，“清华的任务，不过从招生到回国，回国后怎样，没有人过问了”，“这种毫无目标的教育，可以说连失败也说不上！”[⑤]1923年就任清华教务长的张彭春如此描述清华的留美预备教育：“空空洞洞地读些门学科，凑些成绩时，然后可以毕业出洋；在外国仍是一样的制度，读些门学科，凑些成绩时，然后回国来充留学生！”[⑥]这样的教育“为国造祸恐怕比造福还多”[⑦]。无独有偶，陈寅恪对当时的留学政策私下亦曾有过严厉的批评：“祸中国最大者有二事：一为袁世凯之北洋练兵，二为派送留美官费生。”[⑧]派送留美生受到批评的根本原因在于预备留美教育没有明确的方针，

① 严鹤龄：《清华二十周年纪念感言》，《国立清华大学二十周年纪念刊》，1931年。

② 曹云祥：《清华学校之过去现在及将来（清华之教育方针目的及经费）》，《清华周刊》十五周纪念增刊，1926年，第3页。

③ 冯友兰：《清华二十周年纪念感言》，载《国立清华大学二十周年纪念刊》，1931年。

④ 钱宗堡：《清华教育与其目标》，《清华周刊》第281期，1923年5月11日，第2、3页。

⑤ 雨：《清华的成功和失败》，《清华周刊》第267期，1923年1月13日，第2页。

⑥ 《张彭春日记》(1924年9月29日)。

⑦ 《张彭春日记》(1924年6月12日)。

⑧ 浦江清：《清华园日记》，北京：生活·读书·新知三联书店，1999年，第4页。

学生出国的动机在于以此为进身之阶,留学往往沦为一种“工具”。[①]

1923年秋季,清华组织大学课程委员会,以张彭春、庄泽宣、谭唐、陈福田、余日宣为委员,对新大学课程设置进行讨论。[②] 课程委员会除负责审定课程外,筹划教育方针也是其重要职责之一。[③] 同年11月1日,课程委员会提出的新大学“总纲”经教职员会议讨论通过。“总纲”提出“清华希望成一造就中国领袖人才之试验学校”。[④] 所谓领袖,“乃是比寻常人能作多而且好的工作。他们的工作,是要特别的有效率。然而他们并不是超人,也不是混来一个洋翰林的头衔便侈然自足的”。[⑤] 所谓“试验”,是指“分析及满足中国教育上之真正需要”。[⑥] 也就是说,清华大学的教育目标是要造就能真正满足中国社会需要的“领袖人才”。

校长曹云祥对“领袖人才”所提出的标准和要求包括态度、言语、礼仪、机变、乐观、公正、纲纪、义务、团体、爱国、知人等十一个方面。态度宜“镇静慎重”,言语宜“简明切当”,言语、行动必须讲究礼仪,要有“随机应变”的能力,乐观的心态,自觉维护纲纪的责任心,要有公正心和义务、团体观念,要有高尚的爱国心,要有知人知己的智慧。曹云祥认为领袖人才的养成不能仅靠读书,“读书但可求学问之深造,未可得完全领袖人才之资格”,还必须通过其他途径,“多课外作业,多与人交,多运动”。通过课外作业逐渐养成乐观、公正、纲纪、义

---

① 舒新城:《中国近代留学史》,上海:中华书局,1927年,第210页。

② 《与曹校长谈话》《讨论课程》,《清华周刊》第286期,1923年9月20日,第13、19页。《课程委员会》,《清华周刊》第291期,1923年11月26日,第9页。

③ 《教职员会议》,《清华周刊》第289期,1923年10月13日,第13页。

④ 《教职员会议》,《清华周刊》第293期,1923年11月9日,第12页。清华学校教职员会议于1920年按外交部令及董事会公函成立,宗旨为“襄助校长以谋本校利益之增进”,成员包括中文部、西文部全体教员及校长、副校长、中文部教务主任、西文部教务主任、学监部主任、图书馆主任、校医等,教职会会议的主要职责和权利为讨论及议决编排课程、购置仪器课本等事项,校长对其议决有否决权,但如经复议仍获得教职员会议半数通过,则校长必须接受或由校长移交董事会核夺。详见《清华学校教职员会议章程》,载清华大学校史研究室:《清华大学史料选编》,第1卷,第196—197页。

⑤ 张彭春讲,朱敏章记:《清华新课程的编制》,《清华周刊》第295期,1923年11月23日,第23页。

⑥ 《大学筹备委员会》,《清华周刊》第333期,1925年1月2日,第22页。

务、团体、爱国心；通过与人交往，可以养成态度、言语、礼仪、知人知己的智慧；多运动可以“强健身体、活泼精神，以备他日之为社团效力也”。①

清华德育指导部主任全绍文认为以“养成领袖人才”作为清华教育宗旨，是清华师生应尽的“天职”，否则会愧对“国人的血汗金钱”。养成领袖人才，除必须有学识、道德上的充分预备外，还必须养成一种“不忧、不惧、荣辱无关、百折不回、见义勇为”的积极进取精神，才能使人的学识、道德变成对社会、国家、人群有益的贡献。他希望清华学子“铸成学识的盔、人格的甲、积极精神的刀”，以备将来战胜那些“弱我中华民国的恶魔”，“成全清华的使命”。②

清华新大学的创办，实际上是想从事一次“改造中国高等教育的试验”，而不是如当时中国其他一些大学那样，完全模仿外国大学模式。他们认为中国是有自己独特文化的民族，完全照搬外国高等教育模式，根本不能适用，与其完全照搬外国模式，“不如不办”，“同是一个外国式的念外国书，到外国去念岂不强些?”以教务长张彭春为代表的大学筹办者认为由清华来进行改造中国高等教育的试验，责无旁贷，因为清华的经费来自于美国退还的“庚子赔款”，这笔款项所具有的国耻性质，迫使他们有义务承担起这样的责任。同时，清华又拥有得天独厚的条件，使得这种试验成为可能。清华不仅享有较充裕的经费，而且因其隶属于外交部，游离于教育部管辖下的教育体系之外，可以少受一些教育制度、法令的约束，从而在“制度上、办事上，很有自由伸缩之余地”。他们还提出了进行高等教育改造试验的两项基本原则：1. 不囿于成规，“不必与中国或外国已有的方法相同”；2. “不可与国内的情形相去太远”，否则将来试验结果难以起到示范和推广的作用。③

---

① 曹庆五：《领袖人才的养成》，《清华周刊》第343期，1925年4月17日，第1—4页。

② 全绍文：《清华的使命》，《清华周刊》第343期，1925年4月17日，第5、6页。

③ 张彭春讲，朱敏章记：《清华新课程的编制》，《清华周刊》第295期，1923年11月23日，第23—25页。

1924 年 2 月,校长曹云祥召集教职员会议进行讨论,决定聘请周诒春、胡适、范源濂、张伯苓、张福运、丁文江等为清华大学筹备顾问,以对于清华大学应取之方针与应有之计划进行指导。[①] 1924 年秋季开学后,筹备大学委员会成立,筹划清华大学之设备与发展。筹备大学委员会除召开联席会议外,又分课程及计划组、教职员待遇组、招考新生组、派美游学官费组进行讨论。联席会议由校长曹云祥担任主席,成员包括张彭春、庄泽宣、谭唐、敖尔旺、海晏士、陆懋德、梅贻琦、虞振镛、余日宣、王祖廉、全绍文、郑之蕃、杨光弼、陈达。课程及计划组由教务长张彭春任主席,成员有庄泽宣、谭唐、敖尔旺、海晏士、陆懋德、梅贻琦、虞振镛、余日宣,讨论的主要问题包括:1. 教育方针宜造就何种人才;2. 应设科目;3. 教员之资格;4. 大学课程;5. 校舍与设备。[②] 此外,课程委员会还就这些问题向清华留美同学会广泛征求意见。

1925 年 4 月 23 日,外交部批准清华大学筹备委员会提出的《清华大学工作及组织纲要(草案)》和《北京清华学校大学部暂行章程》。《暂行章程》规定设置校务会议,由校长、各科主任、教授互推之代表 4 人及校长选派之教职员 2 人组成。同月,校务会议正式成立,由曹云祥(主席)、张彭春(副主席)、庄泽宣、吴宓、王祖廉、全绍文、梅贻琦、余日宣、郑之蕃、王文显等 10 人组成。[③] 校务会议的职权包括拟订以下各项事宜,交由校长呈外交部核准施行:1. 教育方针;2. 每年之预算并经费之支配;3. 建筑及设备之计划;4. 教授以上教席之设置及各教席之人选;5. 出版事件;6. 大学推广等

① 《请担任清华大学筹备顾问》,清华大学档案,全宗号 1,目录号 1,案卷号 3,见清华校史研究室编:《清华大学史料选编》第 1 卷,第 287 页。

② 《大学委员会》,《清华周刊》第 321 期,1924 年 10 月 10 日,第 12 页。

③ 清华大学校史研究室:《清华大学九十年》,北京:清华大学出版社,2001 年,第 34 页。

事;7. 民国十七年以后大学之组织。[①] 其中,拟定教育方针是校务会议的首要职权。经过校务会议的讨论和热议,最终确定新大学的教育目标如下:

> 清华学校以造就优秀人才为目标。所谓人才者,具有充足的学识、健全的能力,善于自用其才,而乐为人群服务者是也。故诚、勇、忠、义、正直、坚毅、独立之精神、贞洁之操守,此优秀人才必具之德行也;摄生有道,服苦习劳,常使精神充满以应外务,此优秀人才必具之身体也;知求贯彻,学有系统,常保科学的态度,以明人群之利害、事物之原理,博及各科而专精一门,此优秀人才必具之学识也;至于处世,则须和易坦直,乐于互助,不惜牺牲,自取谦逊,而善体他人之疾苦;治事能敏捷精到,为建设之思想;待人能不亢不卑,无傲慢之态度;正当之命令,则乐于服从;大节之所关,则一毫不苟。要之,以格物修身为本,以躬行实践为归,自强不息,厚德载物,学子如此,庶可不悖于大学之义焉。清华学子既以优秀人才相期望,优秀人才,有领袖资格,众望所归,则礼仪亦不可以不讲。故气度应求从容,语言应求文驯,衣服应求整洁,随时随地应留意于他人之便利及习俗,以勿取嫌憎而见讥于大雅焉。[②]

这一教育方针充分突出了人在大学教育中的核心地位,注重人的全面发展,而不是将人当作实现其他目的的手段。如果将其与同时期国内其他高等院校的教育方针相比,立刻显现出它的这一特点。

---

① 《北京清华学校大学部暂行章程》,《清华周刊》第 24 卷第 9 号第 358 期,1925 年 11 月 6 日,第 618—619 页。又见清华校史研究室编:《清华大学史料选编》第 1 卷,第 303 页。

② 《清华学校之教育目标》,《益世报》1925 年 9 月 15 日,第 2 张第 7 版。又见《北京清华学校宣布教育(目)标》,载《寰球中国学生会周刊》第 212 期,1925 年 9 月 19 日。

如东南大学组织大纲规定“以研究高深学术、培养专门人才、改进社会事业为宗旨”;大同学院的总纲规定“以研究学术、明体达用为主旨”;厦门大学的宗旨为“博集东西各国之学术及其精神,以研究一切现象之底蕴与功用,同时并阐发中国固有学艺之美质,使之能融会贯通成为一种最新最完善之文化”;广东大学的组织大纲规定“以灌输及研究高深学理与技术,并因应国情,力图推广其应用为宗旨”。[①] 这些院校无一把教育目标设定为以人为终极目标,如何能造就出全面发展的人。而只有先造就出全面发展的完整的人,然后才谈得上为国家、社会尽责。从此点来说,清华新大学的教育目标不失为一种样本和典范。

第二节 新大学学制与课程设置

清华新大学的创办作为一种“改造中国高等教育的试验”,其学制的出台经过了长时间的酝酿和讨论。1923 年,张彭春出任教务长后,新组织的课程委员会提出了学制草案。新学制分高级中学和大学两级,高级中学学习期限为三年,主要目标在使学生进入大学学习之前,储备充分和坚实的普通知识,“养成自决自治的能力”;大学学习年限视各科情况定为三至六年不等,其目标为一方面注重“创造力和个人研究”,以“补救中国固有的缺欠”,一方面注重“应付中国实际问题的能力”,以“补救在外国读书的缺欠”。[②] 这一方案反映了张彭春的观点。他认为“传授世上已有的知识系统,及训练普通领袖人材的应用工具——这是中学教育的职务”,“基本知识应在大学前预备好,大学工作在使一般有‘一贯在我’的教授同一些青年聚在一处作

① 陈桢:《清华大学的第二种事业》,《清华周刊》第 24 卷第 17 号第 366 期,1926 年 1 月 1 日,第 967 页。

② 张彭春讲,朱敏章记:《清华新课程的编制》,《清华周刊》第 295 期,1923 年 11 月 23 日,第 24 页。

勤学交友的机会”。①

这一学制参照了1922年出台的“壬戌学制”。“壬戌学制”取消了三年大学预科，将四年制中学增加为六年，分初中和高中各三年，由高中替代预科与大学相衔接。当时教育界推动学制改革的重要原因在于，对大学预科局限于“复习中学功课及语言”的不满，认为“实属浪费”，以及强力要求打破中学“‘完足普通教育’的空话”，使中学担负起“‘升学预备’与‘职业准备’”两种职能。② “壬戌学制”规定“初级中学施行普通教育，但得视地方需要，兼设各种职业科”；“高级中学分普通、农、工、商、师范、家事等科，但得酌量地方情形，单设一科，或兼设数科”；“中等教育得用选科制”。该学制将分科制及选科制的实施从高等教育提早到中等教育，美其名曰“谋个性的发展”。③

但是，清华学制草案中，高中设立的宗旨是“养成自治自决的能力”，注重普通知识的传授，在导向上与“壬戌学制”采取的选科制有明显的区别。教务长张彭春在解释这一学制时，指出选科制所造就的人才“太偏于一隅”，必须设法予以避免。他注意到选科制的弊端已促使选科制的鼻祖——美国哈佛大学进行改革，开始注重普通知识的教学，要求学生在各科考试都及格后，还要通过毕业考试来检验普通知识掌握的程度，“无论书本以内、书本以外都要考”。他还注意到代表“综合主义”的两部著作对教科组织的深刻影响，即威尔斯的《历史大纲》(*Wells' Outlines of History*)和汤姆森的《科学大纲》(*Thomson' Outlines of Science*)，他认为曾经在教育思想中占支配地位的分科制必将为“综合主义”取而代之。④

清华新学制应该是借鉴了这些新的教育观点，实际上已是对“壬

① 《张彭春日记》(1926年3月15日、1926年4月16日)。

② 舒新城：《我和教育——三十五年教育生活史(1892—1928)》，上海：中华书局，1946年，第175页。

③ 璩鑫圭、唐良炎编：《中国近代教育史资料汇编——学制演变》，上海：上海教育出版社，1991年，第991页。

④ 张彭春讲，朱敏章记：《清华新课程的编制》，《清华周刊》第295期，1923年11月23日，第23—25页。

戌学制”的扬弃，虽然意美法良，但具体对清华而言却会导致一个问题，即在留美预备教育制度完全结束前，高级中学将与高等科并存一段时间，由于高中学生的出路是升入清华大学，而高等科学生的出路则是赴美留学，两者待遇不同，极易因此而发生矛盾，以至于重蹈历年改办大学失败的覆辙。教务长张彭春也意识到在这种学制下，新旧生之间的冲突很难避免，“实在是很大的问题，计划时必须注意”。①

1924 年秋季，筹备大学委员会下设的课程及计划组重新对学制进行讨论，最后决定取消高中一级，只设大学一级，包括 1 年试读期、2 年大学普通科、1 至 2 年或 2 年以上大学职业训练，另外还将设立研究院。试读期只是一种临时过渡办法，是针对当时中等教育水平参差不齐的状况而设置的，特别是针对 1925 年即将招收的旧制中学毕业生而言，计划从 1926 年起，如果新生为高中毕业生，入学试读数星期后，学力充足者即可入大学普通科，到高中毕业生生源充足后，即取消试读期。大学普通科的宗旨在“引导学生使与现代中国及世界之生活为实质上之接触”，课程为普通基本科目，全部为必修课。大学普通科期间学生应选定一种职业，并选习与此职业相关的普通课程。大学普通科毕业后，学生可选择留在清华接受大学职业训练，或者另往他校研习；另往他校者发给大学普通科毕业证书。职业训练对社会上实际存在的职业如工程师、农业家、银行家、科学家等进行预备，使其有“切实把握”。教学方式除了教室授课，还将引入书院制或学徒制。职业训练的分类、方法及年限将按照对中国社会实际需要的调查结果而定。研究院主要由专家指导大学毕业生对特种问题作高深之研究，具体计划视清华财力、人力及所选之课题而定。②

这一学制在讨论的过程中，各种不同意见得到了充分表达。如关于“试读期”问题，教务长张彭春对一年试读期能否让当时在社会

---

① 《张彭春日记》(1924 年 3 月 26 日)。

② 《清华大学筹备委员会报告草案》,《清华周刊》第 332 期，1924 年 12 月 26 日，第 32—33 页。

科学、自然科学、外语等各方面整体水平较低的中学生通过训练后得以提高持怀疑态度，提出将试读期延长至两年，或者直接设置高级中学。教员钱端升也对试读期的可操作性提出了意见。他认为新制试读期的课程如与旧制清华大一课程相同，即存在同班上课还是分开各自上课的问题，如不同班，则需投入本可不必的人力、物力、财力，而且原先计划的试读期课程按学生个人情况而定，必将设立过多的班级，也是一笔不小的投入；如同班上课，则新、旧两制已无区别，两者仅待遇不同而已。钱本人倾向于后一种办法，但这种办法又势必会引起新旧生之间的冲突。钱端升对大学普通科的年限也提出疑问，认为要想在短短两年的时间内，达到"引导学生，使与现代中国及世界之生活，为实质上之接触"的目的，"期望亦未免太奢"。他提出了创办四年制文理科大学，主要课程包括哲学、史地、政治经济、古代文学、物理化学、自然科学、数学等基础学科，以培养"读书知礼"之"士人"，然后再谈分科，授以专门学问。钱端升还对"职业训练"之提法提出了异议，认为"职业训练"不能涵盖所有的专门学问，他反对将培养"士人"的"读书知礼之学"称之为"职业训练"，认为应将"读书知礼之学"、专门学问、技术知识区分清楚，因为专门学问应纳入大学教育的范围，而技术知识则不然。①

在对各方意见进行汇总后，清华学制再次进行了修改，最终体现在1925年4月由外交部正式批准的《清华学校大学部课程大纲》中。该大纲规定，大学分普通科与专门科，普通科学习年限为两至三年，第一年的宗旨在使学生"知中国之已往与世界之现状，藉以明瞭中国在此过渡时代之意义"，同时引导学生对将来拟从事的职业进行考量。第二年的目标在使学生"明瞭其所拟就之职业与此过渡时代之关系"，同时选习与将来的职业或专业有关的学科。专门科分文理类、应用社会科学类（如商业、新闻业、教育及法政）、应用自然科学类

① 钱端升:《清华改办大学之商榷》,《清华周刊》第333期,1925年1月2日,第1—5、12页。

(如农业、工程)等类,为学生选定的终身职业或学术作专精之预备,采用书院制或学徒制,“不令蹈自由选科制泛滥无归之故辙”,并对学生离校后将就之事业随时注意。[①]

设立普通科原本是一种迫不得已的选择。清华因特殊情况无法设立高中,只得把原来计划通过设立高中来实行的基础知识的预备,转移到大学中来,以“补足普通工具的训练”。[②] 但是普通科又不完全等同于高中,普通科的目标不仅要使学生“有广阔坚实的基础知识,能了解现代之中国及其环境”,而且要“逐渐养成学生自行研究之能力”,并“注意职业之选择,为适当预备之计划”。[③] 普通科主要招收新制高中毕业生或旧制中学毕业生,新生入学后,先共同上课三四星期,再按照学习成绩,分为两组,成绩优良的一组学习一年级课程,欠佳的一组则补习功课。又规定第一年为“试读期”,一年结束后,能否留下继续学习由试读期间的学习成绩决定。[④] 这主要是针对当时中学教育水平的参差不齐而做出的一种补救措施。

普通科课程设置总体上注重综合的观察,目的是使学生能“对于文化得到一种概括的了解”[⑤]。课程大纲规定第一年课程的目标,为使学生“知中国之已往与世界之现状,藉以明瞭中国在此过渡时代之意义”。这一目标在课程中主要是通过“历史”“近代科学思想发达史”这两门来实现,而且历史课在其中占了很大的比重。1925 年一年级的历史课设定为 4 单位,即每星期上课及自修时间达到 12 小时,占全年学程时间的 22%,为所有课程中用时最多者,由此可见历史课作为普通科必修课显然受到了特别的重视。

---

① 《清华学校大学部组织纲要及课程大纲》,中国第二历史档案馆编:《北洋政府档案·外交部》第 10 册,北京:中国档案出版社,2010 年,第 83—84 页。

② 《张彭春日记》(1926 年 3 月 15 日)。

③ 《张仲述先生与新生谈话记要》,《清华周刊》第 24 卷第 2 号第 351 期,1925 年 9 月 18 日,第 98 页。

④ 《清华学校大学部组织纲要及课程大纲》,中国第二历史档案馆编:《北洋政府档案·外交部》第 10 册,第 77 页。

⑤ 孟宪承:《高等教育的新试验》,周谷平、赵卫平编:《孟宪承教育论著选》,北京:人民教育出版社,1996 年,第 137 页。

如果对照当时一般高中和大学预科中历史课程所处的地位，清华新大学对历史课程的重视尤为突出。如1924年的东南大学附中已经实行新学制，高中实行分科制，分普通科、商科和师范科，其中普通科又分第一系（文科）和第二系（理科），所有分科中只有第一系（文科）在分科必修中设历史课程，而且是在本国史、本国地理、东亚史、西洋史、世界地理五门课中选修一门。[①] 再如1919年北京大学预科也实行分科，分甲部和乙部，甲部为预备入数学、物理、天文、化学、生物学、哲学等系者，乙部为预备入哲学、文学、史学、政治、经济、法律系者，甲部不设历史课，只有乙部开设本国通史和西洋通史课程。[②]东大附中和北大预科在分科中开设历史课程的目的只能是作为一种开始专业知识学习之前的预备，已不是清华所指向的"知中国之已往与世界之现状"。而且当时中学历史课程教学效果也不容乐观。1926年北京大学入学考试中，历史考试成绩很能说明问题。该年投考北京大学本科的110位考生中，及格的只有25位，且80分以上的只有2位；410位投考北大预科的考生中及格的只有55位，80分以上的只有3位。[③] 史学家钱穆认为："欲其国民对国家有深厚之爱情，必先使其国民对国家已往历史有深厚的认识。欲其国民对国家当前有真实之改进，必先使其国民对国家已往历史有真实之了解。"[④]因此，无论是从国内教育的现状出发，还是从国家社会的实际需要出发，普通科将历史课程置于重要地位都非常必要。

普通科设有"机械技艺实习"一课，其宗旨"在使学者习知机器作用之原理"，"确知现代机器之运用"，以为"将来研究各种工程之相当准备"，实际工作分木工、泥工、电工等部分，上学期实习木工及模型制法，下学期实习各种锻炼及冶炼法。除课堂教学外，还计划安排各

---

① 廖世承等：《施行新学制后之东大附中》，1924年，第69—71页。

② 王学珍、郭建荣：《北京大学史料（1912—1937）》第2卷（中），北京：北京大学出版社，2000年，第1077页。

③ 陈翰笙：《呜呼中学的历史程度》，《新教育评论》第2卷第12期，1926年。

④ 钱穆：《国史大纲·引论》，上海：国立编译馆，1947年，第3页。

种工厂参观。[①] 按照教务长张彭春的设想,将来中国“政治文化的活力量”,“要从多数农人生活中产出”。所以,大学所造就的人才,应该“知真的——活的——中国,必须生活人民现时的生活”,“大学生活中,应有一部分是经历人民的生活”,“使学生得生活多数人的生活”。[②] “机械技艺实习”可以作为这种生活的一种预备。

普通科注重基础知识的预备。国文和英文不仅是语言文字工具,而且也是了解中西文化的渠道,列为必修课,在课程设置中占据应有的地位。自然实验科学和人文社会科学两大类也占到一定的比重,主要考虑的是知识结构的合理布局,并不强调某种具体知识的获得,如实验科学开列物理、化学、生物三门以供选择,人文社会科学类也分别开列文学、哲学、社会、经济等以供选择。普通科的学习成绩分为优、中、劣(不及格)三等,各科成绩及格后,还要进行一次考试,以测试学生“是否得本期训练全部之精神,而不是仅得各科目片段之知识”,考试及格,发给修业文凭。[③]

普通科的课程设置除了注重引导学生做综合的观察外,对将来专精的方向也做了初步安排。如第一年设有“修学目的与方法”一课,由各科教授分别介绍各学科的基本概况和研究方法,以便学生有所了解从而为将来的专业方向做出选择。第二年设有分组选修一课,每周 9 单位,占全部课时的一半,学生可就自己将来拟专攻的方向作专业基础知识的预备。总的来说,普通科的每一门课程设置都有明确的指向,完全是围绕所定的教育目标来进行,课程设置与教育目标严丝合缝。

① 方惠坚、张思敬主编:《清华大学志》(上),北京:清华大学出版社,2001 年,第 421 页。

② 《张彭春日记》(1924 年 10 月 5 日)。

③ 《清华学校大学部组织纲要及课程大纲》,中国第二历史档案馆编:《北洋政府档案·外交部》第 10 册,第 79 页。

表 2-1　大学普通科课程表①

一年级		二年级	
课程名称	单位数	课程名称	单位数
修学目的及方法	1		
国文	2	国文	1
英文	2	英文	2
近代科学思想发达史、机械技艺实习(各半年)	2		
实验科学(生物或化学或物理,任选一门)	3	文学(中国或西洋)或哲学(中国或西洋)或社会科学(经济学或政治学或社会学),任选一门	3
历史(中国及外国)	4	现代中国问题	2
选习(第二外国语或数学或读书)	3	选习	9
体育	1	体育	1
合计	18	合计	18

注:每星期上课及自修 3 小时为 1 单位。

大学普通科成立时,专门科尚在筹备之中,筹备事宜由专门科筹备主任庄泽宣负责办理。专门科学科门类的确定充分考虑到了各方面的情况,包括国内各大学学科设置状况、社会实际需要及学生志愿等,同时也考虑到现有师资及设备情况,并向教员广泛征求意见,最后提交校务会议讨论决定。结果决定先开设文理类的西洋史学门、西洋哲学门、心理学门、政治学门、法律学门、物理学门、纯粹化学门、地质学门、天文学门,应用科学类的农业门、教育门、体育门、外交门、

① 《清华学校大学部组织纲要及课程大纲》,中国第二历史档案馆编:《北洋政府档案・外交部》第 10 册,第 77 页。

图书管理门、新闻学门、应用化学门。其中,文理类的物理学门、纯粹化学门、地质学门、天文学门及应用科学类的应用化学门,因需增加较多仪器设备,须视经费预算再定。另外,应用科学类的商业门、渔业门、航海门须在清华以外的地方开设,文理类的语言门、东方文学门、东方史学门、东方哲学门必须与研究院合作才能开设,应用科学类的采矿冶金门、工程门、医学门等因经费原因在最近五年无成立的希望。[①] 按照上列清单,专门科必将是一所囊括文、理、法、农、工、商、医、教育等学科的门类齐全、规模庞大的综合性大学的重要组成部分。

虽然在组织系统上专门科与普通科分属两个部门,但实际上并不能完全分开。如专门科筹备主任庄泽宣在召集社会学、经济学教授讨论社会经济门课程时,即计划要在普通科第二年课程中增加一种社会科学及近代欧洲史作为基础课程。[②] 而普通科主任张彭春在与大一新生谈话时,对专门训练的方法也有所涉及,主张“采取个人指导制,令学生各就所选之门类,为自动的、专精的研究;同时要能知该门类全部之大意”;而且在专门训练结束时,进行最后考试,“以试其知识及研究之能力”。[③] 张彭春也认为普通和专门二部“学理上本不应完全划分”。[④] 普通科与专门科理论上虽然不能分,但存在事实上的划分,为后来的纷争埋下了隐患。

① 《大学专门科分科筹备》,《清华周刊》第24卷第8号第357期,1925年10月30日,第18页。

② 《大学专门科筹备处》,《清华周刊》第24卷第11号第360期,1925年11月20日,第705页。

③ 《张仲述先生与新生谈话记要》,《清华周刊》第24卷第2号第351期,1925年9月18日,第98页。

④ 《答复曹云祥校长印发之〈张教务长辞职记实〉》,《清华周刊》第25卷第1号第368期,1926年2月27日,第41页。

第三节 选拔可造之才

为了能按照既定的教育目标培养出优秀人才，举办新生招考，选拔一批可造之才作为培养的对象，这是大学教育在师资、设备、经费都极为有限的条件下无法越过的一个关键环节。1924年秋，筹备大学委员会设立招考新生组，成员包括余日宣（主席）、郑之蕃、戴元龄、朱敏章等[①]。招考组成员皆有中、小学校长或教务长的任职经历，如余日宣曾任南开学校教务长，郑芝蕃曾任安庆高等学校教务长，戴元龄曾任天津高等小学校长，朱敏章曾任永清存实学校校长。他们对于当时的学校教育状况颇为了解，可提出具有针对性的招考建议。[②]招考新生组负责对学费、学额、考生资格、入学考试科目进行讨论，最后向筹备大学委员会提出建议。

招考组建议大学首届招考学额为一百五十名，对考生年龄不作严格限制，考生资格以旧制中学毕业及同等程度为准，废除以前清华学额由各省按照赔款摊派数额来分配、由地方教育机关考送的办法，代之以在京、沪、汉、粤四地，由清华派员直接考选，择优录取。[③] 最终，清华第一届大学招生对考生的资格要求为"品行端正、身心健全并无危险及传染病症，年在十六岁至二十五岁之间，向未经学校开除

① 《大学委员会》，《清华周刊》第321期，1924年10月10日，第12页。

② 余日宣（1890—1958），湖北蒲圻人。政治、公民学教员。武昌文华大学学士。清华学校毕业。美国普林斯顿大学硕士，美国哥伦比亚大学肄业。历充武昌文华大学、北京崇德学校教员，天津南开学校教务长兼教授。郑之蕃（1887—1963），号桐荪，江苏吴江县人。数学教员。美国康奈尔大学文理科学士。历充南洋公学、复旦公学、海军军官学校、国立北京大学等校教员，安庆高等学校教务长，国立北京农业专门学校教员兼学监主任。戴元龄，号梦松。直隶天津人。国文教员。北洋大学堂肄业，天津师范学校毕业。曾充天津高等小学校长。朱敏章，号志卿。京兆大兴人。教务处秘书。上海圣约翰大学文科学士。曾任天津南开学校教员，永清存实学校校长。以上见《清华一览（1925—1926）·清华学校教职员表》。

③ 《筹备大学委员会招考新生组建议事件》，《清华周刊》第332期，1924年12月26日，第38、40页。

者为合格”,“须有中学毕业或同等之程度,能有新制高级中学毕业程度为最宜”。[①] 之所以有此规定,是因为自1922年《学校教育系统改革案》(壬戌学制)公布后,中等教育分为二级,包括初级中学3年和高级中学3年。但新学制公布后,旧学制(壬子癸丑学制)并未立即废除,旧学制中等教育为4～5年,不分初级和高级。在当时两种学制并行的状况下,大学的生源显得颇为驳杂。据统计,清华大学第一届131名新生中,高级中学毕业者42人,旧制中学毕业曾入大学预科或本科者27人,旧制中学毕业者43人,高级中学修毕两年者19人。[②] 又据该年入学的傅任敢回忆,第一届录取学生的学历颇为复杂,“有三三制高中毕业的,有四年旧制中学毕业的,也有个别上过大学一二年级的和一个只读过初三的”,他认为当时报考清华“并无学历限制”,“实际录取只凭成绩”。[③]

招考新生组还建议组织招生委员会,其职责包括:推荐命题阅卷人员,推荐赴京外办理招考专员,推荐学生之录取、解释招考章程及议决其他疑难问题;招考的具体事务则由注册部办理。[④] 最终,由筹备大学委员会联席会议通过议案聘请余日宣、郑芝蕃、庄泽宣为招考委员会委员,余日宣为主席。[⑤]

在入学考试科目上,招考组建议考试科目包括以下各科:1. 国文;2. 英文;3. 中外历史;4. 中外地理;5. 数学(初级代数、平面立体几何、三角,任选两门);6. 理科(生物、物理、化学,任选两门)。[⑥] 但

---

① 《北京清华大学招生规程(1925年)》,载《福建教育月刊》第2卷第8期,1925年,第4页。

② 《教务会议附新生之分析》,《清华周刊》第24卷第1号第350期,1925年9月11日,第36—37页。

③ 傅任敢:《清华改大时二三事》,见庄丽君编:《世纪清华》(2),北京:光明日报出版社,2001年,第23页。

④ 《筹备大学委员会招考新生组建议事件》,《清华周刊》第332期,1924年12月26日,第40页。

⑤ 《筹备大学委员会》,《清华周刊》第335期,1925年2月13日,第15页。

⑥ 《筹备大学委员会招考新生组建议事件》,《清华周刊》第332期,1924年12月26日,第39页。

最后经筹备大学委员会通过、外交部批准,正式对外公布的科目为:1. 国文;2. 英文;3. 本国历史地理;4. 数学(初级代数、平面立体几何、平面三角、解析几何,任选一门或两门);5. 社会科学(世界历史、世界地理、政治学、经济学、心理学,任选一门至三门);6. 自然科学(生物学、物理学、化学,任选一门至三门)。并限定数学、社会科学、自然科学三类共须选考五门,且每一类至少须选一门,而且还规定考生如有特长科目,可于报名时提出,经招生委员会许可后,可作为五门选科之一。[①] 这应该是考虑到当时生源的复杂情况而做出的决定。由于对报考资格没有严格的限制,考生的知识水平和结构存在很大的差异,这种设定也是一种迫不得已的办法。考试科目选择的余地很大,各类考生都可以按自己的情况进行选择,结果当然是“选容易的考”。但是科目选择只能在数学、社会科学、自然科学这三大类中选择,也就是只选拔那些知识结构符合要求的考生。有些考生不理解其中的用意,觉得“国文、英文固是必考,极简单的本国史地也是必考。平均起来,都占一样的份量”,认为清华招生“没有一定标准”。[②] 所谓“没有一定的标准”应该是指考试科目没有指向某一类别的学科,而这正是清华选才的标准。

从清华大学新生入学考试科目的组成来看,所注重的还是对学生基本能力和知识结构的测试,完全与课程大纲所确定的宗旨相吻合。这一点从考题的难易程度也得到了反映。1925 年清华大学国文的题目为两篇作文:1. 试述中学时代研究国文之方法;2. 试述经过学校教授国文之概况。英文的作文题为三选一:1. Experience in Taking the Tsing Hua Examination.(参加清华考试的经历);2. My Trip to This Place.(我来此地的旅程);3. Why I Want to Tsing

---

① 《清华学校大学部组织纲要及课程大纲》,中国第二历史档案馆编:《北洋政府档案·外交部》第 10 册,北京:中国档案出版社,2010 年,第 73—74 页。又见《清华大学新生考试科目单》,载《福建教育月刊》第 2 卷第 8 期,1925 年,第 13 页。

② 大公:《建议给招考委员会》,《国立清华大学校刊》1929 年 1 月 11 日,第 3、4 版。

Hua.(我为什么想来清华)。[①] 该年报考清华的“盘根”认为国文、英文、史地题目很容易，很普通，以至于“叫人有些猜疑”，“不敢相信怎样答才好”。[②] 国文、英文、史地都是必考科，注重基本能力和知识的测试，过于繁难的题目并不意味就能起到测试的作用，而且看起来容易的题目并不意味着就能考出高分，这从后来考试结果的统计可得到印证。但是选考科目相对则具有一定的难度，或许是因为每位考生所选考的一般都是自己擅长的科目，提高试题难度才能起到筛选的作用。据“盘根”回忆，代数、物理较难，政治学与经济学“有几题不是普通书所常见”，世界史的题目有些“刁钻古怪”[③]。

1925 年清华大学新生录取分数线划定为总平均分 47 分，可以说要求并不严格。[④] 虽然招生报名时列有国文、英文、历史、教育、哲学、法律、政治、经济、物理、化学、生物、土木工程等 12 门类，供考生选择，但实际考试时并不分科，最后录取时也完全以总平均分数为标准。如该年报考英文类的徐士瑚，国文考分为 70 分，英文 83 分，史地 96 分，生物 68 分，数学只有 23 分，但平均分数为 68 分，仍然被录取，他还暗自庆幸，认为是因为报考英文类才被录取的。[⑤] 这种宽松的录取标准，一方面应该是由于当时生源总体质量不佳、中学教育水平不容乐观，同时也由于中学的分科制教育不能满足清华通才教育的要求，不得已而为之。该年报考清华大学总人数为 994 人，但应试人数只有 699 人，最终录取 132 人，录取率为 19%，未能完成原定招

---

① 《民国十四年清华学校大学部一年级入学试题》，《清华周刊》(向导专号)，1927 年 12 月 16 日，第 748 页。

② 盘根：《投考清华之经验及入校后之感想(二)》，《清华周刊》(向导专号)，1927 年 12 月 16 日，第 681 页。

③ 同上。

④ 《国立清华大学历年招考大学本科学生录取标准》，《清华周刊》(向导专号)第 41 卷第 13、14 期，1934 年 6 月 1 日，第 203 页。

⑤ 徐士瑚：《九十自述》，《山西文史资料》，1998 年 6 月，第 38 页。

收150名新生的计划。[①] 而且，所录取的132名考生中还包括27名已入大学预科或本科的学生。这就对清华今后的教学提出了一个问题，即通过何种方法将基本知识并不完备的新生，培养成知识完备的通才。

表2-2 1925年清华大学录取新生分数分布表(总数96人)[②]

分数组距	国文	英文	史地	三门总平均
20～25	1			
25～30				
30～35			2	
35～40	2		1	
40～45	12	2	5	
45～50	15	2	5	2
50～55	20	6	11	28
55～60	17	8	7	33
60～65	16	19	27	14
65～70	7	22	7	14
70～75	2	15	12	4
75～80	2	10	6	1
80～85	2	7	6	
85～90		4	4	
90～95		1	2	
95～100			1	
总算术平均分数	54.69	67.81	64.12	58.85

① 《清华三年来报名及录取新生省籍办配表》，《清华周刊》(向导专号)，1927年12月16日，第731页；《历年本科应考及录取人数比较表》，《清华周刊》(向导专号)，1936年6月27日，第48页。

② 牟乃祚、邬振甫：《本校两年来录取学生成绩之比较》，《清华周刊》(新清华介绍号)，第27卷第11号第408期，1927年，第612—618页。

大学招生应该是一次学校与考生双向选择的过程，一方面是大学按照所确立的教育宗旨以适当的方式选才拔士，另一方面也是考生对大学的选择。正如研究者所认为的：“大学应问学生是否合格，而尤应自问收录该生后，将何以指导之，并希望其成为何种人才。同时学生应认识某大学是否能满足其需要，而尤应自问投入该校后，将何以利用其教育机会，并希望在何种职业上作何等贡献。目标清楚，而去取之间，方有标准，才含意义。否则学校为维持其存在，势必混沌的，机械的招收新生。学生为虚荣心或其他动机所趋(驱)使，势必胡乱的，盲目的投入大学。”[①]但是通过对该年考生报考清华的动机进行考察，至少说明一部分人对清华的教育目标没有明确的了解。如该年考生“盘根”报考清华大学的原因是清华有“全国著名的图书馆”及“‘水木清华’的景致”。[②] 张光人(胡风)报考清华的原因是“向往北大是新文化的圣地”，报考北大时附带一起考了清华，两校都考取后，放弃了清华，选择北大。[③] 1925 年考取清华未报到的共有 27 人，后来又有 8 人于报到后离校，占该年录取总人数的 26%。这与有留美机会时的清华招生竞争激烈、唯恐不得其门而入的场面，形成强烈的反差。清华教务处秘书朱敏章曾对其中原因进行过分析。他发现未报到的 27 人中有 19 人来自京、津、沪、宁四中学，皆有其所属之大学，虽考取清华，也极有可能返回其中学所属之大学；其余 5 人则来自京、沪等大城市的中学，大城市选择的余地较大；在报到后又离校的 8 人中，有 7 人非中学应届毕业生，而且有一两人已读完大学二年级，其报考清华很可能是奔着留美机会来的，来校后发现制度已变，只得舍之他去。朱认为部分考生弃清华而去的原因是“不明清华政策之根本变更，仍有抱昔日之希望，不惜为降班之牺牲而来者，及见

---

① 梅贻宝：《大学招生评议》，《国闻周报》第 11 卷第 32 期，1934 年。

② 盘根：《投考清华之经验及入校后之感想(二)》，《清华周刊》(向导专号)，1927 年 12 月 16 日，第 679 页。

③ 梅志：《胡风传》，北京：北京十月文艺出版社，1998 年，第 130 页。张光人入北大预科后，又对北大失望，于次年报考清华二年级生。

其终不可能，然后废然引去，此改制之初所难免也”。[①] 总的来说还是对清华教育目标的不明确所致。

第四节 教学方法的探索

由于新大学的教育目标为培养适合中国社会需要的领袖人才，教学方法也紧紧围绕这一目标进行了一系列探索和尝试。教学方案的确立以教务长兼普通科主任张彭春为主导，并经各科教师共同讨论决定。大学普通科的教师部分来自于清华学校原来的师资。此前，在校教员已全体升为副教授，其中大多数被聘为大学教师，聘期为三年，一部分直接担任大学部教师，另一部分则暂时留任留美预备部，同时作为大学部的师资储备。[②] 大学普通科教授以上职位的设置以及人选由校务会议拟定，每一教职的最终人选则通过设立临时委员会来决定。该委员会由校长、普通科主任以及校务会议推举的教授三人组成，除讨论校务会议提出的人选外，还可另行提出并讨论其他合格的人选，并有最后决定权。[③] 按照大学筹备委员会的设计，大学教员分正教授、教授、副教授、教员、助教五级，其中正教授必须具备经验、著作、领袖才能三方面的资格。[④] 由于校务会议由校长（主席）、普通科主任、专门科主任或筹备主任、研究院主任、大学部任课教授互选之四人以及校长选派之教授或职员二人组成，而普通科主任、专门科主任、研究院主任皆由校长任命，故校长对校务会议具有控制力量，从而对教授以上职位的任免也就具有决定性的作用。总的说来，清华大学开办之初，对于教师的延聘煞费苦心，多方罗致，以

① 朱敏章：《大学部入学人数之研究》，《清华周刊》第 357 期，1925 年 10 月 30 日，第 3—5 页。

② 《下年教员》，《清华周刊》第 349 期，1925 年 5 月 29 日，第 22 页。

③ 《北京清华学校大学部暂行章程》，《清华周刊》第 24 卷第 9 号第 358 期，1925 年 11 月 6 日，第 618、619 页。

④ 《以才称位》，《清华周刊》第 324 期，1924 年 10 月 31 日，第 22 页。

求吸纳一批有学问和经验的人才，而且当时中国学术发展尚处于起步阶段，要实现这样的目标，具有不小的难度。

表 2－3 清华大学普通科部分教师一览表①

课程名称	教师姓名	学历	曾任教职	代表著作
国文	钱基博		江苏三师教务长、国文教师、上海圣约翰大学教授“中国文学史”“国学概论”	散见报纸、杂志
	陆懋德	美国威斯康辛大学政治学硕士	北京法政学校教授	《周秦哲学史》
	朱自清	北京大学哲学系毕业	浙江省立第一师范、江苏第八中学国文教员	新诗、散文创作
	吴在	廪贡生、日本东京师范生	上海圣约翰大学、沪江大学、天津女子师范国文教员	
	戴元龄	北洋大学、天津师范学校毕业	天津高等小学校长、清华学校国文教员	
	孟宪承	上海圣约翰大学毕业、美国华盛顿大学硕士	东南大学教育学教授、圣约翰大学国文部主任	
外国语 英文	翟木生(R. D. Jameson)	美国威斯康辛大学硕士	美国格林纳耳大学戏剧教授、芝加哥大学英文文学教授、英国伦敦大学任教	
	陈福田	美国哈佛大学硕士	美国檀香山明伦学校教员	
	郑麐			
	张杰民	美国哥伦比亚大学硕士		

① 郑冠兆:《“水木清华”的大学》,《学生杂志》,第 13 卷,第 6 期,1926 年。徐士瑚:《九十自述》,《山西文史资料》,1998 年 6 月,第 39—41 页。《清华一览》,1925 年。《大学普通部教员一览》,《清华周刊》第 350 期,1925 年 9 月 11 日,第 30 页。

（续表）

课程名称		教师姓名	学历	曾任教职	代表著作
	英文法文	王文显	英国伦敦大学学士	清华学校英文教员、教务长、副校长	
		刘师舜	美国哥伦比亚大学哲学博士		
		温德（R. Winder）	美国芝加哥大学硕士、美国西北大学、芝加哥大学助教、教授	东南大学教授	
	德文	夏菲琳（A. Schafheitlin）	博士		
	日文	盛梦琴			
自然科学	物理	叶企荪	美国哈佛大学物理学博士	东南大学物理系教授	
	化学	杨光弼	美国威斯康辛大学化学硕士	1924 年任暑假科学教员研究会指导员	
	生物	陈桢	美国康奈尔大学、哥伦比亚大学硕士	东南大学教授动物学、细胞学	
		虞振镛	美国康奈尔大学农科硕士		
数学		海晏士（A. Heinz）	美国密苏里大学理学士、哈佛大学教育硕士	美国密苏里威斯林大学数理部主任、波斯顿大学数学讲演员	
		郑之蕃	美国康奈尔大学文理科学士	上海南洋公学、北京大学教员、安庆高等学校教务长	
历史		梁启超	举人	长沙时务学堂中文总教习	《清代学术概论》
		萧一山	北京大学毕业		《清代通史》
		刘崇鋐	美国哈佛大学文学硕士	南开大学历史学教授	

(续表)

课程名称	教师姓名	学历	曾任教职	代表著作
机械技艺	周永德	美国南加州大学经济学硕士		
科学史	梅贻琦	美国吴思德工业学校电机工程科学士、芝加哥大学机械工程硕士	清华学校数学、物理教员	
体育	张治中	美国维玑尼亚陆军大学毕业		
	郝更生	美国春田大学毕业	苏州大学体育教员	
	李剑秋			
	马约翰	美国史泼林菲尔体育学校毕业		

1925年清华大学第一级新生教学方案的制定,完全以对学生能力的具体分析为基础。这一年招收的新生来源地分布广泛,分别来自全国19个省份的61所中学,其中有来自旧制中学的,也有来自新制高级中学的,有在新制高级中学中读了两年的,也有读了三年的,另外还有读过大学预科甚至本科的学生。① 当时的中等教育正处于“壬戌学制”公布后新旧交替的时期,既有一些学校锐意改革,努力按照新学制组织教学,也有一些学校持观望态度,仍然沿用旧制。这就造成了各校学生学业水平参差不齐的状况。根据这种情况,大学普通科教务会议召集各科教授进行讨论、研究,决定采取分班教学的方法。具体的做法是国文、英文作为入学考试的必考科,按照入学考试成绩进行分班,体育则按照入学报到时的体检情况进行分班,自然科学(包括物理、化学、生物)、数学、历史(外国史)因为入学考试作为选考科目,各生所考的科目不同,难以依据入学成绩分班,先按暂行课

① 《普通科教务会议》(一),《清华周刊》第24卷第1号第350期,1925年9月11日,第37页。

程表上课三周，再通过甄别考试，进行分班。[①]

分班以课程为单位，按成绩划分，同一人如果各科成绩不平衡，往往会出现“英文在A班而算术在C班”的情况。[②] 若学生某科成绩特别优秀，可以申请免修。这一级学生中曾有两人被准予免修英文。[③] 这种分班教学，针对具有不同基础的学生，分别采取不同的教学步骤和进度，因材施教，“谋个性之适应与教学之便利”，以使学生能通过最佳途径掌握知识和培养能力，从而达到普通科所设定的教育目标。国文课分为甲、乙、丙三类，每类又分设二组，共分甲、丁、乙、戊、丙、己六组，其中甲、乙、丁、戊组程度较高，丙、己组程度稍低。英文课也同样分为六组，只是等级分为三级，甲、丁组为程度最高级，乙、戊组为次一级，丙、己组为最低。自然科学课程分为大学程度和高中程度两级。国文、英文甲、乙、丙三班由三位教师同时上课，丁、戊、己亦由三位教师同时上课，如此可随时发现学生学力的变化，即时升降，调整班次。班次不同的学生，所能选习的课程也有不同的规定。如学生有国文、英文在丙、己组者，则必须入补习班，而且如国文、英文皆在丙、己组，则不能选习历史课中的外国历史；如国文、英文均不在丙、己组的，则可在第二外语、数学或读书中选习任一门课程。[④] 这种按照学生学力分班教学的方法，是一种新教育的“能力分组法”，1920年南京高等师范学校（东南大学的前身）曾尝试实行过，主要应用于国文和英文两科的教学。[⑤]

普通科各课程的教学计划，一般根据普通科的教学目标，由该课程任课教师与普通科主任共同商定。以国文课为例，其教学计划由国文课教师戴梦松、陆懋德、吴正、钱基博、朱自清共同商讨，并经普

① 《普通科教务会议》(二)，《清华周刊》第24卷第1号第350期，1925年9月11日，第39页。

② 《分班教授》，《清华周刊》第24卷第4号第353期，1925年10月2日，第273页。

③ 徐士瑚：《九十自述》，《山西文史资料》，1998年6月，第38页。

④ 郑冠兆：《“水木清华”的大学》，《学生杂志》第13卷第6期，1926年。

⑤ 吴俊升：《教育生涯一周甲》，《传记文学》第27卷第2期，台北：传记文学出版社，1975年。

通科主任张彭春审议决定。教学计划制定的原则为“使某科之内容,与全部课程之组织,精神贯通,脉络衔接,如细胞之于机体然”。按照大学普通科注重“综合的观察”的宗旨,国文课的教学目标确定为“注重基本之知识技能”,具体目标为在使学生:(1)能完成其运用文字自由发表思想情感之技能;(2)能欣赏本国名家高深优美之文学;(3)能了解国学源流及其研究之门径;(4)能增进其阅读古书之能力。各组因能力不等,目标也分别有所侧重。如丙、己两组,因其运用文字的能力稍有欠缺,故首先注重于发表能力之完成;甲、乙、丁、戊四组,已能较为熟练运用文字,其目标侧重于“高深文学之欣赏与国学源流之了解”。至于阅读古书的能力,则于读书选修课中予以分别指导,也是按照分组不同有所侧重。如:丙、己两组的读书课主要是作为课堂之外的补充读物,而甲、乙、丁、戊组则注重于专门研究。[①]

新大学的教学方法,早在1924年下半年筹备时,就经过大学课程委员会商定,并经大学筹备委员会讨论通过,决定吸收“书院制”或“学徒制”的精神。书院制与学徒制,前者是中国古代教育制度,后者是西方中世纪教育制度,两者都存在于人类知识体系尚未进入细密分科的时代。胡适认为书院制最重要的精神之一就是“自修”,“各人就性之所近,力之所能及,自己去研究,学者山长,不过备顾问而已”,书院制最大的贡献在于“其有调和与怀疑的精神”,引进书院制可以补救讲演式学校“机械的”“被动的”“奴隶式”的弊病。[②] 胡适作为清华大学筹备委员会顾问,其对书院制的推崇对于清华教学方法的改进具有积极的影响。

教务长张彭春主张新大学应吸收“学徒制”的精神,认为教育应该是“一师一生间互相发生影响”。[③] 他发现当时的中国大学教育过

① 孟宪承:《大学普通科国文教学之计划》,《清华周刊》第24卷第6号第355期,1925年10月16日,第389、390页。

② 胡适讲,王觉新记:《书院制的历史与精神》,载《教育与人生》(申报)第9期,1923年。

③ 《张仲述先生与新生谈话记要》,《清华周刊》第24卷第2号第351期,1925年9月18日,第98页。

于迷信制度，采用学分制和选科制，“容易把教育看成分散的，不是统一的，所以教员和学生毫无联络；在教员方面以为教完功课，就算责任已尽，在学生也以为读完功课只要各学科分数及格，就称心满意”。① 他认为这种机械的教育，所得到的只是些片段的知识，既不能“专精”，也不能养成“创造能力”，完全失去了教育的意义。② 为了使师生间有个人的接触和讨论，张彭春作为大学普通科主任，在课程安排上尽量给教师以自由支配的时间，如每周上课四小时，“用来和全班谈话也好；用两小时作‘堂课’、两小时分组指导也好；甚至全用作阅读、研究，而仅有一小时‘堂课’也好”，教师在教学上享有充分的自主权。③ 为了让师生之间有更多的接触，他还主持制定了各教师接见学生时间表，每位教师每周必须接见学生一至三次。④

当时校内主张新大学应吸取书院制精神的教员也不在少数。如国文教师陆懋德也认为教师应居于指导地位，而不是居于演讲地位，应减少教室上课时间，增加学生自修时间。这样，“学生可以自修者，任其自修；其必须指导者，然后教师为之指导；其必须讲论者，然后教师为之讲论”。教师“就学生个人之所适，为之指导；就学生个人之所缺，为之补助”，“或为个人之谈话，或为小团体之讲论”；学生“可就个人之所好，为充分的研究；就个人之所疑，为详细的询问”。通过这种方法，教师与学生之间，自然而然会发生一种“精神的结合及精神的感化”。⑤

新大学决定吸收书院制的精神，还包含注重学生人格训练的考虑。清华美籍教师、筹备大学委员会成员谭唐(Danton)认为教育应

---

① 《教员会议》，《清华周刊》第 288 期，1923 年 10 月 5 日，第 9 页。

② 《张仲述先生与新生谈话记要》，《清华周刊》第 24 卷第 2 号第 351 期，1925 年 9 月 18 日，第 98 页。

③ 《高等教育的新试验》，周谷平、赵卫平编：《孟宪承教育论著选》，北京：人民教育出版社，1996 年，第 137 页。

④ 《各教师接见学生时间表》，《清华周刊》第 24 卷第 13 号第 362 期，1925 年 12 月 4 日，第 774—777 页。

⑤ 陆懋德：《未来清华大学之新精神》，《清华周刊》第 327 期，1924 年 11 月 21 日，第 1、2 页。

“注重人格”，建议废除美国式的“诵述（Recitation）制度和讲授（Lecture）制度”，采用英国式的“监导（Tutorial）制度”，以便能促使学生“亲近”教员，“发展个性”。[①] 陆懋德也认为教师“不但负学生技能上知识上之责任，且须负学生道德上行为上之责任”。[②] 国文教师朱自清以自己五年中学国文教师生涯的切身体会得出一个结论，认为教学必须从训育下手，教学的效果不仅取决于教学方法的优劣，更取决于教师对学生的人格影响，不仅取决于某一门功课教师的影响，甚至取决于校长及全校教职员的人格影响。“平日怎样实施你们的教育宗旨，怎样实施训育，上课时便是怎样的气象。平日不去指导学生的言行，要在区区的上课的几小时内，使他们顿然改过迁善，这除非是奇迹！”[③]虽然他所谈的是他过去中学国文教学的感受，但对于大学国文教学也同样适用。

清华新大学制度的精神，主要体现在教学过程中“教授”与“学习”两种活动的紧密结合。一方面学生必须能为“自发的活动”，一方面教师必须以积极的、负责的态度加以“指导”“启发”和“鼓舞”。若没有教师的指导和启发，学习的效果微乎其微；而学生仅随班听课，课后不用功，无自动的学习，效果也同样归于零。这种精神在国文教学计划中得到了充分体现。国文课的教学计划通过三条途径来实现教与学的结合：1. “演讲讨论，以引起其学习之动机”；2. “检阅笔记，以督促其学习之努力”；3. “课间问答，以考其学习之成功”，最终使学生“习之熟，悦之深，日进而不能自已”。[④]

关于国文教学方面，甲、丁、乙、戊各组教材基本相同，分为“文艺文选”“学术文选”。前者的内容包括楚骚、汉赋、六朝文、唐诗、宋词、

① （美）谭唐撰，崔龙光、邵德辉译：《个人对于清华的感想》，《清华周刊》（十周年纪念增刊），1924 年 3 月 1 日，第 54、55 页。

② 陆懋德：《未来清华大学之新精神》，《清华周刊》第 327 期，1924 年 11 月 21 日，第 1、2 页。

③ 朱自清：《中学国文教学的几个问题》，《教育杂志》第 17 卷第 7 期，1925 年。

④ 孟宪承：《大学普通科国文教学之计划》，《清华周刊》第 24 卷第 6 号第 355 期，1925 年 10 月 16 日，第 392—393 页。

元曲及隋唐之翻译文学、元明清之小说等；后者的内容包括小学、经学、子学等。但甲班进度较快，而且经常发放补充读物。徐士瑚因入学考试国文成绩 70 分，被分在乙班，两周作文一篇，“批改相当仔细”。丙、已两组的教材是《左传》及其他古文，作文之外，每星期要缴笔记。这两组因基础差一些，还要参加补习班的学习，补习班以《论语》《孟子》《古文辞类纂》为教材，每周要缴两次读书笔记。郑冠兆国文课被分在丙组，认为是“忙得很”的一门课程。①

在英文教学方面，郑冠兆所在的乙组教材为北大美籍英文教授柴思义选编的《散文名著选》，英国历史学家、散文作家卡莱尔的讲演集《论英雄、英雄崇拜和历史上的英雄事迹》以及英国作家狄更斯的小说《双城记》，作文和会话则由教员另发讲义。徐士瑚英文也被分在乙组，教师为张杰民，教学方法与他在山西进山高中时的教授方法类似，即先指定学生课外预习教材一小时应读之页数，上课时教师用英语提问，学生用英语回答，并由教师讲解疑难句子。学生每周作文一次，由教师批改后，在黑板上列出作文中的错误，让学生改正，最后再由教师讲解改正的理由。徐士瑚在高中时曾认为这种教法对提高英语水平大有帮助，但进了清华之后，觉得大学与中学采用类似的教学方法，“乏善可述”。或许他认为既然是大学，教学方法就应与中学有所不同，其实是一种误解。英文丙、已组因基础差，也要入补习班学习，每周三小时。②

国文、英文都不在丙、已组的基础较好的学生，须在下列三门中任选一门：1. 第二外国语（德文或法文）；2. 数学（解析几何或微积分）；3. 读书（英文或国文）。“读书”一组中的“国文”可在“文艺”“历史”“诸子”三类中任选一类，每一类指定阅读书目，由教师进行指导，

① 郑冠兆：《“水木清华”的大学》，《学生杂志》第 13 卷第 6 期，1926 年。徐士瑚：《九十自述》，《山西文史资料》，1998 年 6 月，第 39 页。

② 郑冠兆：《“水木清华”的大学》，《学生杂志》第 13 卷第 6 期，1926 年。徐士瑚：《九十自述》，《山西文史资料》，第 32、38、39 页。

学生边读边做笔记。[①]

历史课分中国史和外国史。中国史包括《中国文化史》和《中国通史》,由梁启超主讲,每周两次,每次两小时;萧一山辅导学生补充笔记,每周一次,每次两小时。[②] 外国史包括印度史、欧洲史,由刘崇鋐讲授。刘崇鋐为人和蔼可亲,"提倡化除师生界限",除了课堂讲授外,还采用分班讨论法,鼓励学生发表意见。[③] 对于已读过欧洲史的学生,如测验及格可准予免修,另修日本史。[④]

普通科实验科学(物理、化学、生物)的教学,真正体现了实验科学的特点,将课堂讲授与实验操作紧密结合,包括教师通过课堂演示来解释基本原理,以及学生在实验室动手操作。化学课的教材为麦克弗森的《普通化学教程》,由杨光弼讲授。据王淦昌回忆,实验设备很好,"引人入胜",他做起化学实验来,"忘了一切",经常是在别人提醒或催促下,才依依不舍地赶去食堂吃饭。物理课由叶企孙讲授,教学中的实验演示引起了学生们的极大兴趣,以至于原本选择化学为专业的王淦昌决定改以物理为专业。数十年后,王淦昌对叶企孙演示伯努利原理的一次实验仍然记忆犹新:"他拿着一个带有管子的小漏斗,另一手把豌豆从漏斗上放下去,同时用嘴在管子的另一端吹气,豌豆飘在漏斗中间,既掉不下来,也没有被气冲走。"[⑤]王淦昌这样回忆当时物理老师叶企孙的教学情景:

> 叶先生讲课从来不照本宣科,常常是结合课程内容,介绍一些国外的最新研究成果。他把一些基本概念讲得很清楚,重要的地方总是不厌其烦地重复讲解,直到大家都听懂。我们都爱听他讲课。他对我们的学习情况也很关心。

---

① 郑冠兆:《"水木清华"的大学》,《学生杂志》第 13 卷第 6 期,1926 年。

② 徐士瑚:《九十自述》,《山西文史资料》,第 40 页。

③ 《谈话教学》,《清华周刊》第 354 期,1925 年 10 月 9 日,第 30 页。

④ 《报考踊跃》,《清华周刊》第 362 期,1925 年 12 月 4 日,第 24 页。

⑤ 王淦昌:《见物理系之筚路蓝缕,思叶老师之春风化雨》,钱伟长、虞昊编:《一代师表叶企孙》,上海:上海科技出版社,2013 年,第 35 页。

有一次，他专门找我谈话，了解我的学习情况，还问我对物理课有什么意见。他告诉我，如果有问题随时可以去找他，这对我是很大的关怀和鼓励。由于叶先生对我亲自传授和指引，使我对实验物理产生了浓厚的兴趣，所以在一年后分科的时候，我没有进化学系，而是选择了物理系。①

同班同学施士元也同样认为叶企孙的物理课“善于通过实验让学生观察、了解各种物理现象，调动大家的学习兴趣”。② 生物学课程每周也要做实验，一次两小时。据徐士瑚回忆，生物学的实验主要是在助教指导下，通过显微镜观察蝇子、蚊子、蝎子、臭虫、虻子等昆虫，并将结果绘图。③

大学普通科一年级设有半年“科学史”和半年“机械技艺实习”课程。科学史所用的课本为化学教授张准的演讲集《科学发达史》，另还要求学生课外至少选读图书馆所藏科学史著作中的任一种，并于学期末呈交读书笔记。“机械技艺实习”包括木工、工厂参观及工程演讲等三方面的内容。④ “木工”，学生们称之为“手工劳动”，每周到校办木工厂实习两小时，学习操作各种机床，每人制做一个书架，也有做椅子的，做成后即归自己使用。学生们大多很有兴趣，对于享用自己亲手制作的劳动成果，感到“欣慰之至”。⑤ “工程演讲”主要是邀请校外专职人员作专题演讲，以激发学生的兴趣，如交通部无线电司职员徐梁曾应邀演讲《无线电之功用》，听讲者极其踊跃。⑥

体育课程包括游泳、角力、外国拳术、中国拳术、徒手操、机械操、田径运动，游泳课以能游二十码及格，田径运动每人必须选其中四项

① 王淦昌：《王淦昌全集》(5)，石家庄：河北教育出版社，2004年，第17页。

② 施士元口述，杨慧整理：《我所认识的淦昌兄——纪念著名核物理学家王淦昌先生逝世两周年》，《名人传记》，2000年第12期。

③ 徐士瑚：《九十自述》，《山西文史资料》，1998年6月，第39页。

④ 郑冠兆：《“水木清华”的大学》，《学生杂志》第13卷第6期，1926年。

⑤ 徐士瑚：《九十自述》，《山西文史资料》，1998年6月，第40页。

⑥ 《手工科演讲》，《清华周刊》第356期，1925年10月23日，第35页。

进行练习。[①] 体育课按体格强弱分成三班,每周两次,每次一小时,一般在操场上活动,如跑步、跳高、跳远、柔软体操或打篮球、排球等,天冷时即转入体育馆内操作各种体育器械或在游泳池游泳。清华体育课的目的不仅在于锻炼身体,更重要的是培养两种精神。体育教授马约翰将这两种精神归纳为 Sportsmanship 和 Teamwork,前者指“竞赛精神、竞赛道德、竞赛守则”,后者指“各守岗位,各尽全力,不突出个人,处处顾全大局的整体精神”。[②] 马约翰提倡体育的“普及、普遍性”,不仅要求将体育的一些基本运动如跳高、跳远、赛跑以及某些球类运动等加以普及,还要求将这些运动普及到每一位学生,并且在普及中特别强调一种“普遍的、活跃的、自动的、勇敢的精神”,强调“干到底、绝不让步(别松劲)”(Fight to the finish and never give in.)的精神。马约翰主持设计了一整套体育训练方法,如几百套的徒手操,拉力器、田径、球类训练方法,各种矫正体格的方法,洗澡的方法,以及体能的测验方法等,通过这一系列的训练方法,体育运动得到了普及,体育精神得以发扬。[③] 新大学还设有军事训练课,训练课程包括兵操和军事演讲。军事演讲内容有“间谍术”“巡哨术”“军用的公文、报告、训令的格式”等,一般用英文演讲。[④]

大学普通科还为一年级学生开设“修学目的及方法”课程,作为一种“学习的总指导”。[⑤] 该课每星期或两星期举行一次,其内容包括大学教育之沿革、各科学之研究法、职业选择以及其他各种以造成团体精神为目的的报告。[⑥] 张彭春、梁启超、赵元任、朱君毅、余日宣、吴宓、陈桢、杨光弼、钱端升、陆懋德、孟宪承、陈达、朱彬元等先后担任

---

① 郑冠兆:《“水木清华”的大学》,《学生杂志》第 13 卷第 6 期,1926 年。

② 徐士瑚:《九十自述》,《山西文史资料》,1998 年 6 月,第 39—40 页。

③ 马约翰:《谈谈我的体育生涯》,庄丽君主编:《世纪清华》,北京:光明日报出版社,1998 年,第 139 页。

④ 郑冠兆:《“水木清华”的大学》,《学生杂志》第 13 卷第 6 期,1926 年。

⑤ 《高等教育的新试验》,周谷平、赵卫平编:《孟宪承教育论著选》,第 137 页。

⑥ 《修学目的及方法》,《清华周刊》第 24 卷第 2 号第 351 期,1925 年 9 月 18 日,第 101 页。

演讲。“修学目的及方法”课程的设立，使得学生对各学科能有一个广泛的、初步的了解，不仅开阔了视野，而且对此后的课程选择及专业选择具有指导作用，从而使大学生活有了一个良好的开端。

表 2-4　大学普通科“修学目的及方法”课程演讲内容一览①

演讲者	演讲题目	演讲内容
张彭春	修学目的及方法	“修学目的及方法”课程的性质，青年修学的重要性。
梁启超		青年求学，务在求实，切勿染慕虚荣。振作精神读书，为新清华放一异彩。
赵元任	关于思想的几点小意思	
朱君毅		职业指导历史及概况：1. 职业指导之历史的背景；2. 英、德之大中小学职业指导之经过及实施；3. 美国大学职业指导之概况；4. 中国职业指导之情形。
余日宣	会议规则	
吴宓		研究文学之方法：1. 须慎选所读书籍；2. 不可为一家一派之说所拘囿，所迷惑；3. 不可以文学为宣传主义工具；4. 不可视文学过难，或过易；5. 从根本上用功：(1) 多读要籍；(2) 力学外国文字。
陈桢	生物学之需要	生物学的定义、进步的原因。中国需要三方面的生物学人才：1. 纯理论方面；2. 应用方面；3. 教学方面。生物学家之资格。
杨光弼		化学的发源，化学的目的，研究化学的方法，与化学有关的学科。
钱端升		政治学的名称、定义、相关学科、历史、现状、分类、研究方法及用途。
陆懋德	中国哲学及其研究方法	哲学的定义、起源、派别、研究方法。

① 《清华周刊》，第 351、356、357、359、360、361、363、364、365、366、367、375、378 期。

(续表)

演讲者	演讲题目	演讲内容
孟宪承	教育学之研究法	教育学之定义及重要性,何种人应研究教育学,研究教育学的角度:艺术的、历史的、哲学的、科学的。
陈达		社会学的范围及内容、研究方法,何种人可学社会学,社会学的相关学科。
朱彬元		经济学的概念,经济学的研究步骤:1. 调查现在之经济情形;2. 设法改良现在之情形;3. 研究现在经济制度之缺点,设法消除经济阶级。经济学人才的社会需求。
朱君毅	心理学与终身事业	心理学的定义、分类,研究心理学者应具备的能力,心理学的辅助学科等。
刘大钧		商业经济

综上所述,新大学的教学方法,借鉴了古今中外成功的教学经验,注重"一师一生间互相发生影响"。在这种教学方法下,教师更多地担负起指导、启发、鼓励的角色,学生的学习兴趣最大程度上得到激发。学生从中获得的不仅是书本知识,还有独立思考的习惯,人格的熏陶。而且,各科教学紧紧围绕大学教育目标展开,人才培养不再是机械式的批量生产,因材施教在这里得到最充分的展现。教育目标与教学活动、教与学、知识传授与人格培养紧密结合,并共同组成一个相互协调的有机整体。所有这些对于当时整个中国大学教育来说,也都非常具有探索和创新精神。

第五节 新大学制度在争议中停顿

一、各方对新大学制度的反应

清华新大学制度作为一项改造中国高等教育的试验,完全是一种摸着石头过河的探索性尝试,在实行了一学期后,各方对教育目标、学制、课程设置、行政组织的不同意见逐渐显现。师生中对这一试验表示认可的大有人在。如国文教授孟宪承即非常看好这一试验，认为完全符合他所主张的“大学教育改造的理想”①。大一新生傅任敢虽然难以立即对这些试验的效果做出评判，但也承认这些办法“较之别的大学是有点创新精神的”，认为“办教育的人能有一点创见，确实是可贵的”。② 教育界也颇有对这一试验持肯定态度的。如陶行知即认为这一尝试为“最切中时代需要之改革”。③

但是对新大学制度持批评态度的也不在少数。对于普通科各门课程，学生的反应是“所谓‘普通’者不普通，而所谓‘专门’者不专门”。他们认为所授各科课程对于将来以此为专业者显得浅显，而对于不以此为专业者则显得过于专门。对于国文课的教学，认为讲授有关“宋玉《登徒子好色赋》《神女赋》、沈约《丽人赋》之比较研究”“东方朔传说”之类的内容，偏重考证，“琐碎芜杂”，对于提高国文应用水平无益。中国历史的讲授包括由梁启超讲演的《中国文化史》和萧一山讲授的《中国通史》，学生认为梁启超只讲“社会组织”，对于不准备以史学为专业的学生来说过于专门，不应该列为必修课，又认为萧一山所讲的关于盘古、三皇、五帝的考证，也存在同样的问题。他们认为这样的“普通训练”，将造成学生“博而不精，阻碍其兴趣与天才之自然发展”，建议缩小“普通训练”的范围，降低要求，如国文和英文，仅以应用、普通常识、文学欣赏力为目标；历史与社会科学以常识和普通应用为范围，训练记忆力和判断力；数学、物理、化学主要教授常识、推理能力及试验之习惯。凡是具有基本应用能力和常识的人即可免修普通课程，改选专门训练，这样专门训练即可提前到大学一

① 孟宪承：《高等教育的新试验》，周谷平、赵卫平编：《孟宪承教育论著选》，第137页。

② 傅任敢：《清华改大时二三事》，收入庄丽君编：《世纪清华》(2)，北京：光明日报出版社，2001年，第23、24页。

③ 陶行知：《清华学校问题》，见胡晓风等编：《陶行知教育文集》，成都：四川出版集团、四川教育出版社，2005年，第184页。

年级。①

学生李慕白虽然也赞同新大学制度所奉行的普通知识训练与专门知识训练并重的原则，理解其宗旨为“欲使学生如金字塔焉，其基宽而广，其峰锐而细，由下及上，由博及专”，但是对于要继续学习那些与专业知识无关，且在中学已经学习过的“木工”“军操”“体育”等课程，认为是浪费时间，耗费精力，“学无所得，能不心痛！”他表示，其入大学的目的在于“得专门学问而有所精通”，其结果却是“语学问则‘件件通件件松’，语思想则简单浮浅而惟务操作，此岂造就领袖人才耶？”希望学校改弦更张，放弃这种制度的试验，“采四年本科制，而勿使学生悲时间易逝，老大无成！”②李慕白的这种观点在学生中很有代表性。大学部同学会总务委员会于1926年3月5日开第一次会议，讨论改良学制问题，最终通过了议案，决定向学校要求“大学以四年为期，自第一年起，即开始分科”，因“普通科训练已占去一年，要求后三年应完全改为专门训练”。③

教师中有人对于当时行政组织的设置也颇有微词。如国文教授陆懋德认为张彭春任教务长期间，为了防止多数人争权，仅分设普通科与专门科主任，而不设各系科主任，“由此各科学无以团结，各教授无以联合，全校教授犹如一盘散沙，而教授治校之精神根本摧残矣”，结果造成清华“少数人治校”的局面。这种大权独揽的表现，是“其最大之罪”。陆懋德希望成立有组织的教授团体，即按学科分系，由各系教授选举系主任，由系主任组成校务会议，并由全校教授组成教授会议，以避免校务由少数几位职员垄断，确保校务改革的顺利进行。④

---

① 沈有鼎：《大学部课程改良刍议》，《清华周刊》第25卷第9号第376期，1926年4月23日，第545—551页。

② 李慕白：《如鲠在喉》，《清华周刊》第25卷第4号第371期，1926年3月19日，第209—211页。

③ 《大学部总务会议》，《清华周刊》第25卷第3号第370期，1926年3月12日，第170页。

④ 陆懋德：《清华之改革问题》，《清华周刊》第25卷第4号第371期，1926年3月19日，第199、200页。

这种不满可能已经显露出来，因为张彭春自己也已感觉到“大家觉得我太专权，太要他们服从”，甚至预料到“教职员中因大学筹备事一定有一场风潮”。[①]

对于新制大学“造就领袖人才”的教育方针，也有教员提出不同意见。农科教员虞振镛认为由教务长张彭春首倡的这一方针，完全是“反本务末，好大喜功”的表现。虞认为大学首要的问题是解决学生的饭碗问题，关注学生的“生计问题”，而不是“造就领袖人才”。在新大学体制下，两年普通训练占去了一半时间，专门训练只剩下两年，只能获得初步的专业知识，学生将来难以自食其力。会影响到“生计问题”。若再与国内其他大学如东南大学、岭南大学四年农科专业训练相比，更是相形见绌。这种缺陷也必将导致清华学生今后在留学考试时丧失竞争力。[②]

钱端升对新大学分普通科与专门科的学制也持异议，认为应该将两者合并，先设一“完美的文理科大学”，普通科的功能通过设立预科来代替，主要是补习基础知识，以“提高或整齐大学程度”。[③] 钱认为“大学而无文理科为基础，决不能为良好的大学”，大学目标应以人文教授为主，文科学生应有相当科学知识，理科学生亦应有相当文献知识，“文质彬彬，可以挽士风而敦实学”。[④] 钱端升所主张的文理科大学类似于美国的普通科大学，或大学的普通科，同时也参照了法国大学的文理科或德国大学的哲学科，课程包括哲学、史地、政治、经济、古代文学、物理、化学、自然科学、数学等基础学科课程，“择要先教，量时度力而扩张之”，以“造就读书知礼之士人”为教育方针。[⑤] 对

---

① 《张彭春日记》(1924 年 12 月 6 日)。

② 《虞振镛反对张彭春之理由》,《清华周刊》第 25 卷第 1 号第 368 期,1926 年 2 月 17 日,第 37 页。

③ 钱端升:《清华改组之商榷》,《清华周刊》第 25 卷第 2 号第 369 期,1926 年 3 月 5 日,第 81 页。该文末尾说明文中很多观点来自物理学教授叶企孙。

④ 钱端升:《清华学校》,《清华周刊》第 24 卷第 13 号第 362 期,1925 年 12 月 4 日,第 794、795 页。

⑤ 钱端升:《清华改办大学之商榷》,《清华周刊》第 333 期,1925 年 1 月 2 日,第 1 页。

于新大学制度,尽管来自正反两方面的意见都有,但最后反对派占了上风,结果只能是改弦更张,另起炉灶。

二、教务长张彭春辞职与新大学制度停顿

清华新大学制度的建立,固然是清华教职员共同努力的结果,但是对新大学计划起主导作用的应非教务长张彭春莫属。张彭春认为“知识论是近代西方学术的枢纽,道德论是中国历来学术的中心”,中国要造就真正的人才,至少应从知识和道德这两方面下功夫。他观察到当时中国社会一味地以为“注重学科和分数便是教育”,其实是对教育的误解,大学教育对学生人格的感化和道德的培养不仅不能忽视,甚至其所占的份量应比传授专门知识更重,这点在以基础训练为重心的大学普通科二年期间尤其如此。张彭春希望通过对“青年人格上的感化和思想方向的转移”,“作一点工夫”,以培养出“新眼光的青年”。①

关于中国大学如何对学生进行人格上的引导和感化,张彭春曾对清华师生公开表达自己的观点:“我们如果真要作代表时代的人,必须推广我们的同情心,能与千千万万的同胞共甘苦。”“我们必须去了那特殊利益分子的界限,与我们那些不幸的同胞接近,才能成为真正中国需要的人材[才]。”②所谓“特殊利益分子”自然是指当时享受着优厚待遇的清华教职员。清华因经费充裕,教师待遇总是比其他国内学校优厚。张彭春认为清华优美的环境及优厚的待遇,极易让人贪图安逸,以致“消散吃苦的志气和习惯”③;“如果在清华的教职员不能与全国的平民有同情,那样如何能期望清华出去的学生可以与全国平民共甘苦?”④因为,清华改办大学后,学生已不再能出国留学,

① 《张彭春日记》(1924 年 12 月 9 日)。

② 张彭春讲,朱敏章记:《校风的养成》,《清华周刊》第 315 期,1924 年 5 月 23 日,第 59 页。

③ 《张彭春日记》(1924 年 4 月 23 日)。

④ 《张彭春日记》(1924 年 4 月 25 日)。

而且毕业后薪金一定不会很高，而本校教职员薪金过高，势必会造成学生严重失衡的心理落差，非常不利于“提高学生服务的精神”[①]。他认为教师对学生的率先垂范和言传身教至关重要，曾说：“道德是各方面生活所表现的精神，决不是一时的事，也不是一个地方的事，更不是负德育指导的两三个人的事。学校内无论有那一小部分里有不谨慎的地方，便可以影响到全体，便可以摧毁将来可以作领袖人材[才]的品质。所以我们在学校作事的人，也时时刻刻的小心，惟恐有的地方不注意，教[叫]全校的德育都受影响。”[②]

张彭春一直在作自我反省，“穷人这样多，我们一般教书匠凭什么可以拿一二百元以至三四百元的薪金？……我的生活一定比多数穷人高几十倍，有什么理由对得起多数人？我可以作什么多数人不能作的工作？……一个社会为什么要供奉一般知识阶级？中国乱到如此，一般念书人反比以先旧式社会舒服了。就是因为我们念的是蟹文书么？”[③]他觉得“真正大学计划，须从自己入手。平民生活，如旅行、田地工作，自己虽[需]先尝试”。[④] 与平民的生活相比，他认为自己每月 400 元的薪金实在太高了，曾向校长曹云祥提出减薪，并决定每月自行缴纳房租 50 元。

张要求减薪，向平民生活看齐的举动，并没有获得校内师生的积极响应。如研究院主任吴宓就认为这种举动是杜绝他人加薪的“矫情之过举”，“使人常疑其虚伪，而不敢开诚布公，推心置腹，以相合作”。[⑤] 吴宓认为自己接受高薪并不是贪图享受，其选择来清华任教的原因，“既不是由于首都通常的吸引力（政治机遇、上流社会的漂亮女孩、高级饭店和书店等等），也不是为了清华学校能提供较好物质待遇和身体享受”，而是那些便利条件能够帮助他“为《学衡》工作得

① 《张彭春日记》(1925 年 1 月 9 日)。

② 张彭春讲，朱敏章记：《校风的养成》，《清华周刊》第 315 期，1924 年 5 月 23 日，第 59 页。

③ 《张彭春日记》(1926 年 3 月 1 日)。

④ 《张彭春日记》(1924 年 10 月 13 日)。

⑤ 吴学昭整理：《吴宓日记(1925—1927)》，第 146 页。

更好和效率更高”。[①] 吴宓希望通过《学衡》来传播、弘扬中国传统文化,来挽救处于转型中的中国社会整体道德水平的衰落,因为他认识到“没有国家能从道德沉沦中得救,一旦人民道德沦落,任何强大的帝国必然倒塌”[②]。从这点来看,吴宓与张彭春都有相同的道德出发点,但吴不赞同张的手段和方法。

张彭春总是规劝教职员不要太看重金钱,不仅得不到认同,还被讥讽为唱高调,“言过其实,不能使人信佩”。[③] 他还不时公开批评清华教职员中的“半外国化”的倾向。所谓“半外国化”是指一些归国留学生“不读中国书,不说中国话,不知中国心理,也没有真西洋学问”。张彭春甚至感觉校长曹云祥也不能例外。曾几何时他还曾欣赏“曹是一位有理想和能力的人,肯不断学习,增长学识,重用人才,敢于从事各种新试验的领导者”。[④] 但是现在他的看法完全改变了,认为曹“外国习气过深”,“只能说些空话,做一点商业式的财政预算”,“在用人、行政方面,全靠敷衍”,根本不懂得“大学是什么、为什么”。他不相信像曹这样“敷衍的人格可以教育出高尚的学生”。[⑤] 张彭春觉得自己与这些人兴趣根本不同。而校长曹云祥则认为张彭春对教员“过冷过严”[⑥]。张彭春也曾对此进行过反省,意识到自己“理想太高而不能得同事人谅解”。[⑦]

清华各部门管理权限的界定不清最终导致张彭春成为众矢之的。清华学校大学部分普通科、专门科和研究院,分别设有筹备主任,普通科主任由教务长张彭春兼任,专门科筹备主任为庄泽宣,研究院筹备主任吴宓,另外又专设斋务处主任主管学生训育事务。张

---

① 《致白璧德》,吴学昭编:《吴宓书信集》,北京:生活·读书·新知三联书店,2011年,第35页。

② 《致庄士敦》,吴学昭编:《吴宓书信集》,第152页。

③ 《张彭春日记》(1924年9月13日)。

④ 张彭春:《清华学校日程草案》,第1册,第124页,转引自苏云峰:《从清华学堂到清华大学(1911—1929)》,第71—72页。

⑤ 《张彭春日记》(1924年12月6日)。

⑥ 《张彭春日记》(1924年12月2日)。

⑦ 《张彭春日记》(1926年6月21日)。

彭春认为大学普通科时期的道德训练比专门知识远为重要，应有专人担负全责，故普通科主任对于学生及教职员应有全权，而不应强分为教务、斋务。[①] 他还提出普通、专门二科“学理上本不应完全划分”，曾向校长建议两部合并，由专门科筹备主任庄泽宣负责。[②] 但此举极易引起误解，使人以为他有插手专门科之企图。张彭春主张研究院与普通科、专门科应完全分开，否定了研究院主任吴宓提出的研究院兼办大学普通国学的建议，且最终向校务会议提议并通过了研究院“只作高深专门研究，教授既不增聘，普通国学亦不兼授”的议案，结果导致吴宓怀疑他排斥异己，“欲将研究院取归己之掌握”。[③] 张彭春这些关于行政权限的意见，因事关非常敏感的权力问题，致使斋务主任、专门科筹备主任及研究院筹备主任均不安于位。研究院主任吴宓首先向校长辞去主任职务。此后，校内一些教员开始逐渐联合起来反对张彭春。

1923 年夏，张彭春初来清华任教务长时，校长曹云祥就曾暗示其一年后有接任校长的机会，因自己将要离任。1925 年 10 月，曹云祥再次告知张自己将随颜惠庆去中国驻英国公使馆任职。曹非常急于离开清华去英国，他甚至对颜惠庆说，他想去伦敦，如果不能去公使馆，任总领事也可以。[④] 为了能顺利做好离任前的交接工作，他极力推举张彭春代理校长。[⑤] 而一些暗地里反对张彭春的教职员则开始到处活动，寻找其他人选，如周诒春、余日章、王景春、梁启超等，都曾是他们活动的对象。这一切都只为阻止张彭春出任校长。但是不久情势突然逆转，颜惠庆因奉系军阀反对，取消赴任英国公使，曹云

① 《张彭春日记》(1924 年 12 月 9 日)。

② 张彭春:《答复曹云祥校长印发之〈张教务长辞职记实〉》,《清华周刊》第 25 卷第 1 号第 368 期,1926 年 2 月 17 日,第 40 页。

③ 吴学昭整理:《吴宓日记(1925—1927)》,第 121 页。吴宓所谓研究院兼办普通国学指原属专门科的国学各系(如中国文学、史学、哲学等)由研究院开设,普通科学生毕业后,欲修国学各门者,可直接入国学研究院。见吴宓:《研究院发展计划意见书》,《清华周刊》第 25 卷第 4 号第 371 期,1926 年 3 月 19 日,第 217 页。

④ 上海档案馆译:《颜惠庆日记》,北京:中国档案出版社,1984 年,第 276 页。

⑤ 吴学昭整理:《吴宓日记(1925—1927)》,第 100 页。

祥去英国任职的事情也随之终止。

此后,校长曹云祥对张彭春的态度也随之发生逆转。1926 年 1 月 22 日,曹云祥非常直白地批评张彭春“不能同人合作”,“已经失去领袖资格”①,劝其辞职。吴宓对曹此举进行了分析:“校长欲去之日,图以全局委张,己则立可脱身;则既不能,今决留,亦遂不得不去张以悦众。斟酌于二者之间,实逼处此。”②张彭春的推测也正与吴同,认为曹“只顾恋位,无所不至”。③ “他要走的时候,因校内无人负责怕外交部不让他出去,所以他竟竭力推我。现在他不想走了,而外面已造好必走的局势,所以校中必须有人留他。”张彭春绝望了,“在这种空气之下,还讲什么教人材[才]?”④2 月 2 日,张彭春正式辞职。

张彭春辞职后,曹云祥宣布暂行兼代大学部普通科主任职务,决定对大学普通科课程进行修改,由各科教员分别组织若干分科委员会,课程设置“以各专科之需要而定”;“设法减少普通科之课程、课时,而补以专科必需之课程,务使将来专门科之毕业生不逊于国内大学毕业生之程度”。⑤ 此后,普通科课程进行了修改。修改后的课程,取消了“近代科学思想发达史”,“历史”课时由原来的每周 4 单位 12 小时削减为每周 3 单位 9 小时,“中国现代问题”一课也由原来单独的必修课改为与文学、哲学一起列为必修课。这三门课原来都是用以对世界作综合观察的重要课程,经过修改,原来“造就领袖人才”的种种立意也逐渐趋于淡化。

---

① 《张彭春日记》(1926 年 1 月 25 日)。

② 吴学昭整理:《吴宓日记(1925—1927)》,第 137 页。

③ 《致胡适》(1926 年 3 月 12 日),虞坤林编:《志摩的信》,上海:学林出版社,2004 年,第 267 页。

④ 《张彭春日记》(1926 年 1 月 26 日)。

⑤ 《分科讨论课程改革》,《清华周刊》第 25 卷第 1 号第 368 期,1926 年 2 月 27 日,第 53 页。

表 2－5　1926 年至 1927 年度大学普通科课程表[①]

一年级		二年级	
课程名称	单位数	课程名称	单位数
修学目的及方法	1		
国文	2	国文	2
英文	2	英文	2
机械技艺实习	1		
实验科学(生物或化学或物理,任选一门)	3	现代中国问题或文学(中国或西洋)或哲学(中国或西洋),任选一门	3
历史(中国及外国)	3		
选习(第二外国语或数学或读书)	3	选习(分组)	9
体育	1	体育	1
军事训练	1	军事训练	1
合计	17		18

注:每星期上课及自修 3 小时为 1 单位。

表 2－6　1926 年至 1927 年度大学普通科二年级分组选修课程表[②]

学科组别	选修课程名称	单位	附则
中国文字文学组	文字学通论、文学研究、古书读校法	9	1. 应选习“现代中国问题”;2. 已习第二外语者免习“文学研究”,以便继续习该外语
西洋文字文学组	第二外语、西洋文学概要(上古及中古)、西洋文学概要(近代)	9	1. 须选习“西洋哲学”;2. 习第二年法语或德语者将来专门科入德文或法文组,习第一年法语或德语者入英文组

① 《清华学校大学部课程大纲》,《清华周刊》第 25 卷第 5 号第 372 期,1926 年 3 月 26 日,第 295 页。

② 《清华学校大学部课程大纲》,《清华周刊》第 25 卷第 5 号第 372 期,1926 年 3 月 26 日,第 295、296 页。

(续表)

学科组别	选修课程名称	单位	附则
社会科学组	近代史、经济学或政治学或社会学中任选两门	9	须继修第二外语者可于后者选一门
哲学心理教育组	教育学、心理学(未选习生物者代以生物学)、社会学或第二外语选一门	9	1. 须选习“西洋哲学”;2. 此为以教育为专业之课程
数理化组	数学、物理学、化学	9	三门中须选两门,其余一门可以第二外语或其他课程代替,代替标准由教师指示
生物科学组	化学、植物学、动物学	9	须继习第二外语者可于三门中减一门

新大学制度实施不到一年即不得不宣布退场,实在令人为之惋惜。新大学制度设计堪称完美,立意可谓高远,教育目标清晰明确,课程设置及教学活动的开展与教育目标紧密配合,知识传授与人格培养合二为一,教育的魅力在此得以充分展现。按照主设计者张彭春的思路,中国必须进行变革,跟上“现代化运动潮流”,走向现代化,但又不能完全照搬西方的模式,将原有的社会彻底推翻重建,只能是一个适度调整的过程;中国教育的直接目标是培养具有走向现代化能力的人才,但也必须“根据国民生活的巨大变化”适时进行调整,不能完全照搬西方模式。[①] 新大学制度汲取了中西方文化的精华,并充分考虑到了处于变化和动荡中的中国社会的现实需要,以培养具有走向现代化能力的“领袖人才”为教育目标。如此优良的制度却难乎为继,不得不半途终止,某种程度上说明了当时社会的病态,也说明了教育理念要化为实践,取得成效,并非是一个简单的过程。大学作为一种组织机构,并不仅仅是一座象牙塔,同时也是一个复杂的小社

① 张彭春著,董秀桦译:《论中国教育之现代化——鉴于国民生活的转变对课程结构标准的研究,特别涉及中等教育》(又名《从教育入手使中国现代化》),1922 年哥伦比亚大学博士论文;崔国良、崔红编,董秀桦编译:《张彭春论教育与戏剧艺术》,天津:南开大学出版社,2003 年,第 91、80、92 页。

会;教育理念的推行以及教育制度的实施,也不仅仅是注重教与学就能完成,还需要拥有与身处其中的复杂社会周旋的智慧。新大学制度虽然受挫,但其对中国高等教育改革所进行的一系列探索和尝试,仍有很多值得借鉴之处,并对清华此后的通才教育实践产生了深远的影响。

第三章　改弦易辙:学系制下通才教育模式的探索

1926 年秋,因校内人事纠葛及各方的反对,新大学制度中止,代之以学系制度。学系制度下,教育的重心转移到专门知识的传授上,通才教育的实施范围大幅度缩小。通才教育的模式虽有所改变,但通才教育理念仍然得到最大程度的贯彻,主要体现在课程设置、招生以及教学活动中。学系制建立初期的通才教育模式的探索为此后清华通才教育的实施确立了方向,并奠定了基础。

第一节　学系制度的建立

1926 年 2 月,清华旧制教务长兼大学普通科主任张彭春辞职后,校长曹云祥于同月 22 日,召开全体教职员大会,讨论善后办法,讨论的结果为进行行政系统改组,实行教授治校。经全体教职员投票,梅贻琦、钱端升、孟宪承、戴超、陈达、吴宓及校长曹云祥被推举为组织大纲起草委员。[①] 25 日,校务会议通过议案,决定以该七人组成改组委员会,讨论改组计划,并于两周内报告讨论结果。[②] 改组委员会先后开会 7 次,历 40 小时,最终于 3 月 8 日通过《清华学校组织大纲》,

① 吴学昭整理:《吴宓日记(1925—1927)》,北京:生活·读书·新知三联书店,1998 年,第 152 页。

② 《最近新闻》,《清华周刊》第 25 卷第 2 号第 369 期,1926 年 3 月 5 日,第 121—122 页。

并译成英文公布。[①]

该大纲彻底改变了清华以往只分普通科与专门科的组织状态，规定按学系来组织教学活动，拟设国文学系、东方语言学系、西洋文学系、数学系、物理学系、化学系、生物学系、历史学系、政治学系、经济学系、社会学系、哲学系、教育心理学系、农业系、体育系等十五学系。各学系由教授、教员组织学系会，负责本系课程的编制、讨论教学及训育问题，并负责编制本系预算，推荐教授、讲师及教员。学系会主席在各系教授中直接推举产生。教务长由各学系会主席互选产生，负责召集各学系主席编定课程、施行学生训育、考核学生成绩、主持招考及毕业事项、指导学生事业、汇审各系预算等。该组织大纲还规定由全体教授组织教授会，审议全校课程，讨论各学系提案，教授会主席由教务长担任。教授会选举评议员七人，与校长、教务长一起组成评议会，规定全校教育方针，议决各学系之设立、废止及变更，议决校内各机关之设立、废止及变更，委任训育委员会等，校长为评议会当然主席。[②]

在该组织大纲中，虽然校长为评议会当然主席，但是参加评议会的教务长为在学系会主席中互选产生，其余七位评议员则由教授会选举产生，校长不能与闻教授会事务，此前所拥有的绝对权力在程度上受到很大的削弱，校长一职显然被象征性地虚悬了。这是校长曹云祥很不愿意看到的结果。曹之所以赞同改组行政系统，某种程度上完全是为情势所迫，甚至也包含某种策略考虑的因素。当时清华学生得知教务长张彭春辞职后，于2月20日晚召开评议会会议，决定驱逐校长曹云祥，并决定于次日晚八时召开全体学生大会对此事进行表决，如一旦通过，即着手行动。曹提前得知消息后，“大惊”，立即召集文案处负责人，按照学生的要求，草拟布告，公布改良计划，表

① 《改组委员会报告(暂拟)》,《清华周刊》第25卷第3号第370期,1926年3月12日,第160页。吴学昭整理:《吴宓日记(1925—1927)》,第154页。

② 《改组委员会报告(暂拟)》,《清华周刊》第25卷第3号第370期,1926年3月12日,第160—164页。

示“实心改良学校，与民更始之意”。[①] 曹的改良计划包括校务、教务、学生三个方面，主要着眼于精简机构、提高效率、节省经费，增加对新大学的投入。曹还表示要推行教授治校制度，充分发挥教师的专长，委派各学科“首席”，设立各科委员会，以便对课程设置、教员聘任、经费预算等方面进行讨论，提出合理建议，交校务会议审核。[②] 最终，一场危机得以化解。

然而，改组委员会成员钱端升认为，曹所谓的“教授治校”并不是真正的教授治校，钱认为教授治校的核心在于凡校内大事“必经教授或教授代表之议决同意，方可执行”，教授不仅要有立法权，而且要有对校长执政的监督权。钱毫不讳言真正的教授治校实际上意味着对校长权力的“大削”。在钱所拟定的“清华大学组织大纲草案”第二章第四条中，甚至明确提出“本校校长由外交部征得本校全体教授过半数之同意任命之”。[③] 无独有偶，教授陆懋德所认定的教授治校精神，也包含削减校长权力。他主张系主任由各系教授推举，而不是由校长任命，原因在于“学校行政不同于其他行政”，“当以学力为重”，校内处理各种事务的委员会也必须由教授会推举，因为校中任何事务都与教务密切相关。[④]

曹不能坐视校长一职被虚悬，试图阻止这一局面成为现实。他召集一些教职员到家中茶叙，提出了另一种方案，希望教务长由校长委任，而不是由系主任互选，并且提出设立分科，而不是学系。但是这一方案立即引起了行政改组委员会成员的不满。吴宓认为曹出尔反尔，对于行政改组“殊无明白之诚意”。[⑤] 在 4 月 8 日下午举行的教

---

① 吴学昭整理：《吴宓日记(1925—1927)》，第 151 页。

② 《学校改良之计划书》，《清华周刊》第 25 卷第 1 号第 368 期，1926 年 2 月 27 日，第 42 页。

③ 钱端升：《清华改组之商榷》，《清华周刊》第 25 卷第 2 号第 369 期，1926 年 3 月 5 日，第 80、83 页。

④ 陆懋德：《个人对于此次风潮之意见》，《清华周刊》第 25 卷第 1 号第 368 期，1926 年 2 月 27 日，第 6 页。

⑤ 吴学昭整理：《吴宓日记(1925—1927)》，第 163 页。

职员第九次会议上，曹云祥将“改组上之根本问题”一文交付讨论。会议对曹在该文中提出的设立分科问题进行了长时间的讨论，最后由赵元任提议，陆懋德附议，“本校学程以学系为单位”一条获得通过，校长的提议被否决。[①]

校长曹云祥主张设立分科，但多数教授却坚持设立学系，这种分歧似乎暗示其中存在某种利害关系。如已经辞职的张彭春即认为，清华教职员在实行“分藏(赃)主义”。[②] 按照 1913 年北京政府教育部所颁布的“大学规程”规定，大学设文、理、法、商、医、农、工 7 科 39 门，曹所主张的分科应是指文、理、法、商、医、农、工科这一层次，多数教授所主张的学系则应是从属于科之下的门这一层次，两者的区别在于前者范围更宽泛，后者更专门。从当时国内大学教育的一般情况看，大学教学系统划分到学科还是学系，其教育方针一般有所不同。据原大学部专门科筹备主任庄泽宣对当时国内约 30 余所所属性质不同大学的调查，国立、私立大学一般受“大陆派”(如德国柏林大学)影响很大，注重学术研究，都是分科再分系或直接分系；教会及外国人设立的大学一般受“英美派”(如英国剑桥大学)影响大，注重人格训练，本科大都只分科不分系，学问研究必须入大学院后才能进行。[③] 按照这种贯例，曹云祥所主张的分科与多数教授所主张的分系应该还体现了教育方针的不同。

此前，大学专门科筹备主任庄泽宣对社会需要和大一学生选择意向进行了调查，并据此确定专门科设立国学组(包括中国文学门、中国哲学门、中国历史门)、西洋文学组(包括英文学门、法文学门、德文学门)、生物学组(包括动物学门、植物学门、普通生物学门)、数理组(包括数学门、物理门)、化学组、社会经济组(社会学门、经济学门、

① 《教职员第九次会议纪录》，《清华周刊》第 25 卷第 8 号第 375 期，1926 年 4 月 16 日，第 484 页。

② 《张彭春日记》(1926 年 5 月 8 日)。

③ 庄泽宣:《中国的大学教育》，《清华周刊》(十五周年纪念增刊)，1926 年，第 90—93 页。

商业门)、政治组、教育心理组(包括教育门、心理门、西洋哲学门)、农业组(垦务门)、图书馆组(公共图书馆门、学校图书馆门)、体育组等类别,与现在改组委员会拟定的十五学系相比较,除了教学单位设置数量上的差别外,学科分类范围也有所不同,也是前者较为宽泛,后者较为专门。庄泽宣主张"大学应当以研究学问、陶冶人格为宗旨",显然倾向于"英美派"大学的教育方针,这应该类似于曹云祥所赞同的分科模式。

教授们主张设立学系的出发点,应该是这种制度更利于教师发挥各自的专业特长,从事专业教学和学术研究,也更能促使同系教授组织起来,增强凝聚力,献计献策,谋求本系发展,从而也才能在教授治校的体制下拥有话语权。显而易见,学系设立为教授治校制度奠定了坚实的基础,是实施教授治校制度不可或缺的关键步骤。而且,设立学系也是清华新制大学学生的共同要求。他们认为"大学教育的宗旨是研究高深学术,养成专门人才。分了系才研究得出高深学术,养得成专门人才。否则,就受一百年的普通训练,也是与大学教育风马牛不相及的"。他们认为设立学系是当时清华"最紧急的一件事",一再要求学校当局"从速分系"。[①] 新的校评议会成立后,大学部学生即商定向评议会提出从 1926 年下半年起必须详细订定各系应有科目,并制定必修与选修科目。[②]

4 月 12 日,教职员第十次会议继续讨论组织大纲中的"教授会"一章。组织大纲初稿规定教授会主席由教务长担任,但在这次教职员会上,由周永德提议、赵学海附议,改为由校长任主席,教务长担任副主席。随后,由梅贻琦提议、朱自清附议,修改为由教务长任主席,但遇讨论校务时,校长为当然主席。其后又由戴超提议、朱洪附议,修改为由校长任主席,但遇讨论教务时,教务长为当然主席。最后此三提案付诸表决时,周永德提案获得通过,即由校长任教授会主席,

① 袁中一:《希望于学校评议会的几点》,《清华周刊》第 25 卷第 8 号第 377 期,1926 年 4 月,第 594 页。

② 《总务委员谈话会》,《清华周刊》第 25 卷第 8 号第 377 期,1926 年 4 月,第 614 页。

教务长任副主席。[1] 4 月 15 日，教职员第十一次会议上对组织大纲进行三读会，赵学海提议取消第一章第四条“本校学程以学系为单位”，但遭到孟宪承的反对。孟认为三读会只能修改文字，不能变更内容，最后由孟宪承提议，郝更生附议，此条得以保留和通过。在这次三读会上，《清华学校组织大纲》经过部分文字修改后，最终获得通过。[2] 这标志着清华正式确立了学系制度。

4 月 19 日，教授会召开第一次会议，全体教授及行政各部主任中的三分之二多数，共四十七人出席会议，选举物理学教授梅贻琦为教务长，陈达、孟宪承、戴超、杨光弼、吴宓、赵元任、陈福田等七人为评议员。[3] 4 月 26 日、28 日两天分别召开评议会第一、二次常会，围绕以下四个方面讨论设立学系的具体问题：1. 已有之设备；2. 现今学生人数；3. 本校之特别情形；4. 中国之需要。最后议决设十七学系，除改组委员会最初所拟定的十五学系外，又增加工程学系和音乐学系两系，将体育学系改为体育军事学系，并决定十一学系先行设立专修课程，即国文学系、西洋文学系、物理学系、化学系、生物学系、历史学系、政治学系、经济学系、教育心理学系、农业学系、工程学系；四学系暂不设立专修课程，即东方语言学系、数学系、社会学系、哲学系；音乐学系、体育军事学系只设普通课程。[4]

4 月 29 日，第三次教授会议选举各系主任，结果吴在（国文学

---

① 《教职员第十次会议纪录》，《清华周刊》第 25 卷第 9 号第 376 期，1926 年 4 月 23 日，第 559 页。

② 《清华学校组织大纲》，《清华周刊》第 25 卷第 9 号第 376 期，1926 年 4 月 23 日，第 557—559 页。

③ 《最近新闻》，《清华周刊》第 25 卷第 9 号第 376 期，1926 年 4 月 23 日，第 568 页。又见《第一次教授会议记录》，《清华周刊》第 25 卷第 11 号第 378 期，1926 年 5 月 7 日，第 648—649 页。1927 年清华评议会成员为曹云祥（主席）、梅贻琦（兼训育委员会主席）、戴超（兼财政委员会主席）、吴宓（兼出版委员会主席）、杨光弼（兼建筑委员会主席）、赵元任、陈福田、朱君毅、赵学海。朱君毅、赵学海为新当选评议员。

④ 《评议会》，《清华周刊》第 25 卷第 11 号第 378 期，1926 年 5 月 7 日，第 647—648 页。1926 年 12 月 23 日，评议会议决体育军事学系改名为体育系。1928 年 5 月 3 日，评议会议决取消东方语言学系及音乐系，取消农学系改设农事推广委员会，数学系从下学年起设专修课程。参见清华校史研究室编：《清华大学九十年》，北京：清华大学出版社，2000 年，第 39、43 页。

系)、陈寅恪(东方语言学系)、王文显(西洋文学系)、郑之蕃(数学系)、叶企孙(物理学系)、杨光弼(化学系)、钱崇澍(生物学系)、陆懋德(历史学系)、余日宣(政治学系)、朱彬元(经济学系)、陈达(社会学系)、朱君毅(教育心理学系)、虞振镛(农业系)、周永德(工程系)、马约翰(体育军事学系)当选,哲学系、音乐系主任暂缺。[①] 不久,海门斯被推举为音乐系主任。[②] 在短短两个月时间内,学系制迅速在清华完成了筹备。学系制设立后,其教育方针也有了根本的改变。教务长梅贻琦表示清华大学的教育方针为"造就专门人材,以供社会建设之用","与国内其他大学没有大区别,只是实现途径可能有别"。[③] 由此可知,清华改组为学系制后,其教育方针类似于"大陆派"大学,更倾向于注重学术研究及专业知识传授。

第二节 学制修改与课程设置

清华建立学系制度后,重新对学制进行了修改。改组委员会最初拟定的"学制总则"规定"大学部修业期预科一年,本科四年,学生毕业后给与学士学位",同时取消国学研究院,研究事宜并入各系,"大学各系得设研究教授并事收研究生研究高深学术"。[④] 研究院之所以被取消,是由于当时研究院只设立国学一科,不能行使作为一种为大学毕业生提供研究高深学问的机构的职能。取消研究院主要是钱端升的主张,研究院主任吴宓也很赞同。早在研究院筹办之时,钱

---

① 《选定各系主任》,《清华周刊》第 25 卷第 11 号第 378 期,1926 年 5 月 7 日,第 649 页。

② 《第四次教授会议记录》,《清华周刊》第 25 卷第 14 号第 381 期,1926 年 5 月 28 日,第 744 页。

③ 梅贻琦:《清华学校的教育方针》,《清华周刊》第 28 卷第 14 号第 426 期(向导专号),1927 年 12 月 23 日,第 667 页。

④ 《改组委员会报告(暂拟)》,《清华周刊》第 25 卷第 3 号第 370 期,1926 年 3 月 12 日,第 160—164 页。

即反对开办研究院，认为根本没有必要单独设立一机构研究中国历史、文学、哲学，完全可以合并于大学文理科内。吴宓之所以赞成取消研究院，是想通过"以身作则"的方式，主动取消研究院主任一职，支持学校改良，裁并机关。[①]

在得知研究院即将被取消后，研究院学生即发表宣言谴责改组委员会"违反群志、遗弃法理"，"破坏学制、摧残文化"，表示强烈反对，要求在组织大纲中正式列入设立研究院一条，明确规定"大学院未成立时，先设立研究院国学门，招收研究生，研究高深学术。其资格待遇与大学院相等。将来大学院成立时，并入大学院"。[②] 研究院学生代表又设法与校长曹云祥交涉。曹当即表示不赞成取消研究院，并答应以"个人之力"，力谋阻止。[③]

4月15日修改、通过的组织大纲采纳了研究院学生的意见，规定"大学部分本科及大学院"，"大学院未成立之前暂设研究院，先办国学一门，以后斟酌情形逐渐添办它门，至民国十九年大学院成立后，研究院即行停办"。修改后的组织大纲删除了原稿所列的设立预科一项，仅规定"大学部本科修业期至少四年"。[④] 预科与研究院之所以不能同时设立，一个主要原因应该是受到经费的制约。因为可用经费是个常数，如果要设立预科以加强学生的基础学科知识，其经费来源最简单、直接的办法就是取消与现行学制不相符合的研究院，但如果保留研究院，则预科经费无来源，难以设立，结果是基础学科知识只能安排在大学本科教授，从而又进一步制约了专业课程的设置和安排。

是否设立预科牵涉到整个大学本科课程的设置和安排。当改组

① 吴学昭整理：《吴宓日记（1925—1927）》，第153页。

② 孔德：《为研究院名义存废问题敬告全校教职员先生》，清华学校研究院同学会：《否认清华改组委员会破坏研究院宣言》，《清华周刊》第25卷第4号第371期，1926年3月19日，第208、222页。

③ 吴学昭整理：《吴宓日记（1925—1927）》，第155页。

④ 《清华学校组织大纲》，《清华周刊》第25卷第9号第376期，1926年4月23日，第557页。

委员会通过的第一稿“组织大纲”规定设立一年预科后,当时曾有一种大学本科完全由各系确定专业课程的倾向,以至于前专门科筹备主任庄泽宣认为这种做法实在是“矫枉过正”,他提出至少第一年应设置若干共同课程,如国文、英文、修学目的及方法、中国现代问题等。[①] 此后,大纲进行了修改,取消预科一条,大学本科完全由各系自行安排专业课程的想法被打消,经系主任两次开会讨论,最后决定对大学一年级学生设置共同必修课程,无论文理,都必须修习国文、英文、自然科学、社会科学四门基础学科,但允许农、工科学生修习社会科学的期限可延长至第二年或第三年。[②]

此办法后经教授会讨论通过,目的是使学生“勿囿于一途,而得旁涉他门”,对知识的“综合联贯”性质及其“相关、相连、相辅助之处”,能有充分的认识。[③] 具体的实施办法为设置所有学系公共必修课程,包括国文、英文各 6 学分、自然科学 8 学分(在物理、化学、生物中任选 1 门)、社会科学 6 或 8 学分(在政治、经济、历史、社会、现代文化中任选 1 门)、体育每学年 4 学分,其中国文、英文为第一年必修,自然科学和社会科学可在第一年或第二年修习,而且社会科学对于农学系或工程学系的学生还可在第三年或第四年选修,体育则为每年必修。[④] 按照 5 月 11 日第四次教授会议议决通过的“大学部课程大纲普通原则”的规定,学生成绩核计采用学分制,每学期每周上课一小时或实验二小时为一学分,其中上课一小时,学生必须预备一个半小时,实验二小时,必须有半小时预备时间,所以一学分实际上包括两个半小时的教学或实验时间,大学部学生除体育、军操外必须

① 庄泽宣:《我的清华改革潮观》,《清华周刊》第 25 卷第 8 号第 375 期,1926 年 4 月 16 日,第 448 页。

② 《教务处》,《清华周刊》第 25 卷第 12 号第 379 期,1926 年 5 月 14 日,第 689 页。

③ 梅贻琦:《清华学校的教育方针》,《清华周刊》第 28 卷第 14 号第 426 期(向导专号),1927 年 12 月 23 日,第 667 页。

④ 《清华周刊》第 27 卷第 11 号第 408 期(新清华介绍号),1927 年 4 月 29 日,第 507 页。

至少获得136学分，才能毕业。[①]

学系制建立后，国文和英文为一年级必修课程，虽然在一些师生看来，这两门基础课只是作为一种求学的工具，只求达到"辞能达意及能通顺"的目标即可，但是否能达到目标，最后仍必须由任课教师来认定，未达标者则必须再学习一年。[②] 国文学系对本系学生的大一国文要求更为严格，规定第一年国文成绩，对于甲、乙、丁、戊组学生在中等以上者，对于丙、已组学生在上等者，或者丙、已组学生虽在正课得中等，但在补习课得上等者，才能选习该系第二年专业课程，未达此目标者都必须继续学习一年国文。[③] 而且，国文学系还规定第一年英文成绩非得超上等者，第二年必须继续选习英文。[④]

对于自然科学和社会科学的选习，各系一般均根据本系的学科要求相应做出不同的规定。有对两类选习课程均不作规定的，如国文系、西洋文学系；有对自然科学和社会科学两类选修课程均作指定的，如农学系、工程学系皆指定自然科学类选修化学，社会科学类选修经济学，教育心理学系指定自然科学类选修生物学，社会科学类选修近代西洋史；有仅指定自然科学类选修课程的，如生物学系、物理学系、化学系均指定自然科学类生物、物理、化学三门中相应的课程；也有仅指定社会科学类选修课程，如经济学系、政治学系、历史学系指定相对应的社会科学类政治、经济、历史三门中相应的课程为必修课。总而言之，第一年选习课程，虽无填明系别之规定，然实际上所选课程，概为第二年分系之准备。[⑤] 不仅如此，各系指定选修的共同

① 《第四次教授会议记录》，《清华周刊》第25卷第14号第381期，1926年5月28日，第784页。

② 陈之迈：《与农学系主任虞振镛先生谈本校开办农科计划记》，《清华周刊》第25卷第14号第381期，1926年5月28日，第786页。

③ 《大学部各系课程·国文学系课程》，《清华周刊》第25卷第15号第382期，1926年6月14日，第858页。

④ 《国文学系新课程》，《清华周刊》第29卷第10号第437期，1928年4月20日，第735页。

⑤ 章寅：《清华学制沿革述略及历年毕业生统计》，《国立清华大学二十周年纪念刊》，1931年。

必修课的成绩优劣还会影响到第二年能否继续在所选学系学习。如1926年秋季入学的冯秉铨最初选定入物理学系学习，但是第一学年末，因平时业余爱好过多影响了学习，物理、数学成绩均不理想，系主任叶企孙立即找他谈话，动员他转系，在其作出保证努力赶上以后，才同意他再试读一年。[①]

如果把一年级共同必修课与改制前普通科的课程相对照，不仅其课程种类大幅度减少，而且由此代表的教育宗旨也发生了改变。近代科学思想发达史、机械技艺实习、现代中国问题等必修课被取消，历史课也由原来的重要必修课改为与政治、经济、社会、现代文化课一起作为社会科学类的选修课。这些取消或降低要求的课程原来都是作为学生了解中国社会与世界现状、培养科学精神的重要课程。学系制下的公共必修课程主要是为专业学习服务，一方面打好语言文字的工具基础，一方面对自然科学和社会科学两大知识类别的研究方法都能有所涉猎。

尽管如此，学系制建立后的公共必修课仍有其独特之处，即学生不分文理，促使其在两大知识类别上的融通。如果与同时期的北京大学课程相比较，此点便会有所突出。当时北大设两年预科和四年本科，预科分甲、乙两部分，“甲部偏重数学物理科，乙部偏重历史地理科”，甲、乙两部升入本科即按部分别选习文、理两类不同科目。[②]不同于北大对学生知识结构设计上的文、理各有所偏重，清华的公共必修课则比较注重文理兼顾，而且各门课程比预科程度要高，一定程度上弥补了学系制下极易导致的知识面狭窄问题。再与当时的东南大学相比，东南大学设有文理科、教育科、农科，全校共同必修课只有国文、英文、体育。此外，各科分别设立各自的共同必修课，其中，文理科将所属12学系分成5组，要求学生分别在各组至少选4到8学分，但并不限定所选必为基础课程，且除主系课程外，还必须另选一

① 姚树华：《冯秉铨教授的道路》，广州：华南工学院出版社，1987年，第27、28页。

② 《国立北京大学学科课程一览（八年度至九年度）》，王学珍、郭建荣：《北京大学史料（1912—1937）》，中册，北京：北京大学出版社，2000年，第1078、1080页。

系作为辅系，并在其中选习 15 至 30 学分的课程；教育科列有共同必修课 6 门，包括自然科学类的生物、社会科学类的社会学大意和哲学入门，以及普及性的课程如世界大势、科学发达史、择业指导等；农科共同必修课中则无社会科学类课程。[①] 也就是说在文理兼顾方面，东南大学只对文理科和教育科的学生有要求，对农科学生不作要求。由此可见，清华的课程设置对贯彻文理兼顾原则更为彻底。

清华学系制度建立后，课程主要由各系教授分别讨论、设置，为了避免各系过于注重专业课程的"狭隘之弊"，教授会通过了一项规定，以使各系课程"多不取严格的限制"，在各系专业课程外，留有课时，以便学生在与教授商酌的前提下，"因其性质之所近、业之所涉，选习一些他系的科目"。[②] 1926 年 4 月 15 日，第四次教授会议讨论并通过了由各学系主任议决的大学部课程大纲普通原则，规定学生成绩核计采用学分制，学生必须获得 136 学分（体育、军操课程除外）才能毕业，其中主系必修课程限定在 30 至 80 学分之间，以便留有课时让学生在本系和他系选修课程中自由选习（农学系和工学系因课程繁重，不适用此原则）。[③]

这一规定在各系课程设置时得到了严格的执行，若有某系课程设置与此规定不符，则必须提交教授会加以讨论和审核。西洋文学系所定的必修课程为 104 学分，远远超过了 80 学分的最高限度，但该系列出多重理由详细说明其目标并非"使学生趋于狭隘而一偏"。后经第五次教授会详细讨论，认为该系必修课程较多，"实有充分之理由"，特许作为"例外"情况，表决通过。[④]

---

① 《南大百年实录》编辑组：《南大百年实录——中央大学史料选》（上），南京：南京大学出版社，2002 年，第 191—194 页。

② 梅贻琦：《清华学校的教育方针》，《清华周刊》第 28 卷第 14 号第 426 期（向导专号），1927 年 12 月 23 日，第 667 页。

③ 《第四次教授会议记录》，《清华周刊》第 25 卷第 14 号第 381 期，1926 年 5 月 28 日，第 784 页。

④ 《西洋文学系课程总则及说明》，《清华周刊》第 25 卷第 14 号第 381 期，1926 年 5 月 28 日，第 770 页。

西洋文学系解释其必修课设置过多的理由颇能说明当时其在专业课程设置上的博通取向,兹录全文如下:

西洋文学系课程说明

本系必修课程,定为104学分,比他系为多,其理如下:

一、本系名为一系,实兼办英文、德文、法文三主系之课程,所以合而不分者,则因本系同人(甲)依从欧美文学界教育界最近之趋势,主张西洋各国之语言文字及文学,密相关连[联],故教授研究之者,亦不可以国划分,而当视为一体;(乙)深信对于中国学生,通识西洋文学之全部,实为首要之事,若学生欲于一国之语言文字及文学,更求专精深造,尚可于大学院中为之也。

二、兹所定必修课程104学分中,初级英文及第一、第二年德法文占28学分之功课,并非本系之课程,如于104学分中,减去28学分,则本系之必修课程,只得76学分,比之教授会所定之限制80学分,尚少4学分,并未多出也。

三、他系功课多用中文讲授,仅读西文参考书,本系则纯用西文讲授,故本系课程中必修之英、德、法语文文字,亦不得不比他系为多,乃势为之也。

四、清华于英文及西洋文学,具有特长,夙以此著称于中国教育界,本系欲存本校此种令誉,并发挥增进,故注重上言之功课。

五、语言文字及文学之研究,古今咸视为最淹通最博雅之事,异乎其他专门科学,故不能以本系所定必修课程为多,而遂指斥本系使学生趋于狭隘而一偏。盖文学实集合人类知识各部之精华,举凡哲学、社会科学以及自然科学,其要义无不包括于文学之中也(诚以洛克,康德,斯密,亚丹,马考莱,格林,达尔文,赫胥黎等为例,自明)。

六、但举西洋一国(如英、德、法)之语言文字及文学,其研究之范围，已比寻常一种专门学问为广大，若设专系，其必修课程，亦已甚多，况今本系不特专修英德法一国语言文字及文学，期于深造，且并西洋文学之全体而研究之。由是平心以察，则本系所定必修课程为104学分，见者必惊其数之少，焉能谓之过多，即使本系之目的不能两全，而按照现今中国教育的情形，宁使学生犯狭隘之病而具专长，勿使踏空泛之失，更有大害也。

七、他种专门学问，多为研究事实及其关系者，独语言文字及文学之研究，则不仅须熟悉事实，且须养成语言及文学之深切工夫，与真善美鉴别之能力，此非长期从事专心致志，何能企致，本系之必修课程学分较多，岂得已哉！①

当时各系课程设置上均规定学生必须选习一定数量的他系课程，但文、理两类学系对各该系学生所选修的他系课程的侧重点有所不同。人文社科类学生一般限于选修人文社科类学系的课程。例如1926年国文学系规定学生只能在某一系选修课程，即在西洋文学系、历史学系、政治学系、经济学系、教育心理系课程中任择一系课程，共18学分。② 1927年国文学系扩大了选择范围，规定在第二学年选修西洋文学、历史学及其他社会科学各一门，第三、四年选修西洋文学（英国文学或德法文学）、历史（本国或外国历史研究法、中国通史或外国通史）、哲学（哲学概论、中国或外国哲学）、教育心理、政治、经济等课程。③ 经济学系规定学生须于政治、历史和社会各学系

---

① 《西洋文学系课程总则及说明》，《清华周刊》第25卷第14号第381期，1926年5月28日，770—772页。此时，西洋文学系主任王文显休假，系主任一职由吴宓代理，办系方针和课程总则皆由吴宓拟定。参见黄延复：《吴宓先生与清华》，李继凯、刘瑞春编：《追忆吴宓》，北京：社会科学出版社，2001年，第283页。

② 《大学部各系课程·国文学系课程》，《清华周刊》第25卷第15号第382期，1926年6月4日，第858页。

③ 公之：《国文学系发展之计划》，《清华周刊》第27卷第11号第408期（新清华介绍号），1927年4月29日，第507页。

内每系至少选修6学分课程。[①] 历史学系则详细列出了学生必须在他系选修的具体课程范围,规定历史系学生在第一、二年内选修中国哲学史、中国文学史、政治学、经济学、社会学、本国文学、英国文学、外国语、经济思想史,第三、四年选修本国文学、英国文学、外国语、中国法制史、中国财政史、英国宪政史、西洋政治思想史、西洋哲学史、科学史、教育史。[②] 政治学系规定该系学生至少选修三门其他社会科学。[③] 物理学系虽然规定学生选修课程须与系主任"面商",并"拟定将来选修之程序",但对于外系选修课程并未作硬性规定。[④] 西洋文学系、教育心理学系、生物学系、化学系都未作具体限制。[⑤]

各系除了规定一定数量的他系选修课外,本系必修课程的设置也力求其范围较为宽泛一些。在这一方面,各系的出发点也有所不同。如西洋文学系课程编制的宗旨为使学生"成为博雅之士""了解西洋文明之精神""汇通中西",课程编制的重要原则之一为"研究西洋文学之全体,以求一贯之博通",设置了"西洋文学概要"及"西洋文学史分期研究"等课程以对西洋文学作全体的研究,两课程共28学分,其中"西洋文学史分期研究"20学分,时间跨度历古代、中世纪、文艺复兴时期、十八世纪、十九世纪,贯穿整个西洋文学史时期。[⑥] 如果以北大作参照,则清华西洋文学系课程设置上的这种博通取向更加明显。当时北大将西洋文学分英文学、法文学、德文学分别设置学

---

① 《经济学系课程》,《清华周刊》第25卷第16号第383期,1926年6月11日,第986页。

② 《大学部各系课程·历史系》,《清华周刊》第25卷第15号第382期,1926年6月4日,第861页。

③ 《大学部各系课程·政治系》,《清华周刊》第25卷第15号第382期,1926年6月4日,第869页。

④ 《大学部各系课程·物理系》,《清华周刊》第25卷第15号第382期,1926年6月4日,第869页。

⑤ 《本校西洋文学系课程总则及说明》,《清华周刊》第25卷第14号第381期,1926年5月28日,第772—775页。《大学部各系课程·教育心理学系学程》《大学部各系课程·生物学系学程》《大学部各系课程·化学课程计划》,《清华周刊》第25卷第15号第382期,1926年6月4日,第860—861、862—864、865—867页。

⑥ 《本校西洋文学系课程总则及说明》,《清华周刊》第25卷第14号第381期,1926年5月28日,第770—771页。

系，各系必修课程主要以国别为限，没有设置一种对西洋文学全景与鸟瞰式的课程，即便如英文学系设置的选修课中有“欧洲古代文学”“西洋文化史料选读”两课，但其时间跨度仍无法与清华的西洋文学史研究相比肩。[①]

一些学系出于充实学科基础知识的需要，将一些他系基础课程列为必修课。如物理系主任叶企孙认为“大学的灵魂在研究学术”，物理系的目的应该“重在研究”，因此物理系课程设置和训练学生的方针是“是要学生想得透；是要学生对于工具方面预备得根底狠（很）好；是要学生逐渐的同我们一同想，一同做；是要学生个个有自动研究的能力”。为了使学生在研究工具方面有较扎实的基础，物理系在必修课中列入数学、化学课程。[②] 化学系必修课中列有数学、物理课程，其出发点则是为了使学生收到“根深则叶茂，本固则枝荣”的学习效果。[③] 生物学系必修课程中列有普通化学、有机化学等化学系的课程。[④] 工程学系规定第一年必须选修高级数学，第二年选修微积分、物理学。[⑤] 农学系必修课列有数学、化学等课程。[⑥]

政治系课程中列有法律课程。1926 年公布的课程中列有法律基础、国际法等课程。1927 年修订后的课程中，法律课程又大为增加，包括法律概论、宪法、民法、刑法、商法、行政法等。政治学系课程中设置法律课程，应该是遵奉当时国内大学政治系所采纳的大陆派

---

① 《国立北京大学英文学系课程指导书（十四年至十五年度）》，王学珍、郭建荣：《北京大学史料（1912—1937）》第 2 卷，中册，北京：北京大学出版社，2000 年，第 1133—1137 页。

② 叶企孙：《清华物理学系发展之计划》，《清华周刊》第 27 卷第 11 号第 408 期（新清华介绍号），1927 年 4 月 29 日，第 538、539 页。

③ 薛愚：《化学系一瞥》，《清华周刊》第 27 卷第 11 号第 408 期（新清华介绍号），1927 年 4 月 29 日，第 543 页。

④ 《大学部之现在与将来 · 生物学系》，《清华周刊》第 27 卷第 11 号第 408 期（新清华介绍号），1927 年 4 月 29 日，第 535 页。

⑤ 周永德：《工程学系之计划》，《清华周刊》第 27 卷第 11 号第 408 期（新清华介绍号），1927 年 4 月 29 日，第 529 页。

⑥ 虞振镛：《吾校农学系今后之方针》，《清华周刊》第 27 卷第 11 号第 408 期（新清华介绍号），1927 年 4 月 29 日，第 525 页。

法政教育制度的一种惯例。因为政治学系主任余日宣为美国留学生，而美国大学的政治系中并没有法学课程。[①]

经济学系课程编制主要模仿美国哈佛大学，“科目不求其多，而求其材料充实，范围广大，庶一科得兼数科之用”[②]。课程分为经济组和商业组两组，学生可任择一组作为主课，规定于第二学年开始必须选定与主课相关的副课，副课至少选习18学分，两组课程可互为主、副课，也可从外系选择副课。[③]

一些学系出于学科之间的密切关系考虑，将一些他系课程列为必修课。如教育心理学系必修科中列有社会学、哲学入门。[④] 农学系必修课中列有生物学系课程，包括植物学、植物生理、遗传学等。[⑤] 1928年，一些学系对课程进行了修订，又增加了一些他系必修课程。政治学系列入欧洲近百年史、经济概论，国文系列入西洋哲学史，历史系列入考古学、人类学及地质学，生物学系列入天演学。[⑥]

工程学系的专业课程设置力求“普通”，以使学生毕业后，能够适应土木、电机、机械等工程学的需要，而不是“独专一门”。因为当时中国工业发展尚处于较低的水平，大规模的工业生产尚未能建立，分

---

① 《大学部各系课程·政治系》，《清华周刊》，第25卷第15号第382期，1926年6月4日，第869页；《大学部之现在与将来·政治学系》，《清华周刊》第27卷第11号第408期（新清华介绍号），1927年4月29日，第522页。又参见孙宏云：《中国现代政治学系的展开：清华政治学系的早期发展（1926—1937）》，北京：生活·读书·新知三联书店，2005年，第109页。

② 朱彬元：《经济学系》，《清华周刊》第27卷第11号第408期（新清华介绍号），1927年4月29日，第518页。

③ 《大学部各系课程·经济学系课程》，《清华周刊》第25卷第15号第382期，1926年6月4日，第859页。

④ 朱君毅：《教育心理学系之计划》，《清华周刊》第27卷第11号第408期（新清华介绍号），1927年4月29日，第514页。

⑤ 虞振镛：《吾校农学系今后之方针》，《清华周刊》第27卷第11号第408期（新清华介绍号），1927年4月29日，第526页。

⑥ 《下学年各系课程·政治学系课程重订》《下学年各系课程·国文系新课程》，《清华周刊》第29卷第10号第437期，1928年4月20日，第735、736页。《下学年各系课程·历史系》，《清华周刊》第29卷11号第438期，1928年4月27日，第809页。《下学年各系课程·历史系》，《清华周刊》第29卷第12号第439期，1928年5月4日，第867页。

工也没有达到很专门化的程度，过于专门的人才，无用武之地。[①] 但是这种普通化方案遭到了学生的质疑，他们认为这样只能学到一些"极肤浅而不完全的皮貌(毛)"，得不到"重要而急切的专门知识"，"会害了无数的青年"。[②]

一般来说，多数学生很赞同这种选科制，认为通过选修各类学科，不仅可以使各种知识"相互参证"，而且能开阔眼界，"不致为一系所窘所束缚"。[③] 但是，学生选修课程往往存在很大的随意性，如1926年拟入物理系的冯秉铨第一年就选修了"西洋文学"，学习计划过于庞杂，以致于影响了物理系主要课程的学习。[④] 为了使学生对各学科内容有基本的了解，以便选修课程时有所依据，学校组织各系主任对各学系课程进行演讲，如1927年3月7日，西洋文学系代理主任吴宓即曾为大一学生演讲"西洋文学系课程内容及编制之用意"。[⑤] 另外，有一些学系则要求学生选课必须与系主任协商决定，以便合理安排学习。

这一时期的课程设置是学系制度建立后实施通才教育的初次尝试，特点是通过设置第一年公共必修课程来加厚基础知识，打破文理学科边界，接受不同类别学科治学方法的训练，并通过专业课程中设置他系必修课程和他系选修课程来破除专业的壁垒，建立知识之间的联系。这种通过文科学生学习一门自然科学，理科学生学习一门社会科学的方法，固然可以受到不同类别科学方法的训练，但是在知识的广博方面尚嫌不够。

为了弥补清华课程设置的缺陷，1927年，清华留美学生吴景超、

① 周永德:《工程学系之计划》,《清华周刊》第27卷第11号第408期(新清华介绍号),1927年4月29日,第529页。

② 胡求:《清华的工科》,《清华周刊》第29卷第5号第432期,1928年3月9日,第307、309页。

③ 琳君:《投考经验与入校感想》,《清华周刊》第28卷第14号第426期(向导专号),1927年,第696页。

④ 姚树华:《冯秉铨教授的道路》,第27页。

⑤ 吴学昭整理:《吴宓日记(1925—1927)》,第319页。

王化成、雷海宗、何运暄、胡毅等五人组成“清华文科课程委员会讨论会”,经过讨论和研究,并参照美国一些大学的课程,对清华文科课程设置提出了修改意见。他们建议“大学一、二年级学生,不宜即分系专攻,他们的必修科目,当较选科为多,到了大学第三年级时,始许学生分系”;在文科中增设“学术入门系”,开设“求学法”“自然界”“人与社会”三门课程。“求学法”一课主要讨论六个问题:1. 思维术;2. 科学方法;3. 作笔记法;4. 搜集材料法;5. 作论文及报告法;6. 读书法。“自然界”一课教授自然科学中的普通常识,由自然科学系的教授轮流担任;“人与社会”一课教授社会科学中的普通常识,由社会科学各系的教授轮流担任。设置这三种课程的主要目的是为了给学生一个求学问的工具和一点广博的常识,并可使学生自测其兴趣所在,以为将来专攻一科的根据。①

与此同时,萨本栋等也组成清华理工科课程委员会,向155名清华留美同学征求关于清华理工科课程的意见,并请专人进行研究,还参考了美国工程教育促进会对美国过去三年工程教育的调查报告。理工科课程委员会建议理工科第一年教授相同的课程,包括国文、英文、物理、化学、数学、历史、制图、体育;第二年理科与工科虽然稍有分别,但国文、英文、物理、数学、历史、化学、军事训练仍为共同必修课;对于化学一课,理、工科侧重点有所不同,理科侧重于理论,工科侧重于应用。② 但是,这两种建议最终都没有被采纳,原因应该是这两种建议太过理想化,与当时中国整个社会要求专门化的现实不相容。

---

① 吴景超等:《关于清华大学文科课程的商榷》,《清华周刊》第28卷第4号第416期,1927年10月14日,第185、191页。

② 萨本栋等:《关于清华大学理工科课程的商榷》,《清华周刊》第28卷第5号第417期,1927年10月20日,第243、244、245、248页。

第三节　文理兼重与人才选拔

学系制建立后首批入学新生的招生方案早在1925年11月即已开始着手筹划。当时大学部普通科、专门科、研究院均设有教务会议，招生事宜由各教务会议负责。[①] 该年度第二次教务会议上，教务长兼大学普通科主任张彭春委派招生计划委员会负责研究下年度招生问题，委员会成员包括余日宣（主席）、郑之蕃、陈桢、陈福田、吴在。[②] 后余日宣准备于次年暑假出国，由朱君毅接任招考委员会主席，主持招考事务。1926年清华进行改组后，招考事项由教务长召集各系主任协商办理。[③] 1927年度招考委员会成员包括梅贻琦（教务长）、吴在（国文学系主任）、陈寅恪（东方语言学系主任）、王文显（西洋文学系主任）、郑之蕃（数学系主任）、叶企孙（物理学系主任）、杨光弼（化学系主任）、钱崇澍（生物学系主任）、陆懋德（历史学系主任）、余日宣（政治学系主任）、朱彬元（经济学系主任）、陈达（社会学系主任）、朱君毅（教育心理学系主任）、虞振镛（农业系主任）、周永德（工程系主任）、马约翰（体育军事学系主任）等人。招考委员会的主要任务为确定考试科目、考生资格、招生人数、录取标准等重要事项，一些具体的招考事务则交由教务处下属的常设机构招考处办理。

1926年一年级新生报考学历要求为“中学毕业或同等程度（能有新制高级中学毕业程度为最宜）”，二年级转学生报考资格为“肄毕大学或高等专门学校一年级程度”，二者都要求“品行端正，身心健全

---

① 《北京清华学校大学部暂行章程》，《清华周刊》第24卷第9号第358期，1925年11月6日，第619页。各教务会议主要由本科主任（主席）、副主任、教授组成，校长、他科主任本科教员可以列席但无表决权，另外，如讨论涉及注册部主任、课外作业部主任、图书馆主任、学监及校医所管事项时，可列席并有发言、表决权。

② 《教务会议》，《清华周刊》第24卷第9号第358期，1925年11月6日，第608页。

③ 《清华学校组织大纲》，《清华周刊》第25卷第9号第376期，1926年4月23日，第559页。

并无危险及传染病症,年在十六岁至二十五岁之间向未经学校开除者为合格"。[①] 但实际招生时,这种要求并未严格执行,该年考生中仍有不少中学没有毕业。如报考一年级新生的梁方仲为天津南开中学高中一年级学生[②],冯秉铨则为北京汇文中学高中二年级学生[③],只能勉强算以同等程度报考。报考二年级转学生的张光人(胡风)为北大预科生[④],则根本不够报考资格。1927 年 2 月,清华招生委员会决定提升报考门槛,参照教育部规定,"以大学预科及高级中学毕业者为限"[⑤]。最后正式出台的招考规程规定报考一年级者"有新制高级中学毕业或同等之程度",报考二年级者"有大学本科一年级修毕程度"。[⑥] 虽然,该年仍有旧制中学毕业或高中未毕业者前来报考,但经审查发现不够资格者皆被拒绝。[⑦] 总体上来说,随着中等教育的逐渐发展,清华对考生的学历资格要求渐趋严格。

1926 年一年级新生考试科目包括必考科和选考科两种。必考科为所有报考者必考,包括:1. 国文(作文及常识);2. 英文(作文及常识);3. 初级历史地理(本国及世界);4. 初级代数平面几何。选考科目包括文、理两类,考生可任选一类,理科类科目包括:1. 平面三角、解析几何(此两门中任选一门);2. 高中物理学、高中化学、高中生物学(三门中任选一门,并要求应考者须有实验知识)。第二类为文科类,包括经济学、世界历史、中国文学史、政治学(任选两门,也可只选一门,另在高中物理、化学、生物学中选考一门)。考生如对选考

---

① 《北京清华学校大学部招考规程》(1926 年),《清华周刊》第 25 卷第 5 号第 372 期,1926 年 3 月 26 日,第 292 页。

② 汤明檖、黄启臣:《梁方仲传略》,《梁方仲经济史论文集集遗》,广州:广东人民出版社,1990 年,第 353 页。

③ 姚树华:《冯秉铨教授的道路》,第 26 页。

④ 梅志:《胡风传》,北京:北京十月文艺出版社,1998 年,第 137 页。

⑤ 《清华招生会决定三事》,《益世报》1927 年 2 月 11 日,第 5 张第 17 版。

⑥ 《北京清华学校招考大学部学生规程(1927 年)》,《清华周刊》第 28 卷第 14 号第 426 期(向导专号),1927 年 12 月 23 日,第 744 页。

⑦ 章寅:《清华学校大学部招考规程中要点之说明》,《清华周刊》第 28 卷第 14 号第 426 期(向导专号),1927 年 12 月 23 日,第 670 页。

科无把握,可只考必考科,成绩合格后录入补习班。二年级考生必须参加一年级新生必考科考试,但如其转学成绩获得清华认可则可免考,另外须加考国文、英文、大学物理或化学或生物(三门中任选一门)、大学程度的中国史或西洋史(任选一门)。[①]

这一选考方案所做出的调整,既是为了适应当时中学文、理分科教学的状况,也是由于学系制度建立后教育目标发生了改变。相对于大学第一次招生,这次只要求考生掌握文、理两方面的初级知识,对于文理两方面的高级知识,则设置自然科学和社会科学两类科目,由考生按照各自的实际情况选考一类。但为了确保学生掌握高中自然科学的基础知识,又规定对于未选考高中自然科学(物理、化学、生物)的考生,或选考但未合格的考生入学后须进行补习。[②]

1927 年大一新生考试科目重新进行了修订。该年大一新生考试科目包括:1. 国文(作文及常识);2. 英文(作文及常识);3. 历史地理(本国及世界);4. 代数平面几何;5. 高中物理学或高中化学或高中生物学(任选一科)。二年级考生除应考大一新生各科目外,另必须应考国文、英文、大学物理学或大学化学或大学生物学(任选一科)、大学中国史或大学西洋史(任选一科)。[③] 与上年相比,该年考试科目经过整合后简化了,但考试难度有所增加,去掉了人文社科类科目,考生不分文理皆须应考自然科学类科目,在高中物理学、化学、生物学三门中选考一门,而且历史地理和数学的难度加大,更侧重要求考生掌握文理两方面的基础知识。这次招考科目的修订应该是比较恰当的。按照清华招考处主任章寅的总结,从 1925 年清华改办大学以来,其入学考试科目每年都有修订,但总的趋势是"由繁而简",他

① 《北京清华学校大学部招考规程(1926 年)》,《清华周刊》第 25 卷第 5 号第 372 期,1926 年 3 月 26 日,第 294 页。

② 《北京清华学校大学部招考规程(1926 年)》,《清华周刊》第 25 卷第 5 号第 372 期,1926 年 3 月 26 日,第 294 页。

③ 《北京清华学校招考大学部学生规程(1927 年)》,《清华周刊》第 28 卷第 14 号第 426 期(向导专号),1927 年 12 月 23 日,第 747 页。

认为考试的宗旨“重在切实，不骛繁博”。[1]

1928年大一新生的考试科目保持不变，但对转学生的考试科目作了调整，即在原有考试科目基础上，另增设一门选考科目，在大学代数及解析几何、微积分、第一年德文、第一年法文、政治学、经济学、社会学等七门科目中选考一门。[2] 此一修改应该是针对当时各大学一年级即开始专业课程学习所进行的调整，以为那些在文理方面各自有所倾斜的考生适当留出空间。

1926年的作文题为在“平日爱读何书？有何心得？试举要言之”与“试言投考清华大学之志愿”中任择一题。英文作文题为“My Middle School Education”（我的中学教育）。[3] 1927年国文作文题为在“大学生之责任”“教育与宗教”两题中任择一题，英文作文题为“Why I Wish to College”（我为什么希望上大学）[4]。由此可见基本科目试题并不繁难。

录取新生时，为了使考试成绩相对准确地反映考生的知识水平，1926年招生时曾尝试使用了一种“科学计分法”。该年度招生委员会主席为哥伦比亚大学博士朱君毅，专攻教育统计及教育行政，对“科学计分法”曾经有所研究。所谓“科学计分法”，即将各门考试成绩分别按照得分高低分为若干等级，每一等级赋予一定点数，以由此所得考生各门成绩积点总和作为录取依据，从而可避免单纯按照总平均成绩录取所带来的相对不公平现象。因为每门课程的评价标准并非绝对相同，有的科目相对宽松，结果总体成绩偏高，而有的科目相对较严，总体成绩偏低，以致各门功课相同的分数所代表的水平并不一致。朱君毅认为通过这种计分法，“每科成绩优劣者，均得相当

---

① 章寅：《清华学校大学部招考规程中要点之说明》，《清华周刊》第28卷第14号第426期（向导专号），1927年12月23日，第670、671页。

② 《招考处》，《清华周刊》第29卷第10号第437期，1928年5月4日，第729页。

③ 《民国十五年清华学校大学部一年级入学试题》，《清华周刊》第28卷第14号第426期（向导专号），1927年12月23日，第779页。

④ 《民国十六年清华学校大学部一年级入学试题》，《清华周刊》第28卷第14号第426期（向导专号），1927年12月23日，第802、807页。

待遇，不致因阅卷员标准不同，而遂有侥幸与受亏之分”。[①] 这种计分法在当时被看作是一种“精密统计方法”，能“一去平均算法给分宽严不等之病”。[②] 但也有人对此不以为然，如吴宓即认为没有必要采取这种琐碎的计分办法，“但凭分数可定去取”，因为仅凭考试“不能得真才”，应该另订“学术标准”。[③] 还有人看到了此法所存在的缺点，认为如某科成绩整体水平较低，即使该科得分最高的考生只得 60 分，但其所得的积点也是 10 点，实际上会导致录取标准降低。[④] 因对此有争议，后来的招生未再使用这种“科学计分法”。

当时的招生面临着质量与数量不可兼得的难题，按照清华最初的录取标准，符合要求的考生并不太多。为了在数量与质量之间找到一个平衡，据说招考委员会只得“临时把标准一改再改，方才勉强维持百几十名的原额”。[⑤] 从 1926 年所录取的新生成绩来看，122 人中英文成绩 50 分以下的就有 47 人，国文成绩在 50 分以下的为 30 人，史地成绩 50 分以下的 16 人，整体水平实在不容乐观。1927 年度，原计划招收新生 240 名，[⑥]但结果只录取大一新生 127 名，加上转学生 9 名，也不过 136 名。该年度因受北伐战争的影响，考生报名人数大幅度减少，固然是影响录取人数的一个重要原因，但考生成绩不符合录取要求也是重要影响因素。该年招生规程甚至特别允许那些不合格的二年级考生，如果应考大一科目成绩特别优良，可录取为大一新生，由此可见当时的优质生源较为稀缺。[⑦] 这种情况下，最初所定的录取标准必然受到生源质量及时局因素的影响，从而也会影响到学生在校期间的培养模式及成效。

① 朱君毅：《录取新生之科学的计分法》，《中华教育界》第 15 卷第 7 期，1926 年 1 月。

② 《清华新生揭晓约在本月中旬》，《申报》1926 年 8 月 10 日。

③ 吴学昭整理：《吴宓日记(1925—1927)》，北京：生活·读书·新知三联书店，1998 年，第 203 页。

④ 大公：《建议给招考委员会》，《国立清华大学校刊》1929 年 1 月 11 日，第 2、3 版。

⑤ 大公：《建议给招考委员会》，《国立清华大学校刊》1929 年 1 月 11 日，第 2、3 版。

⑥ 清华大学校史研究室：《清华大学九十年》，第 38 页。

⑦ 《北京清华学校招考大学部学生规程》，《清华周刊》第 28 卷第 14 号第 426 期(向导专号)，1927 年 12 月 23 日，第 747 页。

表 3-1　1926 年录取新生成绩分布表(总数 122 人)①

分数组距	国文	英文	史地	三科总平均
5～10		1		
10～15		3		
15～20		4		
20～25		4		
25～30		3	2	
30～35	2	3		
35～40	2	10	3	
40～45	13	9		2
45～50	13	5	11	6
50～55	18	17	16	35
55～60	21	10	34	31
60～65	29	16	25	30
65～70	11	8	15	14
70～75	5	5	12	3
75～80	4	9	4	1
80～85	3	4		
85～90	1	1		
90～95		6		
95～100		4		
总算术平均分数	57.58	55.82	59.75	57.67

① 牟乃祚、邬振甫:《本校两年来录取学生成绩之比较》,《清华周刊》第 27 卷第 11 号第 408 期(新清华介绍号),1927 年 4 月 29 日,第 612—618 页。

表 3-2　1926 年至 1928 年清华大学报考及录取人数表①

年度	报考类别	报考学生人数			录取人数	录取率	录取标准	
		报名人数	应试人数	完场人数			平均积点	平均分数
1926	大一新生	978	721	609	122	20%	33	
	转学生	73	56	55	14	25%		51
1927	大一新生	359	294	276	127	46%		45
	转学生	33	24	24	9	38%		52
1928	大一新生	342	261	248	98	40%		47
	转学生	47	36	33	21	64%		49

第四节　教学活动与人格培养

教学活动是清华实施通才教育最重要的组成部分，包括公共必修课程和专业课程的教学。公共必修课程设置的主要目的是为加强知识基础和扩展知识领域，受到了应有的重视。一些公共必修课程，如国文、英文、自然科学(物理或化学或生物)等，采取分班教学的办法，班级划分视新生掌握知识的具体情况而定。虽然入学考试成绩可以作为参考，但除非此三门中有入学考试成绩在 80 分以上者，其余新生入学后三天内必须接受自然科学的甄别测验，并缴验中学期间自然科学课程实验笔记，两周内国文和英文也必须接受甄别测验，以甄别成绩作为分组的依据，不及格者入补习班②。

① 《国立清华大学历年本科应考及录取人数比较表》，《清华周刊》第 41 卷第 13、14 期(向导专号)，1934 年 6 月 1 日，第 151—152 页。《国立清华大学历年招考大学本科学生录取标准》，《清华周刊》第 41 卷第 13、14 合期(向导专号)，1934 年 6 月 1 日，第 156—157 页。

② 《大学部之现在与将来》，《清华周刊》第 27 卷第 11 号第 408 期(新清华介绍号)，1927 年 4 月 29 日，第 506 页。琳君：《投考经验与入校感想》，《清华周刊》第 28 卷第 14 号第 426 期(向导专号)，1927 年 12 月 23 日，第 694 页。《北京清华学校招考大学部学生规程》(1927 年)，《清华周刊》第 28 卷第 14 号第 426 期，1927 年 12 月 23 日，第 747 页。

国文课的教学由国文学系教授担任。国文课在国文系的课程名称为“古今文选”,包括记叙文、论说文、书翰文三种,记叙文又分为描写、叙述,论说文分为论辩、说解,书翰文分为达理、叙事、言情、写景,其教学宗旨“不徒为艺术上之应用,且以发欣赏之兴趣也”。教学方法主要以课堂讲解为主,教科书由各教授选编,每周三小时。授课教师有戴元龄、吴在、杨树达、朱洪、朱自清等。[①] 国文教师们教学都很认真、负责,杨树达“博学多识”“讲解明晰”;[②]朱自清批改作文“特别仔细”。[③] 国文补习班每周两小时,教科书为宋文蔚编、商务印书馆出版的《文法津梁》,并自编《国学常识》课本。[④]

英文课的教学由西洋文学系教师担任,教师有施美士(E. K. Smith)、吴可读(A. L. Pollard-Urquhart)、陈福田、张杰民、黄学勤、刘师舜、翟孟生(R. D. Jameson)、楼光来等。[⑤] 英文各组的教学风格因教师而异。陈福田“教学进度快,课堂问答多,口语练习的机会亦多,作文两周一次,批改仔细”。[⑥] 温德“讲课不厌其烦,务求每一学生彻底了解课文”。[⑦] 各组教材可能也因教师而异,陈福田所用的教材为美国大学的课本,毕莲则选择“*Golden Treasury*”(一种诗选)作为教材。[⑧]

公共必修课程中的社会科学类课程也主要以课堂讲解为主。如西洋通史由刘崇鋐教授,采用美国大学通用的教本,课堂上主要讲解重要历史事件,学生做笔记,并在课后详细阅读课本,将笔记加以补

① 《清华大学一览》,1927 年,转引自万俊人等编:《清华大学文史哲谱系》,北京:清华大学出版社,2012 年,第 29 页。

② 徐铸成:《徐铸成回忆录》,北京:生活·读书·新知三联书店,1998 年,第 21 页。

③ 徐士瑚:《九十自述》,《山西文史资料》,1998 年 6 月,第 44 页。

④ 《清华大学一览》,1927 年,转引自万俊人等编:《清华大学文史哲谱系》,第 29 页。

⑤ 齐家莹等编:《清华人文学科年谱》,北京:清华大学出版社,1999 年,第 50 页。

⑥ 徐士瑚:《九十自述》,《山西文史资料》,1998 年 6 月,第 44 页。

⑦ 徐铸成:《徐铸成回忆录》,第 21 页。

⑧ 徐士瑚:《九十自述》,《山西文史资料》,1998 年 6 月,第 44 页。《新大一·英文班的仄仄平平》,《清华周刊》第 29 卷第 6 号 433 期,1928 年,第 458 页。

充，及时理解、消化课堂上所学内容。[①] 公共必修课程中的自然科学类课程的教学方法为课堂讲解与实验演示相结合，效果良好。如生物学由钱崇澍教授，“能使学生融会贯通生物学各门的基础知识”，并由助教辅导实验，“耐心讲解”。[②] 学生必须亲自动手做实验，并将实验结果当堂提交，实验结果及说明必须正确，否则重新实验，直至得到正确的结果为止。[③] 据1926年入学的徐铸成回忆，“清华的课堂纪律一般很严肃，每月有月考，每堂功课下课前，教师必开列一批参考书的章节，在下次上课前必须读毕”。[④]

教学活动是一种教师与学生双方共同参与的学术活动，除了要求教师学识渊博、教学得法外，而且要求学生也要积极投入、勤勉向学，否则，只能是有如填鸭式地被动灌输，达不到预期的教学效果。但是这时清华公共必修课程的教学中存在一种并不少见的现象，即学生们对“‘学当博’主义”有些不以为然，没有认识到学习公共必修课程的重要性，理科类学生认为学习国文、英文与自己的专业不仅无关紧要，而且是耽误“专修时期的宝贵光阴”；文科类学生对于要学习一年自然科学，也认为是“头上加头”，“是侵夺学生专门研究的时间”，他们自认为高中自然科学完全够作常识了。[⑤] 工程系的同学则认为第一年的普通训练，是“白白的牺牲了一年”，“知盘古姓什么？夏禹姓什么？实在敌不过多知道几个 $\sin\theta$ 或 $\tan\theta$ 或 $F=ma$ 的原理”。[⑥] 在这种情况下，学生学习公共必修学程只是为了获得学分，一定程度上影响了教学效果。

专业课程的教学也因学科性质和教师而异，除了国文系和历史

---

① 徐士瑚：《九十自述》，第51—52页。

② 徐铸成：《徐铸成回忆录》，第21页。

③ 锋敛：《清华生活》，《清华周刊》第28卷第14号第426期（向导专号），1927年12月23日，第713页。

④ 徐铸成：《旧闻杂忆》，北京：生活·读书·新知三联书店，2009年，第44页。

⑤ 琳君：《投考经验与入校感想》，《清华周刊》第28卷第14号第426期（向导专号），1927年12月23日，第696页。

⑥ 胡求：《清华的工科》，《清华周刊》第29卷第5号第432期，1928年，第310页。

系中国史的课程外,很多课程都采用美国大学的通用课本。一些教师采用的方法是要求学生在课前预习课本,上课后提出问题,由教师予以解答,如吴宓教授“英诗”即采此法,采用的教材为美国大学通用的《十九世纪英诗选》。[①] 一些教师不仅要求预习课本,还要求阅读相关的参考书章节,课堂上就布置的预习内容进行口试,然后再进行讲解。美国人马隆博士(Dr. C. B. Malone)教授的美国史即采用此法。[②] 也有一些教师只采用课堂演讲的方式,学生做笔记,课后阅读教材,对笔记加以补充,如由北京师大教育系主任邱椿兼任教授的教育心理学即采用此法。[③] 也有的课程不指定教材,由教师在课堂演讲,学生做笔记,但要求课后阅读各种指定的参考书,课堂上经常进行临时测验,美国人翟孟生所教授的《西洋文学概要》即采用此法。[④] 总的说来,课堂讲解是当时教学所采用的主要方法,教师讲解,学生笔记,尽管也会有教师提问,但除非被指定回答,一般主动参加讨论的学生很少,课堂气氛比较“沉静”。[⑤]

按照规定,学生修满136学分,且体育测验及格者,应接受毕业考试,考试范围以其主系学科为主,及格者,授予学位;不及格者,仅给修业证书,但可申请再考一次。[⑥] 这种规定与当时美国哈佛大学的“统考制”相似。哈佛大学要求学生在毕业之前必须对所选修的课程接受一次统考,目的是“要测量学生运用知识、联系知识的能力或能量,不是要找出一个学生知道什么事实,乃是要找出他们是否知道这些事实的意义和应用这些事实,他们所读的东西是否成为他们的整个知识的一部分,帮助他们的思想发展”;“不是要找出他们是否念过

① 徐士瑚:《九十自述》,《山西文史资料》,1998年6月,第50页。

② 黎东方:《平凡的我——黎东方回忆录》,北京:中国工人出版社,2011年,第110、114、115、117页。

③ 徐士瑚:《九十自述》,《山西文史资料》,1998年6月,第52页。

④ 徐士瑚:《九十自述》,《山西文史资料》,1998年6月,第50页。

⑤ 锋敛:《清华生活》,《清华周刊》第28卷第14号第426期(向导专号),1927年12月23日,第713页。

⑥ 《大学部之现在与将来》,《清华周刊》第27卷第11号第408期(新清华介绍号),1927年4月29日,第505页。

那些学科，乃是要找出他们念过那些学科以后变为怎样的人”。[①] 但是到 1929 年第一级学生毕业时，因人事更迭，修订章程，这一办法已不再实行。

学系制建立后，教师对学生的影响主要限于知识方面，而且主要是在课堂上，课后教师与学生之间接触有限，如西洋文学系二年级插班生张光人（胡风）在清华半年与教授没有私人接触。[②] 1926 年清华改组初期，关于学生生活管理和道德教育的“训育”事宜由教务长主管。[③] 同年 5 月，训育委员会成立，组成人员为梅贻琦（教务长）、孟宪承（国文系教授）、叶企孙（物理系教授）、余日宣（政治系教授）、王芳荃（注册部主任）、杨希云（斋务处职员）、徐国桢（斋务处职员）。[④] 5 月 17 日，校评议会议决训育及课外作业事宜，由注册部设专员进行日常管理，但遇重要问题，由教务长决定之。[⑤] 训育委员会主要负责出面处理一些教学过程中出现的突发问题。如有一次某教授课毕尚未离开，下一堂课的学生即进入教室大声喧哗，且有不礼貌言行，引起该教授强烈不满，后由训育委员钱昌祚出面说服该教授，从轻处理。又有一次学生向机械画教授提出用算学方法证明机械图的无理要求，亦经钱昌祚对学生晓之以理而化解。[⑥] 但一般情况下，只要学生不违反校规，一般都不加干预，对于“训育”采取一种无为而治的方式。

其后，清华开始尝试采取一种积极的引导方式，由教师对学生在学习、生活上进行具体指导。1926 年 11 月 10 日，校评议会议决选派

---

① 陈锡恩著，檀仁梅、廖汉译：《美国大学课程的改造》，上海：商务印书馆，1948 年，第 29 页。

② 梅志：《胡风传》，北京：北京十月文艺出版社，1998 年，第 138 页。

③ 《清华学校组织大纲》，《清华周刊》第 25 卷第 9 号第 376 期，1926 年 4 月 23 日，第 559 页。

④ 《校中常任委员会已派出》，《清华周刊》第 25 卷第 11 号第 378 期，1926 年 5 月 7 日，第 650 页。

⑤ 清华大学校史研究室编：《清华大学九十年》，北京：清华大学出版社，2000 年，第 37 页。

⑥ 钱昌祚：《怀念梅故校长》，《清华校友通讯》新 2 期，1962 年 8 月 29 日。

教师担任指导员,学生可在其中自由选择一名指导员作为自己的导师。经广泛征求意见,多数教师赞成此办法,教授中共有 27 人愿意担任指导员,即决定实行这一制度。① 至于如何去指导学生,每位导师可能方法各不相同。吴宓担任五名学生的导师,主要是招集学生茶叙,“以联情谊”,并回答学生所提出的一些学习上的疑问。② 但是经过半年的尝试,这种办法效果并不理想,吴宓觉得所谓指导,如“傀儡登场,殊无效用”。③ 学生也感觉这种办法“系勉强的,假面具的”,只不过聊胜于无而已。④ 之所以如此,校长曹云祥的个人行为要承担一部分责任。当时曹为保住自己的校长位置,使用了一些为人所不齿的手段,其所作所为在校内产生了不良影响,导致学生们“失了信仰”。⑤ 梁启超认为人格教育唯一的途径是“以教育者的人格为标准”,“以身作则”;“若是先生天天躲懒而想学生用功,那是天下绝对不可能的事”。⑥ 当初张彭春之所以愤然辞职,也是看到了这一点。因此,到 1928 年初严鹤龄任代理校长时,所观察到的清华师生关系仍表现为“隔阂之病”,他认为当务之急是增加师生间接触的机会,“俾教师能尽其指导之责,学生得遂其自由发展之实”。⑦

学系制建立后,体育运动在清华继续得到高度重视,学生们也都保持浓厚的兴趣。体育课为学生在校四年期间的必修课,每周二小时,分组上课,每年级平均分为四组,无论冬夏,上课时一律着背心、短裤、橡皮鞋,在教师的指导下进行各种体操、器械、球类运动等。但

① 清华大学校史研究室编:《清华大学九十年》,第 38、39 页。

② 吴学昭整理:《吴宓日记(1925—1927)》,第 315 页。

③ 吴学昭整理:《吴宓日记(1925—1927)》,第 404 页。

④ 冯秉铨:《献给母校诸同学及学校当局》,《清华周刊》第 34 卷第 5 号第 498 期,1930 年 11 月 29 日,第 3 页。

⑤ 某人:《清华校风》,《国立清华大学校刊》1928 年 12 月 19 日,第 4 版。

⑥ 冠:《与梁任公先生谈话记》,《清华周刊》第 271 期,1923 年 3 月 1 日,第 20 页。

⑦ 严鹤龄:《对于清华教育之意见》,《清华周刊》第 29 卷第 7 号第 434 期,1928 年 3 月 23 日,第 471、472 页。1928 年初,校长曹云祥因暗中运动教职员阻止梁启超与其竞争校长职位,陷入丑闻,不得不辞职。参见《致孩子们》(1927 年 11 月 23 日),张品兴编:《梁启超家书》,北京:中国文联出版社,2000 年,第 505 页。

是学生们更感兴趣的是每天下午四点以后的课外运动，这时的运动比体育课更具趣味性，所进行的运动种类更多，体育馆里每天这个时间都会上演一场名为“斗牛”的篮球赛，“杀声震天”，热情高涨。[①] 学生们普遍认识到体育运动不仅可以锻炼身体，而且可以“养成奋斗的精神”，“视体育运动与吃饭一样重要”。[②]

总的来说，学系制度建立后，在“造就专门人才”的教育方针之下，通才教育的实施受到很大的限制，重心已经转到专门知识的传授上，大学初办时确立的全面发展的方针已经被搁置。但如果与当时中国其他大学更为专门的发展取向相比，这种对通才教育最低限度的保留仍属难能可贵。在当时整个社会追求专门化的环境中，清华仍然能给通才教育的实施留下一定的空间，应该归功于在这期间陆续回国执教的清华留美生。1925 年秋新大学开办之初，梁启超就已敏锐地感觉到清华留美生在校内的影响力：“今之清华渐已为本校毕业同学所支配；今后此种趋势，当益加强烈，此无庸为讳者。”[③]1926 年初，清华教务长张彭春也已估计到“清华将来一定落到新起毕业生手里”。[④] 1926 年清华 75 位中国教员中，清华出身者多达 29 人；51 名教授中，清华出身者 27 人。1927 年 67 位教师中，清华出身者 34 人。[⑤] 以下是 1926 年至 1927 年间清华出身教员一览表：

① 锋敛：《清华生活》，《清华周刊》第 28 卷第 14 号第 426 期（向导专号），1927 年 12 月 23 日，第 715、716 页。雍光：《清华生活一瞥》，《清华周刊》第 28 卷第 14 号第 426 期（向导专号），1927 年 12 月 23 日，第 703、704 页。

② 雍光：《清华生活一瞥》，《清华周刊》第 28 卷第 14 号第 426 期（向导专号），1927 年 12 月 23 日，第 703、704 页。盘根：《投考清华之经验及入校后之感想》，《清华周刊》第 28 卷第 14 号第 426 期（向导专号），1927 年 12 月 23 日，第 683 页。

③ 梁启超：《学问独立与清华第二期事业》，《清华周刊》第 24 卷第 1 号第 350 期，1925 年 9 月 11 日，第 6 页。

④ 《张彭春日记》（1926 年 1 月 9 日），稿本，南京图书馆藏。

⑤ 吴洪成：《生斯长斯，吾爱吾庐：清华大学校长梅贻琦》，济南：山东教育出版社，2004 年，第 55、57 页。

表 3－3 1926—1927 年度清华出身教员一览表①

姓名	级别	学位	系别	职别
吴宓	1916	哈佛大学文学硕士	西洋文学	教授、代理系主任
楼光来	1918	哈佛大学文学硕士	西洋文学	教授
张杰民	1921	哥伦比亚大学硕士	西洋文学	教授
陆懋德	1911	俄亥俄州立 大学政治学硕士	历史	教授、系主任
刘崇鋐	1918	哈佛大学文学硕士	历史	教授
金岳霖	1914	哥伦比亚大学政治学博士	哲学	教授、系主任
陈达	1916	哥伦比亚大学哲学博士	社会	教授、系主任
余日宣	1917	普林斯顿大学硕士	政治	教授、系主任
钱端升	1919	哈佛大学政治学博士	政治	教授
刘师舜	1920	哥伦比亚大学哲学博士	政治	教授
陈复光	1920	哈佛大学硕士	政治	讲师
朱彬元	1916	哥伦比亚大学商科硕士	经济	教授、系主任
蔡正	1915	哥伦比亚大学经济学硕士	经济	教授
朱君毅	1916	哥伦比亚大学博士	教育心理	教授、系主任
唐钺	1913	哈佛大学哲学博士	教育心理	教授
梅贻琦	1911	吴思德工业学校电机工程 科学士，芝加哥大学硕士	物理	教授、教务长
叶企孙	1918	哈佛大学哲学博士	物理	教授、系主任
杨光弼	1911	威斯康辛大学理科硕士	化学	教授、系主任
梁传铃	1913	芝加哥大学理科硕士	化学	教授
赵学海	1920	威斯康辛大学理科硕士	化学	教授
高崇熙	1922	威斯康辛大学博士	化学	教授
刘崇乐	1920	康奈尔大学哲学博士	生物	教授

① 《清华一览》，第 194—211 页，转自《生斯长斯，吾爱吾庐：清华大学校长梅贻琦》，第 56 页。《清华一览》(1925—1926)。苏云峰：《清华大学师生名录资料汇编(1927—1949)》，中央研究院近代史研究所史料丛刊 49，2004 年。另有部分人员履历辑自《清华周刊》各期。

（续表）

姓名	级别	学位	系别	职别
罗邦杰	1911	麻省理工学院及哈佛大学硕士	工程学	教授
潘文焕	1913	明尼苏达大学学士	工程学	教授
钱昌祚	1919	麻省理工学院航空工程学硕士	工程学	教授
笪远纶	1919	麻省理工学院机械工程学士	工程学	教授
虞振镛	1911	康奈尔大学农科硕士	农学	教授、系主任
费培杰	1922	学士	音乐	教员
袁复礼	1915	硕士	地质（工程学）	教授

29 名清华出身的教师中，毕业于哈佛大学者 7 人，哥伦比亚大学 7 人，威斯康辛大学 3 人，麻省理工学院 3 人，康奈尔大学 2 人，普林斯顿大学 1 人，俄亥俄州立大学 1 人，吴思德工业学校 1 人，米尼苏达大学 1 人。哈佛大学和哥伦比亚大学都是大力推行通才教育的大学，其他一些美国大学也都陆续进行教学改革，实行通才教育，以解决“训练专家”与“训练公民”如何兼顾的问题。清华教师中有如此众多的清华留美生，或多或少会受到美国大学通才教育理念的影响，并将这种理念带回清华。而且，清华出身的教师分布于除国文学系、东方语言文学系、数学系、音乐系、体育军事学系之外的 12 学系，其中东方语言文学系、数学系尚未招生，音乐系、体育军事系无招生计划，可以说清华出身的教师遍布于当时除国文学系之外的所有教学领域，特别是其中还有 9 人出任系主任，1 人出任教务长。他们对清华的人才培养模式发生了决定性的影响，这其中也包括美国大学通才教育理念的影响。

清华之所以大量聘请留美生回校执教，主要原因是当时国内学术尚未发达到能够提供充足的师资，而直接聘请外国学者则受经费限制，也只能“偶请一二”，不得不将选择对象转向“青年中有志研究学术而已略得门径者”。[①] 1925 年清华开办大学之初,专门科的师资主要由校务会议拟定,并交由校长、专门科主任及校务会议推选的三人组成的临时委员会进行讨论并作出最终决定。此外,临时委员会也可另行提出合适的人选,进行讨论并作出最后决定。1926 年清华进行改组后,建立学系制度,各系教授、讲师、教员及助教人选由该系主任召集学系会议进行讨论和推荐,其中教授、讲师人选则交由评议会最终决定。[②] 由于当时各系主任或代理系主任绝大多数都是清华出身,教务长梅贻琦则是清华首批留美生,并已在清华执教十年,所以聘请他们较为熟悉的清华留美生也是顺理成章的事。另一方面,相对于当时各校普遍存在的经费拮据、经常拖欠教师薪金的境况,清华由于基金稳固、经费充足,不仅薪金有保障,而且还设有一种独一无二的待遇,就是教职员在校连续服务 5 年,即可申请出国进修,“求更深学问”。[③] 这对于很多学者来说具有非常大的吸引力,使得清华成为清华留美生的首选服务单位。不过,是否清华出身并不是师资延聘的惟一标准。1927 年教务长梅贻琦在谈及将来发展计划时表示,将把发展的重点放在“多聘好教员,增加教学设备”上。[④] 所谓好教员,自然是要看他的学问和经验如何,而不仅仅看他是否为清华出身。

不可否认,在学系制的建立以及学系制下通才教育模式的探索过程中,清华出身的教师发挥了关键性的主导作用。他们无论是在最初的改组委员会,还是后来的教授会、评议会中,都占绝对优势力量。他们利用“爱护母校之心理以图校业之进展”,“于势最便而为效

---

① 庄泽宣:《筹办清华大学专门科文理类意见书》,《清华周刊》第 24 卷第 4 号第 353 期,1925 年 10 月 2 日,第 287、288 页。

② 《清华学校组织大纲》,清华大学校史研究室编:《清华大学史料选编》,第 1 卷,北京:清华大学出版社,1991 年,第 300、298 页。

③ 清华大学校史研究室编:《清华大学九十年》,第 36、37 页。

④ 梅月涵口述:《清华发展计划》,《清华周刊》(新清华介绍号)第 27 卷第 11 号第 408 期,1927 年 4 月 29 日,第 491 页。

最宏”。[①] 此外，那些尚在美国求学的清华学生也积极为母校发展献计献策，对于清华的发展也产生了一定的影响。当然，与新大学制度相比，学系制下的通才教育模式已大为逊色，不可同日而语。

① 梁启超:《学问独立与清华第二期事业》,《清华周刊》第 24 卷第 1 号第 350 期，1925 年 9 月 11 日，第 6 页。

第四章　谋求“学术独立”：罗家伦长校时期的通才教育

罗家伦(1897—1969)，字志希。祖籍浙江绍兴，生于江西南昌。“五四”学生运动领袖之一。1920年毕业于北京大学文科。后留学美国普林斯顿大学、哥伦比亚大学、英国伦敦大学、德国柏林大学、法国巴黎大学。留学期间，除致力于研究哲学、历史、文学外，注意观摩世界著名大学的“理想和制度”，对其中文理学院的办学经验尤为留意。① 1926年回国后任东南大学历史系教授。不久，加入国民党，参加北伐，任北伐军总司令部的高等顾问。1928年9月至1930年5月，罗家伦出任清华大学校长。他在就职誓词中提出了“学术独立”的口号，以谋求中国学术在国际间“独立、自由、平等”的地位，来实现中国在国际间的“独立、自由、平等”。② 为了谋求学术独立，罗家伦在清华提出了“廉洁化”“学术化”“平民化”“纪律化”的办学方针。“廉洁化”指公开财政，接受公众监督；“学术化”指延聘国内外学者来校任教，提倡学术研究，“使清华成为中国学术策源地”；“平民化”指矫正清华师生中的“享乐主义”；“纪律化”指培养学生“有秩序、有组织、能令受命、急公好义的精神”。③ “学术化”“纪律化”成为此后罗家伦在任期间实施通才教育的重要特征。

---

① 马星野：《我所认识的罗志希先生》，《传记文学》，第30卷第1期，台北：传记文学出版社，1977年。

② 罗家伦：《学术独立与新清华》(1928年9月18日在国立清华大学校长就职典礼时的演讲)，罗家伦先生文存编辑委员会编：《罗家伦先生文存·演讲》(上)，国史馆、中国国民党中央委员会党史委员会，1988年，第18、19页。

③ 《整理校务之经过及计划——罗校长上董事会之报告》，《国立清华大学校刊》，1928年11月23日，第1、2版。

第一节 罗家伦长校及其通才教育理念

1928年6月8日，北伐军进占北京，标志着国民党政权初步完成了统一中国的目标。北京作为旧都，是中国文化的重镇，聚集有一大批文化教育机构，作为上层建筑的一部分，必然成为统治者意图占领的重要阵地。因清华原来隶属于北京政府外交部，故由国民政府外交部和大学院协同接收。当时各派竞争清华校长职位非常激烈，参加角逐的人选约有三十余人之多，最后蒋介石秘书罗家伦胜出。罗家伦曾为蒋介石发动"清党"起草"告军人""告工人""告民众""告同志"等文告，深受蒋器重，其得以出任清华校长，"完全是依靠政治关系"。①

罗家伦的到来受到了清华学生的热烈欢迎。学生会召开全体大会，通过了欢迎罗家伦的议案，并决定立即驱逐政治学教授余日宣、化学教授杨光弼、赵学海、图书馆主任戴超、农科教授虞振镛等五人，罪名是"把持校务，阻碍清华发展"，同时在校园内到处张贴标语，如"建设新清华""实行男女同校""经济公开"等，表达发展清华的意愿。② 学生们认为罗家伦是"五四"运动的学生领袖之一，是"爱国的读书人"，寄希望于罗家伦"革除积弊"，"建设学术化的清华"，还曾派出傅任敢等三人专程远赴南京欢迎罗家伦。③ 清华学生的这种反应完全是当时所处的时代环境使然。当时的社会状况正如梁启超所观

① 冯友兰：《清华发展的过程是中国近代学术走向独立的过程》，见庄丽君编：《世纪清华》，北京：光明日报出版社，1998年，第28页。郭廷以认为罗家伦出任清华校长主要是由于蔡元培的推荐，与其深受蒋介石器重亦有关系。见张朋园等：《郭廷以先生访问纪录》，台北：中央研究院近代史研究所，1987年，第188页。一说戴季陶也向蒋介石推荐了罗家伦。见季培刚：《杨振声编年事辑初稿》，济南：黄河出版社，2007年，第68页。

② 浦江清：《清华园日记》，北京：生活·读书·新知三联书店，1999年，第14页。

③ 傅任敢：《清华改大时二三事》，见庄丽君编：《世纪清华》(2)，北京：光明日报出版社，2001年，第24页。《南下代表报告书》，《清华周刊》第30卷第2号第443期，1928年，第136页。

察到的,"中国几十年来,时局太沉闷了,军阀们罪恶太贯盈了,人人都痛苦到极,厌倦到极,想一个新局面发生,以无论如何总比旧日好,虽以年辈很老的人尚多半如此,何况青年们!"[①]学生们欢迎罗家伦还因为罗与清华毫无渊源,他们认为只有一个"生人"才能对清华具有"改造热忱",才能"'大刀阔斧'的[地]干起来"。[②]

但是,罗家伦出长清华却遭到清华同学会的强烈反对。清华同学会为清华学校留美归国人员组成,该会在北平、南京、上海等地组建有分支机构。南京清华同学会决定向国民党政府请愿反对罗家伦出任清华校长。[③] 上海清华同学会提出三条颇具攻击性的反对理由:1. 学识肤浅;2. 人格卑鄙;3. 不尊重同学会意见。[④] 华北同学会支会则致电外交部及大学院,认为应重组清华董事会,由董事会推选校长,校长选定之前,"另派熟悉清华情形、并负有相当资望者为临时校长,暂维校务"。[⑤] 他们的根本目的是希望清华由清华人来掌管,极力抵制北大出身的罗家伦。

不过,清华教授对罗家伦出任校长并不感到意外,而是早有心理准备。所以,北伐军进占北京后,他们即估计到清华很可能将由"旧日北京大学一派人当权",他们维护清华的最低要求只限于防止李石曾派的侵入。[⑥] 但是,罗家伦"是乘北伐的余威,打着革命的旗帜,进入清华的"[⑦],浓厚的政治色彩,很不适合教授们的"胃口"。[⑧] 清华教授大多崇尚民主自由,不愿意卷入政治。如早在国民党进占北京之前,西洋文学系教授吴宓即已决定,"他日党化教育弥漫全国,为保全

① 梁启超:《致孩子们》(1927 年 5 月 5 日),张品兴编:《梁启超家书》,北京:中国文联出版社,2000 年,第 473 页。

② 微言:《钱端升先生访问记》,《消夏周刊》第 6 期,1928 年 8 月 13 日。

③ 吴学昭整理:《吴宓日记(1928—1929)》,第 115 页。

④ 《南下代表报告书》,《清华周刊》第 30 卷第 2 号第 443 期,1928 年,第 136 页。

⑤ 《清华校长问题,同学会致电院部陈情》,《大公报》1928 年 8 月 28 日,第 3 版。

⑥ 吴学昭整理:《吴宓日记(1928—1929)》,第 76、95 页。李石曾是即将设立的北平大学区的核心人物。

⑦ 冯友兰:《三松堂自序》,北京:人民出版社,2008 年,第 76 页。

⑧ 蒋廷黻:《蒋廷黻回忆录》,长沙:岳麓书社,2003 年,第 131 页。

个人思想精神之自由,只有舍弃学校,另谋生活。艰难固穷,安之而已”。[①] 这些因素使得日后罗家伦与清华教授之间的关系经常处于一种很微妙的状态。

当清华学生开始驱逐杨光弼等五位教授时,清华很多教授立即怀疑此举为罗家伦所“指使”,认为是“罗允许学生之要求,而利用学生为之摧陷廓清”。[②] 这种怀疑应该不是毫无根据。当时罗家伦的坚决支持者冯友兰就曾说过:“驱逐这些障碍,罗先生来比较好干。”[③]而且,罗家伦长校后,“以革命政府自居”,原有聘书均宣布无效,教职员皆重新颁发聘书,“否则均在斥去之列”。[④] 这种做法无疑使其在清华教授心中的形象大打折扣。当时徐志摩所见到的清华校长罗家伦“全身披挂,威风凛凛,杀气腾腾”[⑤],满口“总司令长,何应钦、白崇禧短”,“令人处处齿冷”[⑥],所呈现的完全是一种居高临下、锋芒毕露的形象。

罗家伦出任清华校长后,将权力高度集中在自己手中。1928 年9月由他起草并经国民政府批准的《国立清华大学条例》赋予校长以“总辖全校事务”的权力,校长独揽教务长(主持全校教务)、系主任(主持各系教务)、秘书长(承校长之命处理全校行政事务)的任命权,对教授、讲师的聘任权也由校长通过握有聘任委员会委员的任命权加以控制。教授会的权力大为削弱,只限于审议“课程之编制”“学生

① 吴学昭整理:《吴宓日记(1925—1927)》,第 363 页。

② 吴学昭整理:《吴宓日记(1928—1929)》,第 122—123 页。所谓“学生的要求”,应该是指大学毕业后出国留学一事。据赴南京欢迎罗家伦的清华学生傅任敢回忆,当时罗家伦拟定的计划书中,有一条为派遣部分毕业生出国留学,后来反对罗家伦长校的清华同学会曾以此来攻击清华学生与罗家伦合作,而这正是清华学生矢口否认的。见傅任敢:《清华改大时二三事》,庄丽君编:《世纪清华》(2),北京:光明日报出版社,2001 年,第 24、25 页。

③ 张朋园等:《郭廷以先生访问纪录》,台北:中央研究院近代史研究所,1987 年,第 188 页。

④ 吴学昭整理:《吴宓日记(1928—1929)》,第 131 页。

⑤ 《致陆小曼》(1928 年 12 月 11 日),虞坤林编:《志摩的信》,上海:学林出版社,2004 年,第 96 页。

⑥ 《致陆小曼》(1928 年 12 月 21 日),虞坤林编:《志摩的信》,第 97 页。

之训育""学生之考试成绩及学位之授予"等事项。[①] 最高权力机构评议会也完全在校长的掌控之中,评议会由校长、教务长、秘书长及教授会互选之评议员四人组成,评议员的选举,因为已预先由"当局布置妥贴",只是例行公事而已。[②]

虽然罗家伦出任清华校长时的姿态非常强势,但他毕竟只是一位年仅三十一岁的后生晚辈,在清华没有任何根基,即所谓"资历既浅又没有学术地位","威望不高"。为了能赢得教授们的合作,罗家伦在就职前曾屡屡向教授们传递善意,如表示将继续聘任与其在文化观点上存在分歧的吴宓,教务长将聘任清华教授赵元任或叶企孙担任,等等,颇能笼络人心,也曾博得清华教授的好感。[③] 罗正式就职后,"励精图治",对清华校务厉行整顿,增聘优良教授,改善教授待遇,逐渐赢得了清华教授的"心悦诚服"。[④] 罗最初也表现出愿意倾听教师的意见,对教授会在学制、教学计划、教师队伍、图书设备、预算分配、大学基金等问题上提出的很多意见,都能予以足够的重视。

1929 年 6 月,由外交部与大学院共同聘任的清华董事会解散,清华从此改隶教育部,并按照新通过的《国立清华大学规程》成立文、理、法三学院,组织体系由此前的校、系两级改为校、院、系三级,文、理、法三学院各设院长一名,"由校长就教授中聘任之"。[⑤] 按照《国立清华大学规程》规定,院长不仅是校务会议的成员,也是校评议会的成员。所以,院长人选非常关键,不仅决定了校长今后能否独揽大权,也决定了清华教授治校制度的存亡绝续。

教授会认为"院长作为各学院教学、学术工作的领导人,应由教

---

① 《国立清华大学条例》,清华大学校史研究室编:《清华大学史料选编》第 2 卷,北京:清华大学出版社,1991 年,第 140 页。

② 吴学昭整理:《吴宓日记(1928—1929)》,第 157 页。

③ 吴学昭整理:《吴宓日记(1928—1929)》,第 116 页。

④ 吴学昭整理:《吴宓日记(1928—1929)》,第 135 页。

⑤ 《国立清华大学规程》,清华大学校史研究室编:《清华大学史料选编》第 2 卷,第 143 页。中国文学系、外国语文系、哲学系、历史学系、社会人类学系隶属文学院,物理学系、化学系、算学系、地理学系、生物学系、心理学系、土木工程学系隶属理学院,法律学系、政治学系、经济学系隶属法学院。

授会公开选举,但为了符合组织法的规定,可于选举后再由校长任命”。[①] 教授会通过议案,正式向罗家伦建议“各院院长由教授推举、校长聘任”。[②] 也就是说,校长只能就教授会推举的院长人选进行任命。最初,罗家伦并不希望自己法定的校长权限受到侵犯,而教授会也固执己见。但最后经过协商,双方都作了让步。罗家伦表示愿采纳教授会意见,院长人选“由教授会拟选”,但希望每位院长选举二人,再由校长在其中择一任命,“俾章程及教授会意见均可顾到”。[③] 对此,教授会虽表示同意,但要求罗家伦在任命时必须充分考虑当选票数的多少。[④] 从后来实际的结果看,教授会推选的文、理、法三学院院长人选及得票数分别为:文学院杨振声 16 票、金岳霖 7 票、冯友兰 7 票,理学院叶企孙 22 票、高崇熙 7 票,法学院陈总(陈岱孙)19 票、吴之椿 17 票,罗家伦最终任命的文、理、法三学院院长分别为扬振声、叶企孙、陈岱孙,都为得票较多者,充分尊重了教授会的意见。[⑤] 经过这样的妥协,罗家伦与教授会之间最终得以相安无事。

罗家伦长校后,紧锣密鼓地出台了一系列的改革举措,如改良校政、增聘优良教授,增加图书、设备等,“已具有相当成绩,且向一定之方向,尽力进行”,[⑥]为清华以后的发展奠定了坚实的基础,所作出的贡献可谓有目共睹。但是师生们对罗家伦仍然不无微词,认为他“话说得太多,且亦欠妥当,不大像是一位从事学术研究的人”,“大家对

① 陈岱孙:《三、四十年代清华大学校务领导体制和前校长梅贻琦》,原载《文史资料选编》第 18 期,1983 年,收入《陈岱孙文集》(下),北京:北京大学出版社,1989 年,第 481—482 页。

② 《教授会议记录》(第七次会议,1929 年 6 月 6 日),清华大学档案,全宗号 1,目录号 2—1,案卷号 5:1。

③ 《教授会议记录》(第八次会议,1929 年 6 月 20 日),清华大学档案,全宗号 1,目录号 2—1,案卷号 5:1。

④ 陈岱孙:《三、四十年代清华大学校务领导体制和前校长梅贻琦》,原载《文史资料选编》18 期,1983 年,见《陈岱孙文集》(下),第 481—482 页。《教授会议记录》(第七次会议,1929 年 6 月 6 日),清华大学档案,全宗号 1,目录号 2—1,案卷号 5:1。

⑤ 《教授会议记录》(第八次会议,1929 年 6 月 20 日),清华大学档案,全宗号 1,目录号 2—1,案卷号 5:1。清华大学校史研究室:《清华大学九十年》,第 49 页。

⑥ 《清华风潮之经过,学生五人启事欲讨论校长问题,教务长发出长篇布告晓谕学生,结果组织提案委员会陈述意见》,《华北日报》1929 年 3 月 25 日,第 5 版。

他的批评不太好”。[①] 学生们既肯定罗家伦“作事是敢行的，是过于积极的，虽然不免有些小尝试的未成功，但由此经验可以取师将来，益可使清华建设得法”，但同时又希望他“‘多作事，少说话’，与其未作就说，不如作了再说”。[②] 罗家伦个性张扬，“好自炫”，每逢清华请校外人士演讲，他总要在最后续上一篇大论，“以示博学”。[③] 他还曾创作诗词一首，想以此取代原来的清华校歌，“不无炫耀才华、过露锋芒之处”。[④] 罗家伦这一举动在清华同学会中引起了强烈的反感。他们认为罗家伦更改校歌，“就好像满清推翻，民国成立，必为民国另制五色国旗一个样儿”，表明罗家伦“想造成自己独一个人的一派势力”，“欲破坏清华前后一贯的生命”。[⑤] 蒋廷黻是罗家伦费尽心思从南开大学挖过来的教授，作为罗阵营中的一员，对罗家伦的个性看得更为真切，他也认为罗是“一个在各方面都喜欢展露才华的人”，“此种个性使他得罪了很多教授”。[⑥]

罗家伦也不乏自知之明，非常清楚自己生性“爱立异妄谈”，早在1925年求职时，他心目中理想的任教学校是北大而非清华，在他看来，北大多少有点“自由研究、讨论发表之空气”，“立异妄谈”是没有问题的，但在清华这样做的结果只能是“不出三月而被逐”。[⑦] 这与吴宓的看法不谋而合：“我观罗家伦虽欲有所作为，然其人与清华传统格格不入，将来必难久居。只有冯友兰君，虽系罗氏‘四巨头’之一，揆其性情，必能在清华大展宏图。”[⑧]罗家伦与清华传统氛围不相融

---

① 《清华校友张人杰访问稿》，清华大学校史馆藏。转引自苏云峰：《清华校长人选和继承风波（1913—1931）》，载《中央研究院近代史研究所集刊》（台湾）1982年第22期。

② 芷君：《校事杂谈》，《国立清华大学校刊》1929年9月25日，第4版。

③ 董兆风：《毕业七十年后的回忆》，孙哲主编：《春风化雨：百名校友忆清华》，北京：清华大学出版社，2011年，第45页。

④ 浦薛凤：《万里家山一梦中（浦薛凤回忆录）》，合肥：黄山书社，2009年，第154页。

⑤ 屠敬：《清华与封建》，《大公报》1930年6月25日，第3张第11版。

⑥ 蒋廷黻：《蒋廷黻回忆录》，长沙：岳麓书社，2003年，第131页。

⑦ 罗久芳编：《五四飞鸿：罗家伦珍藏师友书简集》，天津：百花文艺出版社，2010年，第50页。

⑧ 蔡德贵：《择善而从——季羡林师友录》，杭州：杭州大学出版社，2005年，第115页。

洽，难以树立威信，不能不影响到他在清华的办学成效。

罗家伦是一个具有远大政治抱负的人。[①] 他希望自己将来能被公认为于中国"时代的进步程序中"，"有坚实贡献，有真正影响，少不了的一个人"。[②] 罗家伦既是"国民党忠实党员"，"也是教育界优秀的学者"[③]，集政治与学术于一身，出长清华更让他肩负着政治与学术的双重使命。由罗家伦草拟、国民政府核准颁布的《国立清华大学条例》总纲第一章第一条规定清华大学"以求中华民族在学术上之独立发展，而完成建设新中国之使命为宗旨"。不久，罗家伦又在就职誓词中郑重声明："清华要成为真正的大学，首先应该学术化；一个民族要独立，一定要学术能够先独立。"[④]在其后就职典礼的演讲中，罗家伦再次对谋求清华学术化的宗旨加以阐发："国民革命的目的是要为中国在国际间求独立、自由、平等。要国家在国际间有独立、自由、平等的地位，必须中国的学术在国际间也有独立、自由、平等的地位。"罗希望全体师生"共同努力，为国家民族，树立一个学术独立的基础，在这优美的'水木清华'环境里面"，"造成一个新学风以建设新清华！"[⑤]

罗家伦认为大学要从培养知识的人格着手，才能企图对于人类知识总量的贡献，增进人类的幸福，开辟民族生存的前途。[⑥] 这种所谓知识化的人格，就是将所学习、研究的知识溶化到自己的人格里，

---

① 方东美：《"但有凋谢无死亡"的罗志希先生》，《传记文学》(台北)第30卷第1期，1977年，第19页。

② 罗久芳：《罗家伦与张维桢——我的父亲母亲》，天津：百花文艺出版社，2006年，第111页。

③ 蒋廷黻：《蒋廷黻回忆录》，长沙：岳麓书社，2003年，第131页。

④ 罗家伦：《我和清华大学》，罗家伦先生文存编辑委员会编：《罗家伦先生文存・日记与回忆、艺文》，台北：国史馆、中国国民党中央委员会党史委员会，1989年，第399页。

⑤ 罗家伦：《学术独立与新清华》(1928年9月18日在国立清华大学校长就职典礼时的演讲)，罗家伦先生文存编辑委员会编：《罗家伦先生文存・演讲》(上)，第18、23—24页。

⑥ 罗家伦：《清华大学之过去与现在》(1929年9月18日在国立清华大学开学典礼的演讲)，《罗家伦先生文存・演讲》(上)，第59页。

使自己的人格受科学的洗礼，从而养成一种领导时代的健全的人格。[①]

要使学生养成知识化的人格，首先必须获得知识。罗家伦认为，知识的内容应该包括学问和智慧两部分。学问是指民族过去的经验和才智，可以吸引人生的兴趣，是一种滋养人生的原料，但学问又是“寸积铢累”“各有疆域、独自为政”的，必须通过智慧进行“透视”“运用”，才能烛照人生的前途。所以学问是不能离开智慧的，没有智慧的学问是死学问。[②] 而且，智慧也不能离开学问，无学问的智慧只是“浮光掠影，瞬起瞬灭”，只有从学问中产生的智慧才“最靠得住，最为精彻，最为宝贵”。[③]

罗家伦非常欣赏培根所说的一种“蜜峰式”的求知方法，即“所接触的知识很多，却博而能约，造成最有用的智慧，就像蜜蜂采蜜，把百花的菁华采集在一起，成为宝贵的蜜糖”。他认为“求知识不仅在获得学问，还要像蜜蜂采蜜一样，将所获得的学问造成智慧之花。这智慧就像中刀的锋或剑的芒，是世界上最有用的东西”。所以，要使民族文化即过去的经验和才智得以发扬光大，则不仅要有学问，而且要有智慧。[④]

罗家伦主张求知贵在“博而能约”，其中的“博”并不是杂乱无章的知识的泛滥，而应该是指一种有组织的知识体系或结构，唯有以这种广博为基础才能走向精约。这种观念在他对大学学科建设的态度上得到了反映。罗家伦注重大学基础学科的建设，主张以文、理学科为大学教育的核心。“文哲是人类心灵能发挥得最机动、最弥漫的部

---

① 罗家伦：《养成一种领导时代的健全人格》（1929 年 7 月 6 日在国立清华大学毕业典礼时的演讲），《罗家伦先生文存・演讲》（上），第 53—54 页。

② 罗家伦：《学问与智慧》（1938 年 12 月 19 日、1939 年 1 月 23 日在国立中央大学总理纪念周的演讲），《罗家伦先生文存・演讲》（上），第 692、694 页。

③ 罗家伦：《学问与智慧》（1938 年 12 月 19 日、1939 年 1 月 23 日在国立中央大学总理纪念周的演讲），《罗家伦先生文存・演讲》（上），1988 年，第 694 页。

④ 罗家伦：《教育的理想与实际》（1942 年在中央训练团的演讲），罗家伦先生文存编辑委员会编：《罗家伦先生文存・演讲》（下），第 166 页。

分,社会科学都受他们的影响。纯粹科学是一切应用科学的基础,也是源泉”,“当不求功利,力为提倡,以增进人类文化”。[①] 他的这种观念主要是受蔡元培的影响,后来在德国留学时又得到了进一步加强。罗家伦认为研究学问,要重视工具,“根本学课,都是工具,文字也是重要的工具”。[②] 要重视基础知识,“断没有基础不好,而可以建高楼大厦的”。所谓基础知识主要包括中文、外语、数学、史地、理化等,“中国文,既然是中国人,当然要通;外国语是近代人求知识的捷径,数学是自然科学的基础,都需要重新整理。其他如中外史地、理化,也都是中学里的课程,现在更不应该放过。现在若侥幸、偷懒,将来就没有法子补救了。千万不要到了将来(二、三年级),再后悔,说读不上去了,岂不晚了?”[③]

在罗家伦提出的清华学术化计划中,学术专精也是其关注的重点。罗家伦长校初期的关注点在于充实各系内容,增加高深科目,促使清华往专精的方向发展。如第一年即促使各系增设高深科目共50余种,第二年又开始设立研究院,推进高深学术研究。但罗家伦所注重的专精并不是完全囿于狭隘的专业范围内,而是以学科体系为出发点的专精。他认为从事科学工作的人,因为研究专门的东西,最容易囿于一个狭小的范围,把大者、远者反而遗忘了;专家是“一个人在最小的范围以内,知道最多的东西”,所以专靠专家来谋国,是可以误大事的。[④] 他提倡“学科学的人,对于文学的知识,亦应该知道一点;学法学的人,对于科学的知识,亦应该晓得一点”,因为“文化是整个

① 罗家伦:《学术独立与新清华》(1928 年 9 月 18 日在国立清华大学校长就职典礼时的演讲),罗家伦先生文存编辑委员会编:《罗家伦先生文存·演讲》(上),第 20 页。

② 罗家伦:《学问、经验、人格》,《中央政治学校校刊》第 56 期,1935 年 4 月 1 日,《罗家伦先生文存·演讲》(上),第 293 页。

③ 罗家伦:《求学的态度》(1938 年 12 月 6 日国立在中央大学柏溪分校的演讲),罗家伦先生文存编辑委员会编:《罗家伦先生文存·演讲》(下),第 659、660 页。

④ 罗家伦:《学问与智慧》(1938 年 12 月 19 日、1939 年 1 月 23 日在国立中央大学总理纪念周的演讲),《罗家伦先生文存·演讲》(上),第 697 页。

的”。[①]

在文、理各科中，罗家伦并不强分界域，而是力主相关学科之间的贯通和相互借鉴。对于国学，他主张“用科学方法去整理，哲学态度去分析，美学眼光去欣赏”；关于地理，他主张“不仅要从文史上谈论地理，我们要在科学上把握地理。把我们这片庞大的疆域，用科学的方法，作有系统的整理。不是从书本上作纸上谈兵，而是从地形学、地文学、测量学、制图学乃至航空测量学，以得到精密可靠的地理知识。”陈寅恪曾称赞罗家伦为“对中外学术都知道途径的人，在清华的校长之中，实在是没有过！以后恐怕也不会有了”。[②]

思想的训练和启发是通过智慧运用学问的重要环节。罗家伦认为教育最大的功用就是启发和训练人的思想。思想的训练必须注重四个方面：1. 去蔽；2. 分析，包括事物和观念的分析；3. 综合，将分析的结果组成一个完整的系统；4. 远瞻。[③] 罗家伦认为思想方法的训练可通过学习逻辑、科学方法论，尤其是数学加以实现。罗家伦自己并不擅长数学，考北大时数学成绩为零分，最后是以国文满分的成绩被破格录取。[④] 罗家伦对数学重要性的认识可能来自于其在东南大学的同事方东美的建议。方东美建议罗家伦要办好清华理学院，首先要办好数学系。因为他发现当时中国自然科学界对数学训练的不足，影响了对世界学科前沿的认知和追踪。[⑤]

罗家伦认为，“大学的授课不是一种灌输的事业，还应培养学生对于学术，对于真理的兴趣，使其与所受的材料合而为一。所以大学

---

① 罗家伦多：《整顿中大的几项重要措施》(1932 年 10 月在国立中央大学总理纪念周报告)，《罗家伦先生文存・演讲》(上)，第 247 页。

② 毛子水：《博通中西、广罗人才的大学校长》，《传记文学》(台北)第 30 卷第 1 期，1977 年。

③ 罗家伦：《学问与智慧》(1928 年 12 月 19 日、1939 年 1 月 23 日在国立中央大学总理纪念周的演讲)，罗家伦先生文存编辑委员会编：《罗家伦先生文存・演讲》(上)，692、694 页。

④ 陈华东：《我所知道的早年罗家伦先生》，《书屋》2015 年第 2 期。

⑤ 方东美：《“但有凋谢无死亡”的罗志希先生》，《传记文学》(台北)第 30 卷第 1 期，第 20、21 页，1977 年。

的授课，不是机械的，而是富有想象力的；不管是如何枯燥的学问，都应'活泼地'以全力去寻求他[它]"。大学的教授必须以创造的想象力来激发学生创造的想象力，"使知识的远景反射在人生里面，人生的兴趣融化在知识里面，这样才能造成'知识的人格'"。① 这很可能是受到美国普林斯顿大学研究院教学方法的启发。1923 年，罗家伦曾入该校研究院为研究生，该校教授与学生"一同寄宿，一同吃饭，一同看报，一同谈笑，四周皆学者空气"的亲密关系，给他留下了深刻的印象。②

罗家伦深受美国教育家杜威教育思想的影响。1919 年杜威来华讲学时，他曾为杜威任记录达数十次之多，自认为对杜威"有较深之了解"，"获益甚多"，其中最深刻的印象为杜威"反对形式的教育、灌输的教育，主张自动引伸式的教育"，"以引伸的方法，来发展人类的潜伏之思想、能力、智慧"，主张"因人施教"。③ 而且，罗家伦认为"教师的学问固然要精深渊博，而其个人的人格，也要纯洁高尚才行"。因为师生关系"除了知识技能的传授以外，更有人格的接触极其重要"，"不然的话，教员尽可以睡在床铺上用播音的方法去教授学生，一个教员就可以教得千万的学生了，岂不是最经济的办法吗？不过这一种只可说是一种知识的灌输，不能算是一种完全的教育"。④

综上所述，罗家伦的教育理念吸收了各方面的精华，极其新颖，包含注重学习基础知识、文理兼通、思想的训练、智慧的获取、个性化的教学方法及教师对学生的人格影响等各个方面，已然是通才教育理念的集大成者。

---

① 罗家伦讲，木公记：《清华大学之过去与现在》，《国立清华大学校刊》1929 年 9 月 20 日，第 3、4 版。又见罗家伦先生文存编辑委员会编：《罗家伦先生文存 · 演讲》(上)，第 59 页。

② 罗久芳编：《五四飞鸿：罗家伦珍藏师友书简集》，天津：百花文艺出版社，2010 年，第 33—34 页。

③ 罗家伦：《杜威思想》(1952 年 6 月 2 日对中央日报记者谈话)，罗家伦先生文存编辑委员会编：《罗家伦先生文存 · 演讲》(下)，第 424 页。

④ 罗家伦：《亡国的教育现状》(1933 年 4 月 16 日在中央政治学校总理纪念周的演讲)，罗家伦先生文存编辑委员会编：《罗家伦先生文存 · 演讲》(上)，第 310 页。

第二节　课程设置的系统化

课程设置是实施通才教育的重要途径，通才教育所强调的知识的完整性、整体性都必须通过所设置的各类课程来加以体现。罗家伦在校期间，强调课程设置要有组织、有计划，对清华的课程设置进行了调整。各系课程皆由系主任、教授重新修订，规定各年级学生的必修、选修科目，以及各系每年所必须开班的课程，而不是全凭任课教师个人决定。[①] 这样，公共必修课程、他系必修课程、他系选修课程紧紧围绕本系学科要求进行设置和选修，使得各课程之间的关系更为紧密，课程设置更为系统化，弥补了追求拓宽知识面所引起的课程结构松散的弊端。

一、公共必修课程

1928 年秋罗家伦出长清华后，首先对学系设置进行了调整。1929 年初制定的《国立清华大学学程大纲》载明，清华大学设中国文学系、外国语文系、哲学系、心理学系、算学系、物理学系、化学系、生物学系、历史学系、地理学系、政治学系、经济学系、社会人类学系等十三学系，其中地理学系为新组建，心理学系和社会人类学系分别由原有的教育心理学系和社会学系改建而成。此外，市政工程系经过裁撤风波后改称土木工程系重新设立。所以罗家伦长校后的清华大学实际设有十四学系。“学程大纲”规定学生应就所设各学系“选定其一，以专攻习”，同时保留了以前的办法，设置全校公共必修课程。公共必修课包括六门课程：国文、英文、甲组学科、乙组学科、体育、军事训练，其中国文和英文各 6 学分，必须在第一年修习，甲组学科和

---

① 《整理校务之经过及计划——罗校长上董事会之报告》，《国立清华大学校刊》，1928 年 11 月 23 日，第 1、2 版。

乙组学科则可在第一年或第二年修习。甲组学科包括物理、化学、生物、逻辑，可任选其中一门修习，共8学分；乙组学科包括政治、经济、社会、历史、现代文化，也是任选一门修习，共6学分；体育在四年间每年都要修习，每年2学分，共8学分；军事训练每年4学分，第一、二年选修（第三、四年也可选修），共8学分。[①] 按规定，学生在四年中必须修满除体育、军事训练之外的136学分才可毕业，四门公共必修课程24学分，约占总学分数的18%。

如果将清华的公共必修课程设置与同时期的中央大学作比较，其特征更为显著。1930年中大全校共同必修课设有党义、国文、英文、军事训练、体育等，都是按1929年教育部颁发的《大学规程》设立，另外各系按学科要求另设共同必修课程，即使同一学院的所属各系共同必修课程也各不相同。如文学院中文系、外文系皆要求学生必修论理学，而同属文学院的史学系则无需修习此课。[②] 显而易见，清华的公共必修课程在打通文理方面有更明确的目标。兹录清华公共必修课程教学内容和目标如下[③]：

> **大一国文**
>
> 欲使学者窥见各时代模范作品之大要，并时时督之练习作文，以启发其思想，磨练其技术。
>
> **第一年英文**
>
> 本学科之主要目的，在培植学生之英文根柢，使能通熟应用。首先注重温习文法，及矫正发音；又就会话，默写，尺牍，作文诸端，多多练习，俾学生咸能以英文表达其思想，自然、正确而无困难。

---

① 《学系学程总则》，《国立清华大学学程大纲》（1929年）。每学期每周上课一小时，或试验两小时者为一学分。

② 《国立中央大学一览·文学院概况》，1930年，第1、2、20、21、45、46页。《国立中央大学一览·理学院概况》（1930年），第9页。

③ 《学系学程总则》，《国立清华大学学程大纲》（1929年）。

论理学(逻辑)

本学科为普通论理学，上学期以演绎为主，下学期以归纳为主，每周讲演一小时，练习两小时，选习者除上课外，每周须作课外报告一次。

大学普通物理

本学程目的在使学者确切了解物理学之基本观念，并发展其运用之本能。演题为本学程之主要部分，实验注重精密。

普通化学一

本学科与普通化学二性质大致相同，上学期为普通化学，下学期为定性分析，惟普通化学兼重于物质变化方面，所包括之原则原理则由浅入深。

普通化学二

本学科上学期为普通化学，下学期为定性分析，普通化学多重视原则、原理及科学方法，如原子论、溶液、游子论、平衡及胶体物等等，所包含之原则、原理皆证以主要试验，佐以课堂讨论，使学之概念易趋明瞭，定性分析包括金属类分析，酸基分析及普通无机物之定性分析。

普通生物学

本学程之内容为：(一) 生物学基本原理，(二) 植物学基本常识，(三) 动物学基本常识，以上三部各占全年时间三分之一。

中国通史

本课程亦为一年修毕，自远古至现代进述历史各民族之盛衰，政治之沿革，经济之伸缩，学术思想之变迁，社会之状况及学术之交互影响，系与一年修毕之西洋通史同。

西洋通史

本课程为他系学生选习西洋通史者而设，一年讲毕，自史前以至最近，注重构成西洋文物政教之主要成分，为由纵而研究西洋文化之阶梯。

政治学概论

本科目为研究政治学必修之初步，求读者认识基本的政治制度，政治现象，政治势力及政治观念。内容次序如下：一、政治学本身之性质与范围；二、国家之性质；三、政府之组织；四、民治问题。国家之性质与政府之组织为本科最重要部分。

经济学概论

说明、讲解经济学之基本观念及原理，简论现代经济组织及各项经济问题。

社会学原理

其主要目的在使学生明暸社会学之性质范围及原理，内容大致如下，一、社会演化之原则及步骤，二、社会发展之原素如人种及环境等，三、社会制度如家庭等，四、社会制裁如法律等，五、文化之分析，如科学美术宗教等。

现代文化

目的在使学生了解文化之分析，及当今切要问题，内容如下：(一) 文化学说，(二) 文化之原素，(三) 文化之历史分析，(四) 文化之变迁如科学革命，社会革命等，(五) 文化上之重要问题如阶级斗争，人种问题等。

罗家伦任校长期间，公共必修课程的调整主要体现在以下两个方面：

其一为在甲组学科中增加论理学(逻辑)一门。逻辑是“关于一般知性或理性的必然法则的科学”，是“关于一般思维的单纯形式的科学"。[①] 逻辑是"训练人教他能一步一步的想"。[②] 这一调整应该是罗家伦提出来的。罗家伦非常注重对学生思维的训练,他认为"思想有训练,学问才有进步"[③],只有学问有了进步,才能谈得上"求中华民族在学术上之独立发展",既然逻辑是"训练思想的科学",添设逻辑课也在情理之中。但是,在甲组学科中增设逻辑课以后,文法类学生有了更多的选择余地,纷纷以逻辑课来代替普遍认为比较艰深的自然科学课程,以至于逻辑课一时人满为患。如外国语文系学生季羡林即因物理、化学基础差,选择以逻辑代替自然科学。[④] 针对这一现象,有些学系规定不能相互代替,如哲学、政治、经济三学系规定各该系学生除必修逻辑外,还必须在物理、化学、生物三门自然科学中再选习一门。[⑤] 为此,政治、经济两系还特别做出决定,要求 1929 年入学的新生必修论理学(逻辑),且必须在物理、化学、生物三门自然科学中选修一门;二年级学生已经选修自然科学的,还必须另外选修论理学(逻辑),没有选修自然科学的,则可以论理学(逻辑)代替自然科学;仅三、四年级学生可用自然科学和论理学(逻辑)相互代替。[⑥] 公共必修课程中设置自然科学的目的是为了训练学生观察和实验的能力,那些选择以逻辑替代自然科学的学生,观察和实验的能力也就不能受到很好的训练,放弃了一次知识结构上实现文理贯通的契机。

其二为增加军事训练一课。一般要求在大学前两年修习,但后两年也可选习,每年 4 学分,共 8 学分。另外,体育学分由原来的每学年 4 学分减为 2 学分。1929 年清华改隶教育部后,增加党义一门

---

① (德)康德著,许景行译:《逻辑学讲义》,北京:商务印务馆,1991 年,第 2 页。

② 冯友兰:《国立清华大学各系系统讲演录·哲学系》(1932 年 4 月 18 日纪念周讲演),冯友兰:《三松堂全集·教育文集》第 14 卷,郑州:河南人民出版社,2001 年,第 117 页。

③ 罗家伦:《求学》(1932 年在中央政治学校的演讲),罗家伦先生文存编辑委员会编:《罗家伦先生文存·演讲》(上),第 251 页。

④ 蔡德贵整理:《季羡林口述史》,西安:陕西师范大学出版社,2010 年,第 105 页。

⑤ 《国立清华大学本科学程一览》(1929 年至 1930 年度),第 25、26、123、124、137 页。

⑥ 《教务处通告》,《国立清华大学校刊》1929 年 9 月 16 日,第 2 版。

课程，为2学分，同时将军事训练由每年4学分减为3学分，公共必修课中甲组学科的物理课时有所增加，学分由8学分增加到10学分。[①]

由于公共必修课程中甲组学科（物理、化学、生物、逻辑）和乙组学科（政治、经济、社会、历史、现代文化）列有多门课程以供选择，各学系依照各自的课程安排，对学生选修公共必修课程的要求也各不相同。若甲、乙两组课程中列有本系所开课程，则此一课程必列为该系必选课。如物理系、化学系、生物系、哲学系、政治系、经济系、历史系、社会人类学系皆要求本系学生选修两组学科中的相应本系课程。除此之外，一些学系还要求学生必须在该组其余课程中另选一至两门课程，如化学系要求在甲组学科中另选物理，生物系要求另选化学，哲学系要求在除逻辑以外的甲组三门课程中另选一门，政治系要求另选经济概论，经济系要求另选政治概论和西洋通史。[②]

各学系对于两组中貌似与本系无直接关系的课程一般不作指定，由学生自由选修，如中国文学系、外国语文系、历史学系未指定甲组学科，物理系、化学系、算学系、哲学系、心理学系则未指定乙组学科。一些学系虽未在甲、乙两组列有本系课程，但仍在其中指定了选修课程，如地理学系要求学生选修甲组学科中的物理和生物，在乙组学科中指定选修西洋通史的同时，还要求在其中再另选一门课程；心理学系指定选修甲组学科中的物理、化学和生物；算学系在甲组学科中指定逻辑和物理作为必修课程；社会人类学系指定选修甲组学科中的生物学；土木工程系指定选修甲组学科中的化学、乙组学科中的经济概论；中国文学系指定选修乙组学科中的中国通史，同时还要求另在乙组学科其余课程中再选修一门；外国语文系指定选修乙组学科中的西洋通史；政治系和经济系均指定选修甲组学科中的逻辑，同

---

① 《国立清华大学本科学程一览》（1929年至1930年度），第1—2页。

② 参见《国立清华大学学程大纲》，1929年。《国立清华大学本科学程一览》（1929年至1930年度）。

时还必须在甲组其余课程中再选一门。[①] 与罗家伦长校前相比，指定选修甲、乙两类公共必修课程的学系有所增加，所指定的课程也有所增加。概而言之，各系对于甲、乙两组公共必修学程的选修一般总是与本学科的要求紧密结合，充分发挥了公共必修课程夯实和拓宽学科基础的作用。

由于各学系要求甲、乙两组公共必修学程的选修须围绕本学科进行，结果出现了某门公共必修课程总是由某类学院学生选修的现象。通过对1930年入学的75名学生选修甲、乙两类公共必修课程情况的统计发现，这种现象非常显著。论理学（逻辑）选修者主要集中于文学院和法学院，物理、化学选修者集中于理学院，生物选修者集中于法学院和理学院，政治学概论选修者集中于法学院，经济学概论选修者集中于法学院和理学院，中国通史和西洋通史选修者集中于文学院，社会学原理选修者集中于法学院。文、法学院选习物理、化学的学生极少，法、理学院选习历史的人也极少。这一现象表明，这种甲、乙两类公共必修课程的设置办法，虽然有利于学科的系统化，但也转而削弱了其作为沟通文理学科桥梁的功能。

表4-1　1930年度部分学生甲、乙两类公共必修课程选修人数统计表[②]

课程名称		文学院（20人）	法学院（17人）	理学院（38人）	总人数（75人）
甲类必修课程	大学普通物理		3	34	37
	大学普通化学		2	33	35
	大学普通生物	2	15	8	25
	论理学（逻辑）	19	12	4	36

① 参见《国立清华大学学程大纲》，1929年。《国立清华大学本科学程一览》（1929年至1930年度）。

② 此表数据据中国第二历史档案馆藏教育部档案统计汇总得出，全宗号：五，案卷号：6188(3)。

（续表）

课程名称		文学院（20人）	法学院（17人）	理学院（38人）	总人数（75人）
乙类必修课程	政治学概论	3	16	1	20
	经济学概论	1	16	33	50
	社会学原理	1	7	4	12
	中国通史	6	2	1	9
	西洋通史	15	3	3	21

二、他系必修和选修课程

1929年初制定的“学程大纲”规定大学学科分必修学科与选修学科。在各系的课程设置上，必修学科包括本系学科和他系学科，选修学科也包括本系学科和他系学科。考察各系所设置的他系必修科和选修科在一定程度上可以了解该学系的学术发展取向和人才培养目标。

中国文学系必修课程中列有“西洋文学概论”“西洋文学各体研究”等两门外国语文系学程，这与系主任杨振声所持的“新文学”观念有很大的关系。杨提出清华中国文学系设立的目的为“创造我们这个时代的新文学”，所以“一方面必须注重研究我们自己的旧文学，一方面再参考外国的新文学”。他认为“要参考外国文学，也就是要找新的营养”，“这也与我们借助他们的火车、轮船、飞机是一样的，借助于他们的机械来创造我们的新国家，同时也借助他们的艺术来创造我们的新文学”。[①]“我们对于中国文学的将来，只能多多供给他些新营养、新材料、新刺激，让他与外国文学自由接触，自由渗透，自由吸收。他取精用宏，自然会发扬光采……把中外文学打成一片，让他们起点化合作用，好产出新花样来。”[②]外国语文系必修课中列有西洋哲

① 《各系学程表附学科内容简略说明·中国文学系》，《国立清华大学学程大纲》（1929年），第2、3、6页。

② 《中国文学系消息》，《国立清华大学校刊》1929年9月16日，第5版。

学史等哲学系课程,这也是该系人才培养目标的反映。该系学程总则明示其目标为使学生能“成为博雅之士”,“了解西洋文明之精神”,“汇通中西之精神思想而互为介绍传布”等等。[①] 哲学系将心理学系的普通心理学列为必修课,[②]是出于一种学术取向的考虑。清华哲学系注重西方的逻辑学,希望将自身打造成东方的剑桥学派,“已是全中国都知的事实”。[③] 普通心理学研究的是人的心理,逻辑学研究的是人的思维方式,人的心理与思维有着非常密切的关系。

政治学系将社会学系的社会学原理、历史系的中国近代百年史、西洋近百年史、经济学系的财政学及其他任一门课程列为必修课。[④] 这充分体现了系主任吴之椿的治学理念。吴之椿认为“政治学对象的范围是很广的,学政治学的人,应当同时注重经济与历史。经济学系与历史学系的功课,应当在时间许可内尽量的选习。不知近代经济的组织,不能明瞭现代的政治状况;不知历史的事实,不能了解现代政治的演变。譬如政治学告诉我们如何选举,这不过是一个孤立的事实。但是选举的意义何在,议院制度之沿革与将来,那就非知道经济与历史不可。要求解决将来的政治问题,更非注重经济与历史不可”。[⑤] 他认为“政治学是社会科学之一,它若是要达到一种相当可靠的程度,也必须借重于别的社会科学的努力”;“自然科学之中与政治学有最密切关系的是生物学”,“人类是生物,其一切的现象皆与生物学有关。故社会科学应当以生物学为其基础。政治学是社会科学

---

① 《各系学程表附学科内容简略说明·外国语文系》,《国立清华大学学程大纲》(1929年),第2、4页。

② 《各系学程表附学科内容简略说明·哲学系》,《国立清华大学学程大纲》(1929年),第2页。

③ 张申府:《哲学系概况》,《清华周刊》第41卷第13、14号第588、589期(向导专号),1934年6月1日,第21页。

④ 《各系学程表附学科内容简略说明·政治学系》,《国立清华大学学程大纲》(1929年),第1—3、7、8页。

⑤ 吴之椿:《政治学系》,《消夏周刊》第6期(欢迎新同学专号),1930年9月1日,第68、69、70页。

的一部份(分),也自然不能脱离生物学的基础”。[①] 他希望学生们通过广泛的涉猎,“磨练出自己的眼光与判断力,使自己在将来无论在学问上或政治上,能够独立”。[②]

另一些学系将他系学程列为必修课则应是出于夯实基础知识和加强工具训练的考虑。如物理系必修微积分、微分方程,化学系必修微积分,社会人类学系必修统计学,心理学系必修高等数学、统计学、比较解剖学、动物生理学,土木工程系要求选修微积分,心理学系要求在第一、二年选修物理、化学、数学和生物学等四种自然科学。[③] 另外,外语也是一些学系非常注重的课程,所谓“多会一种语言,便可多历一番新天地”。[④] 如中国文学系规定学习两年英文,哲学系要求选习德文或法文,历史系、算学系、土木工程系要求学习第二外语,化学系要求选习两年德文,政治学系要求学习三年英文,经济学系要求学习两年英文。[⑤]

各系除了设置一些他系必修课外,还留出课时以便学生按照学科需要或个人兴趣自由选习一些本系和他系课程,选修学程规定在系主任指导下进行,每学年以 40 学分为最高限度;成绩特别优秀的学生经系主任许可,可于最高限度外多选 4 学分。[⑥] 各系选修他系学程或按人才培养目标,或按学术取向,并通过设立一个他系课程大概选修范围或列举一些他系课程来指导学生选课。相比较而言,经济系、政治系自由选习的学分最多,约 50 至 60 学分;哲学系、物理系、

① 吴之椿:《政治学与自然科学》,《清华周刊》第 41 卷第 11、12 合期,1934 年。

② 吴之椿:《政治学系》,《消夏周刊》第 6 期(欢迎新同学专号),1930 年 9 月 1 日,第 68、69、70 页。

③ 《国立清华大学学程大纲》(1929 年)。《国立清华大学本科学程一览》(1929 年至 1930 年度)。罗香林:《回忆梅月涵校长》,《清华校友通讯》新 40 期,1972 年,第 23、24 页。

④ 朱自清:《中国文学系概况》,《清华周刊》第 35 卷第 11、12 号第 514、515 期(向导专号),1931 年 6 月 1 日,第 950 页。

⑤ 参见《国立清华大学学程大纲》(1929 年),《国立清华大学本科学程一览》(1929 年至 1930 年度)。

⑥ 《本学年第一次系主任会议纪录》,《国立清华大学校刊》,1929 年 9 月 16 日,第 4 版。

心理学系次之，他系选修与本系选修合计约60学分，中国文学系、化学系、算学系、历史系、地理学系约20至30学分，外国语文系最少，约10余学分。

经济学系将哲学概论、中国哲学史、西洋哲学史、心理学引论、心理各科概论、微积分、西洋通史、西洋近百年史、中国近百年史、中国外交史、社会学原理、社会思想史、劳工问题、贫穷问题、人口问题、现代文化、人文地理、经济地理、政治概论、近代政治制度、市政论、地方自治制度、国际公法、世界政治大势、中国政治思想史、西洋政治思想史、近代政治思潮、行政管理、商法等众多学程列入他系选修课程，规定至少在其中选习12学分，目的是使学生树立在社会科学范围内“自由教育”的根基。经济学系希望学生按两种方法选习课程，一种为“在专门中求泛涉”，另一种为“在泛涉中求专进”。“在专门中求泛涉”指个人按性之所近多选习他系课程，侧重于知识面的拓宽；“在泛涉中求专进”则指多选经济学系本系课程，侧重于专业知识的加强。[①]经济系主任陈岱孙希望该系学生对相关的心理、社会、数学、历史等学科认真加以研习，“宁建于基础宽大稳固之塔，无建一斜而易倾之塔”。[②]

心理学系所列他系选修课程包括文、理两类诸多课程，主要有第二年英文、第一年德文、第二年德文、微积分、电磁学、遗传学与进化与优种、哲学入门、论理学、美学、社会学、人类学、现代文化、经济学、西洋通史等。这一方面是由于心理学系将自身归入自然科学类，另一方面又认为心理学与其他社会科学“具有审切之关系”，所以指导学生多选他系学程，“以免学生蹈偏枯固陋之弊”。[③]

地理学系分人文地理组和地文地理组指导学生选习他系课程。

① 周炳琳：《经济学系》，《消夏周刊》第6期（欢迎新同学专号），1930年9月1日，第71—73页。

② 古月：《经济学会迎新大会》，《清华周刊》第34卷第1号第494期，1930年10月20日，第65页。

③ 叶麐、熊庆来：《心理学系》，《消夏周刊》第6期（欢迎新同学专号），1930年9月1日，第61页。

该系建议入地文地理组者选修算学系、物理系的科目，其中偏重地质学的，最好选修化学分析；建议入人文地理者选习历史课程，如中国史、东亚史、西洋史等，政治、经济、现代文化等也可酌选，并选修生物学中的分类与分布，尤其是植物分布。[①] 地理系主任翁文灏认为“地理学的对象是地，尤其是现在的地，及其对于人的关系。但是现在是过去演化的结果，亦是将来发展的引子，自然现象连对人的关系在内都是继续的整个的，你就没法把他硬来分割。因为观察点的稍有不同，你把他分作什么学什么课，在写书上原可以得些便利省些功夫。但在实际的知识上思想上，他既是连贯地来了，似乎不必把他勉强的剖开。教科书的定义分科不过是实际上一种分功(工)的便利，你若是过于死守着他们的分界，你就受了他们的愚弄而阻碍了你们学问的贯通”。[②] 地理系的目标是培养“基础坚实、知识面较宽的地学调查人材”。[③]

社会人类学系将政治学、经济学、西洋通史、人文地理、哲学、心理学、伦理、生物学、变态心理学、平民法原理、统计学等列为他系选修课程。[④] 该系采用与地理学系类似的方法，分为理论社会学、应用社会学、人类学三组，以便一些学生“因个人兴趣，对于学业愿择范围较小的路径，求前进的机会”。[⑤]

历史学系将政治学、西洋文学概论、中国文学史、政治思想史、经济思想史、中国法制史、考古学、地理学、经济学、社会学、人类学、中

① 《国立清华大学本科学程一览》(1929年至1930年度)，第59页。

② 翁文灏：《回头看与向前看》，《清华周刊》第33卷第11号第490期，1930年5月24日，第8页。

③ 杨遵仪：《清华大学地学系(1929—1937)》，王鸿祯主编：《中国地质事业早期史——纪念丁文江100周年章鸿钊110周年诞辰》，北京：北京大学出版社，1990年，第111页。

④ 《各系学程表附学科内容简略说明·社会人类学系》，《国立清华大学学程大纲》(1929年)，第1、2、4、5页。

⑤ 《社会人类学系概况》，《消夏周刊》(迎新专号)第7期，1931年，第217页。

国哲学史、西洋哲学史列为他系选修课程。[①] 1928年罗家伦刚上任时曾兼任历史系主任，为了使历史系“走到现代化的路上”，他没有聘请自己北大的老师朱希祖担任系主任，因为他觉得朱虽然是中国史方面的专家，但“对于世界史学的潮流没有接触”。[②] 朱希祖其实颇具新史学眼光，早在1920年就开始接触了解西方的新史学，认识到“历史研究，应当以社会科学为基础”，故而当历史系教授孔繁霱否认历史学与政治学、统计学的关系时，即被其视为“肤浅”。[③] 1929年蒋廷黻被罗家伦从南开调过来接任系主任，为了培养学生“了解历史的复杂性、整个性”及“作综合的工夫”，他鼓励学生多习外语和政治、经济、哲学、文学、人类学等其他人文学科课程。[④]

综上所述，罗家伦长校后，清华的课程设置所采取的原则是开放的，而非狭隘地偏于一隅，通过公共必修学程、他系必修学程、他系选修学程设立的系统化，来尽量使学生获得广博而又系统的知识和训练。尽管有学生在校时对这种课程设置牢骚满腹，认为“大学应该注重专门研究，不应该再要我们样样都学”，“文必需理，理必须文，第一年是这样，第二年也几乎是这样，四年光阴能有多少，结果毕业后是文也知道一点，理也知道一点，若找一个专门特长的，我武断说一句‘很少’”。[⑤] 但他们走出校门后大多体会到这种课程设置的独到之处。1929年考入清华中国文学系的常风瑑毕业多年后，仍感觉到外国语文系的“西洋文学史（西洋文学概要）”，“如何开拓了自己的眼界，启示给自己如何的一个宇宙，并且自己在中国文学研究中如何获得西洋文学的知识的好处”。他认为“清华大学中国文学系应该自豪

---

① 《各系学程表附学科内容简略说明·历史学系》，《国立清华大学学程大纲》（1929年），第2—5、7、8页。

② 罗家伦：《我和清华大学》，罗家伦先生文存编辑委员会编：《罗家伦先生文存·日记与回忆、艺文》，第403页。

③ 朱希祖：《朱希祖日记》，北京：中华书局，2012年，第123页。

④ 蒋廷黻：《历史学系的概况》，《清华周刊》第35卷第11、12号第514、515期（向导专号），1931年6月1日，第953页。

⑤ 丁玽：《对于本校第一年英文课本的商榷》，《清华周刊》第34卷第8号第501期，1930年12月20日，第3、4页。

的是它给予学生在其他大学中文系得不到的训练”。[1] 同年考入地理系的程裕淇后来也认为通过全校、理学院、地理系及地理系中地质、地理、气象三组必修课和选修课的系统学习，“知识面较广”，“为后来从事教育或研究工作打下了坚实的基础，有利于专业向纵深方向发展，也可减少所作科学论断的片面性”。[2] 这说明当时清华系统化的课程设置作为通才教育中的重要一环发挥了预期的作用。

第三节 招生活动中文理兼重原则的偏离与回归

罗家伦长校后，以“学术化”为办学方针，为提高学术水平，对生源质量也提高了要求。但是当时中学教育整体水平有待提高，而且普遍实行分理文科，要招收成绩优异的学生，也只能在那些知识结构有所偏重的学生中挑选。在这种情况下，清华历年招生所坚持的文理兼重原则有所动摇，并进而影响到其后的教学活动。

1928 年 9 月罗家伦出任清华校长时，当年的新生招考已经结束。该年因全国多地处于战争状态，报名人数急剧下降，北平、上海两地合计只有 389 人报考清华，参加考试的只有 297 人，考完全部规定科目的只有 281 人，最后录取 119 人，未能完成 150 人的原定招生计划。[3] 罗家伦到任后，“为求用款经济及与青年学生以较多的求学机会”，同时也是为了履行清华学生赴南京欢迎他时双方的约定，举办了第二次招生。第二次招生共录取 51 人，其中女生 15 名。[4] 这次招生临时性的成份较多，注入了一些与人才选拔不相关的因素，偏离了

---

① 常风(常凤瑑):《朱自清先生》,《逝水集》,大连:辽宁教育出版社,1995 年,第 8 页。

② 《程裕淇院士自述》,政协嘉善县委员会文史委员会:《嘉善精英——中国科学院五院士》,1997 年,第 115 页。

③ 《国立清华大学历年本科应考及录取人数比较表》,《清华周刊》第 41 卷第 13、14 号第 588、589 期(向导专号),1934 年 6 月 1 日,第 152 页。

④ 《整理校务之经过及计划》,《国立清华大学校刊》1928 年 11 月 23 日,第 2 版。

原来的文理兼重原则。

第二次招生的考试科目与第一次招生相比，做了一定程度的修改，不仅增加了口试一项，而且笔试科目较以前增加三种。首先，无论一年级新生，还是二、三年级转学生，都必须参加“三民主义”一科的考试，这是国民党意识形态占领高等教育阵地的体现，也是清华入学考试中首次出现此类科目。其次，一年级新生入学考试科目除国文、英文、中外史地不变外，算学一门由原来的“代数平面几何”改为“代数几何平面三角”，增加了“三角”部分的内容。再次，选考科目由原来在高中物理、化学、生物三门中任选一门改为任选两门，增加了难度。[①] 据统计，该年理工类学系一年级新生为50人，比上年增加了19人，而文法类学系一年级新生为80人，与上年相等。[②] 考试科目的调整，使理科类考生比文科类考取的机会更大。这其中除了含有提高生源质量的考虑外，还应该有平衡文理两类学生在校人数的因素在内。

二、三年级转学生入学考试科目完全与第一次招生不同。第一次招生除了国文、英文必考外，还必须在三组科目中各选考一门，共三门科目：第一组为自然科学，包括物理、化学、生物三门；第二组为历史学，包括中国史、西洋史两门；第三组为数学、第二外语及社会科学，包括大代数及解析几何、微积分、第一年德文、第一年法文、政治学、经济学、社会学七门。第二次招生实行分类考试，除国文、英文为必考科目外，其余考试科目按考生报考学系分为三类，报考自然科学及工程等系者在大代数解析几何、微积分、物理、化学、生物学四门中任选两门，报考社会科学各系者在中外历史、中外地理、政治学、经济学、社会学五门中任选三门，报考文哲各系者在中国文学史、西洋文学史、哲学概论、心理学、中外历史、论理学等六门中任选三门。[③] 二、

---

① 《整理校务之经过及计划》，《国立清华大学校刊》1928年11月23日，第2版。《国立清华大学招考男女新生及插班生》，载《大公报》1928年9月24日，第1版。

② 《历年大学在校学生系别统计表》，《国立清华大学二十周年纪念刊》(1931年)。

③ 《国立清华大学招考男女新生及插班生》，《大公报》1928年9月24日，第1版。

三年级考试科目的调整放弃了对一年级考生所要求的文理兼重的标准，为那些知识结构偏重专门的考生提供了更多的机会。

从1929年起，清华的招生考试恢复到常态。招生事宜由招考委员会全权负责，原来具体经办招考事务的招考处，为节省开支被精简。1929年招考委员会成员包括杨振声（主席、教务长）、王文显（外国文学系主任）、刘崇鋐（历史学系教授）、冯友兰（秘书长）、叶企孙（物理系主任）、吴之椿（政治学系主任）、翁文灏（地理学系主任）、金岳霖（哲学系主任）、陈达（社会人类学系主任）、唐钺（心理学系主任）、熊庆来（算学系主任）、陈岱孙（经济学系主任）等，书记由注册部主任章晓初担任。[①] 但不久杨振声因丧离校，招生委员会主席实际由校长罗家伦代理。[②] 1930年，罗家伦正式主持新生招考，招考委员会成员有罗家伦（校长）、吴之椿（教务长、政治学系主任）、张广舆（秘书长）、杨振声（文学院院长、中国文学系主任）、叶企孙（理学院院长、物理学系主任）、陈岱孙（法学院院长、经济学系主任）、冯友兰（哲学系主任）、蒋廷黻（历史学系主任）、王文显（外国语文系主任）、张准（化学系主任）、熊庆来（算学系主任）、陈桢（生物学系主任）、翁文灏（地理学系主任）、卢恩绪（土木工程学系主任）组成，组成人员涵盖校长、秘书长、教务长、各学院院长、各学系主任，几乎囊括了清华所有院系的当家人。[③]

招考委员会成立后，对清华新生入学考试科目进行了修改。1929年初，校内要求修改考试科目的呼声很高，希望考试科目能符合中等教育的实际情况，必考科目限于"工具科目和基本科学"，选考科目要力求"难度相等"。[④] 所谓"中等教育的实际情况"，是指当时中学实行文理分科这一点，因为清华历年招生都是不分文理，所有考生

---

① 《招考委员会开会》，《国立清华大学校刊》1929年1月7日，第1版。《招考委员会成立》，《清华周刊》第30卷第9号第450期，1929年1月5日，第53页。

② 《招生委员会开会，本月二十四日讨论考试规则及科目》，《国立清华大学校刊》1929年1月25日，第1版。

③ 《国立清华大学一览》（1930年），第25—26页。

④ 大公：《建议给招考委员会》，《国立清华大学校刊》1929年1月11日，第4版。

应考相同的科目。该年乔冠华报考清华时已经分为文、理两类分别考试，或考文史哲，或考自然科学。[①] 同年考入清华土木工程系的王竹溪考试科目有中文（国文）、英文、算术、高等代数与解析几何、生物、物理等，未考化学。[②] 这说明，该年报考自然科学类的考生必须在物理、化学、生物中选考两门，与上年第二次招生相同，但是又增加了高等代数与解析几何一门，难度大为提高，为清华历次招生前所未有。

但是，文理分科招生的办法很快得到调整。1931 年新生入学考试必考科目为党义、国文、英文、本国历史地理、代数几何平面三角，选考科目为高中代数解析几何、高中物理学、高中化学、高中生物学、世界历史地理等五门，考生可在其中任选两门。[③] 这一调整至少还可上溯至 1930 年。因为，1931 年《清华周刊》向导专号登载的 1930 年本科一年级入学试题科目与 1931 年入学考试科目完全一致，说明 1930 年的新生入学考试科目已经做了这样的调整。[④]

将高中代数解析几何和世界历史地理列入选考科目，使得更多的文科类学生有了选择的机会，他们基本上都是选考世界历史地理一门，然后再在其余四门中任选一门。如 1931 年考入外国语文系学习的顾宪良在五门选考科目中即选考了外国史地（世界历史地理）、化学两门。[⑤] 这样的调整使文、理两类考生的机会相对均等，而且每

---

① 乔冠华：《童年・少年・青年——乔冠华临终前身世自述（录音整理）》，章含之等：《我与乔冠华》，北京：中国青年出版社，1994 年，第 299 页。

② 王正行：《严谨与简洁之美：王竹溪一生的物理追求》，北京：北京大学出版社，2008 年，第 20 页。该书据王竹溪日记所录 1929 年王竹溪入学考试科目和成绩为：总分（总平均）65 点几，中文 70 分，英文 70 分，算术 100 分，高等代数与解析几何 66 分，生物 70 分，物理 40，并说未考化学。

③ 《国立清华大学本科招考简章（1931 年）》，《清华周刊》第 35 卷第 11、12 号第 514、515 期（向导专号），1931 年 6 月 1 日，第 1087 页。

④ 《国立清华大学入学考试试题・（本）科一年级入学试题》（1930 年），《清华周刊》第 35 卷第 11、12 号第 514、514 期（向导专号），1931 年 6 月 1 日，第 1105、1110、1112、1114、1115、1117、1118 页。

⑤ 顾宪良：《我底考清华》，《清华周刊》第 35 卷第 11、12 号第 514、514 期（向导专号），1934 年 6 月 1 日，第 108 页。

位考生都必须考文理两类科目，但也使文科类考生最后的应考科目为国文、英文、中国历史地理、代数几何平面三角、世界历史地理及一门自然科学，理科类考生的应考科目为国文、英文、中国历史地理、代数几何平面三角及两门自然科学，呈现出一种文理各有所偏重的局面。这也是为适应当时中学实行文理分科，不得已而为之的权宜之计。

随着一年级新生入学考试科目的调整，转学生的考试科目也作了调整，而且不再按自然科学、社会科学、文哲这三大类学系设置考试科目，而是交由系主任召集各系教授制定。转学生公共必考科目为党义、国文、英文三门，其余科目各系不同。各系考试科目虽不相同，但大体有一个特征，即不仅要考本系基本科目，而且要考相关的他系科目，要求一些报考文科院系的考生必须应考自然科学类的基础科目，如外国语文系、历史系转学生均要求在论理学、大学普通物理学、大学普通化学、大学普通生物学中选考一门，政治系、经济系则要求在大学普通物理学、大学普通化学、大学普通生物学中选考一门；也有理科院系必须考文科院系的科目，如生物系二年级转学生要求在社会学原理、中国通史、西洋通史、普通心理学、论理学、哲学概论、第一年德文、第一年法文中任选一门。① 这都是为了确保所招收的转学生文理兼具的知识结构，以符合通才教育的目标。

清华的考题一般并不追求难度，师生中认同此点的不乏其人。如"大同"就认为："入学考试并非一种测验成绩的尽善尽美的标准，过度烦难的考题与过度严格的录取也不见得能够收到程度极好的学生，因为考试没有人敢自信有把握，即使程度极好的人也免不了怕落第的心理，一入试场便心颤体抖、头晕脑忙考不出好成绩来。"②1930年本科一年级党义考题为"孙先生民生史观与马克思唯物史观差异

① 《国立清华大学本科招考简章(1931年)》，《清华周刊》第35卷第11、12号第514、515期(向导专号)，1931年6月1日，第1090—1097页。

② 大同：《本校今年招生问题》，《清华周刊》第33卷第6号第485期，1930年4月4日，第67页。

何在”；国文共两题：1. 将来拟入何系，入该系之志愿如何？2. 新旧文学书中，任择一书加以批评。英文作文题为在以下三题中任择一题：1. My Best Friend（我最好的朋友）；2. The Last Day of School（上学最后一天）；3. The First Day of School（上学第一天）。[①] 这样的考题看似容易，每位考生都有自由发挥的空间，但是单靠死记硬背要考出好成绩也不很容易。

“丁珰”1930 年参加了清华入学考试，他的感受是党义、国文题目“很合理”，英文题目“出得更合理”，“不像一般大学那么刻版（板），考得很舒服”。[②] 同年，季羡林同时报考了清华和北大，他的感觉也是清华的考题“没有什么特异之处”；相比之下，北大的考题则给他留下了“难忘的印象”。北大国文试题“非常奇特”，作文题为“何谓科学方法？试分析详论之”；英文试题“更加奇特”，汉译英尤其是一个“难啃的核桃”，为翻译一首诗词：“别来春半，触目愁肠断。砌下落梅如雪乱，拂了一身还满。”而且还搞了一次突然袭击，加试英文听写。[③] 考题范围已经完全超过了考试科目本身，应是另有用意在其中了。

阅卷评分方式是否合理也会影响到人才选拔的最终结果。正如有人所观察到的，国文、英文等科目中一些主观性较强的考题，很容易因阅卷人的评判标准不同，给出不同的评分；选考科目因每个考生的考试科目不同，也会因各科的评分标准不同影响到考生的成绩。[④] 为了保证考卷评阅的相对客观，招生委员会决定从 1931 年起，采取“联席阅卷”制度，由院长、系主任负责请定各该系教授，担任试卷评阅。[⑤] 所谓“联席阅卷”是指对于像国文试卷中的作文等一些主观性

---

① 《国立清华大学人学考试试题 · 一年级入学试题》，《清华周刊》第 35 卷第 11、12 号第 514、514 期（向导专号），1931 年 6 月 1 日，第 1105、1106 页。

② 丁珰：《投考清华的回忆》，《清华周刊》第 35 卷第 11、12 号第 514、514 期（向导专号），1931 年 6 月 1 日，第 1078 页。

③ 季羡林：《我眼中的张中行》，张岱年、邓九平主编：《草堂怀旧》，北京：北京师范大学出版社，1997 年，第 9 页。

④ 大公：《建议给招考委员会》，《国立清华大学校刊》1929 年 1 月 11 日，第 2、3 版。

⑤ 《二十年度招考委员会第二次会议纪录》，《国立清华大学校刊》1931 年 4 月 6 日，第 2 版。

较强的考题，一份考卷由多人阅卷、分别打分，再取平均分作为最后成绩，以保证评分的相对客观，“避免一些主观的偏见”。①

录取标准的不同设置也体现了大学选拔人才的不同取向。1928年第二次招生，对于大一男生确定了两种录取标准。第一种录取标准为各门总平均分数及国文、英文、算术三门平均分数均为49分，另一种标准是各门总平均分数为45分，但国文、英文、算术三门平均分数50分，只要达到其中任一标准即可被录取。第二种标准相对于第一种标准而言，国文、英文、算术三门平均分数提高了1分，但各门总平均分数却因此降低4分，这意味着那些国文、英文、算术等基础课程成绩较好的考生，相对于那些物理、化学、生物等自然科学课程成绩较好的考生更受欢迎。

1929年录取标准不仅规定了各门总平均分数线(40分)以及国文、英文、算术三门平均分数线(40分)，而且分别划定了国文(45分)、英文(45分)、算术(5分)分数线，对考生国文和英文水平做了硬性规定，而不能仅仅凭算术的高分来达到国文、英文、算术三门总平均分数线。这样的标准把那些偏重于理科、擅长算术但国文或英文不佳的考生排除在外，而算术不佳的文科类考生考中的机会却大为增加。如1929年考入清华外国语文系的钱锺书，尽管算术为15分，但因英文特优，也得以被录取。②

1930年对录取标准重新进行了修订，取消了国文、英文、算术三

---

① 冯友兰:《三松堂自序》,北京:人民出版社,2008年,第69页。

② 参见杨绛:《钱锺书自传》,《钱锺书作品集》,兰州:甘肃人民出版社,1997年,第4页。邹文海:《忆钱锺书》,收入罗思:《写在钱锺书边上》,上海:文汇出版社,1996年,第9页。邹文海文中回忆说钱锺书数学成绩为零分。1980年钱锺书在日本对此予以了否定,但承认“反正是不及格”。见爱默:《钱锺书传稿》,天津:百花文艺出版社,1992年,第32页。另外,关于钱锺书考入清华还有一种说法,说是因为数学成绩不及格,但英文特优,被校长罗家伦特准破格录取。钱锺书自己也曾回忆说:“我数学考得不及格,但国文及英文还可以,为此事当时校长罗家伦还特地召我至校长室谈话。蒙他特准而入学,我并向罗家伦弯腰鞠躬申谢。”见爱默:《钱锺书传稿》,第32页。但是据胡志德《钱锺书》中的记载,钱锺书的入学总平均成绩在该年录取的200名新生中名列第50名(见(美)胡志德著,张晨等译:《钱锺书》,北京:中国广播电视出版社,1990年,第4页),且数学成绩为15分,已经完全达到清华该年的录取标准,也无所谓破格不破格。

门各自的分数线，但提高了总平均和国文、英文、算术三门平均的分数线，总平均由 40 分提高到 45 分，国文、英文、算术三门平均由 40 分提高到 49 分。这样的录取标准对文、理两科学生一视同仁，无所偏重。“飞鸣”分别于 1929 年和 1930 年两次报考清华，第二次才得以考中，很有可能是属于那种偏重理科而国文或英文不佳的考生。①

表 4-2　1928 年至 1931 年一年级入学考试录取标准分数表②

<table>
<tr><th>年度</th><th colspan="2">招生类别</th><th>各门总平均</th><th>国文、英文、算术三门平均</th><th>国文</th><th>英文</th><th>算术</th><th>口试</th></tr>
<tr><td>1928（第一次）</td><td colspan="2">男生</td><td>47</td><td></td><td></td><td></td><td></td><td></td></tr>
<tr><td rowspan="3">1928（第二次）</td><td rowspan="2">男生</td><td>标准一</td><td>49</td><td>49</td><td></td><td></td><td></td><td>及格</td></tr>
<tr><td>标准二</td><td>45</td><td>50</td><td></td><td></td><td></td><td>及格</td></tr>
<tr><td colspan="2">女生</td><td>35</td><td></td><td></td><td></td><td></td><td>及格</td></tr>
<tr><td>1929 年</td><td colspan="2">男、女生</td><td>40</td><td>40</td><td>45</td><td>45</td><td>5</td><td></td></tr>
<tr><td>1930 年</td><td colspan="2">男、女生</td><td>45</td><td>49</td><td></td><td></td><td></td><td></td></tr>
<tr><td>1931 年</td><td colspan="2">男、女生</td><td>54</td><td>49</td><td></td><td></td><td></td><td></td></tr>
</table>

录取标准也会受到其他一些因素的影响。虽然校长罗家伦认为大学招生“应该重质不重量”，希望清华办成像美国普林斯顿大学那样二三千人，“精而不多的队伍”，以便能在学术上有所贡献。③ 而且，在学术化的口号下，校内也不时有从严办理入学考试的要求，希望“求精而不求多”，“遴选学有根基、并富于研究兴趣之学生”。④ 但是，当时校内外一直有批评清华学生人数太少的声音，要求增加学额，因

① 飞鸣：《考清华的经过》，《清华周刊》第 35 卷第 11、12 号第 514、514 期（向导专号），1931 年 6 月 1 日，第 1074、1075 页。

② 《国立清华大学历年招考大学本科学生录取标准》，《清华周刊》（向导专号）第 41 卷第 13、14 号第 588、589 期，1934 年 6 月 1 日，第 152—153 页。

③ 罗家伦：《我和清华大学》，罗家伦先生文存编辑委员会编：《罗家伦先生文存・日记与回忆、艺文》，台北：国史馆、中国国民党中央委员会党史委员会，1989 年，第 404 页。

④ 郭颖川：《如何使清华学术化》，《清华周刊》第 30 卷第 1 号第 442 期，1928 年 11 月 9 日，第 13 页。

为清华经费充足，人均经费约一千余元，这对于当时很多处于拮据状态的大学，以及整个社会人才短缺的局面而言，是一种很不合理的现象。[①] 但是增加招生名额又受到生源质量的限制。当时中学教育整体水平有待提高，尤其是数学、物理、世界历史地理的教学质量更有待改善。这从1931年清华一年级新生入学考试成绩可以得到证实。

表4-3　1931年一年级新生入学考试必考科目成绩表[②]

分数		党义	国文	英文	代数几何平面三角	本国历史地理
10分以下	人数			28	199	33
	百分比			1.96%	14.14%	2.27%
10分以上	人数		4	86	254	156
	百分比		0.27%	6.04%	18.04%	10.74%
20分以上	人数	1	51	216	265	291
	百分比	0.07%	3.49%	15.16%	18.82%	20.03%
30分以上	人数	5	123	345	195	404
	百分比	0.34%	8.41%	24.21%	13.84%	27.80%
40分以上	人数	182	220	254	158	268
	百分比	12.44%	15.05%	17.82%	11.22%	18.45%
50分以上	人数	495	381	164	124	179
	百分比	33.83%	26.06%	11.51%	8.81%	12.32%
60分以上	人数	519	430	178	97	93
	百分比	35.4%	29.42%	12.49%	6.89%	6.40%
70分以上	人数	217	173	116	61	23
	百分比	14.83%	11.83%	8.14%	4.33%	1.58%

① 大公:《提高程度呢？增加学额呢？》,《国立清华大学校刊》1928年12月26日，第4版。

② 《一年级新生成绩表》,《消夏周刊》1931年第5期，第155、156页。

（续表）

分数		党义	国文	英文	代数几何平面三角	本国历史地理
80分以上	人数	44	71	33	46	6
	百分比	3.01%	4.86%	2.32%	3.27%	0.41%
90分以上	人数		9	5	9	
	百分比		0.61%	0.35%	0.64%	
总计	人数	1 463	1 462	1 425	1 408	1 453
	百分比	100%	100%	100%	100%	100%

表4-4　1931年一年级新生入学考试选考科目成绩表①

分数		高中代数解析几何	高中物理学	高中化学	高中生物学	世界历史地理
10分以下	人数	60	174	26	5	69
	百分比	27.15%	27.58%	5.76%	0.58%	9.29%
10分以上	人数	45	130	33	29	125
	百分比	20.36%	20.60%	7.32%	4.17%	16.82%
20分以上	人数	58	104	62	103	193
	百分比	26.24%	16.48%	13.75%	14.82%	25.98%
30分以上	人数	27	68	65	159	155
	百分比	12.22%	10.78%	14.41%	22.88%	20.86%
40分以上	人数	9	52	69	159	117
	百分比	4.07%	8.24%	15.30%	22.88%	15.75%
50分以上	人数	8	39	68	137	53
	百分比	3.62%	6.18%	15.08%	19.71%	7.13%
60分以上	人数	10	33	51	71	26
	百分比	4.53%	5.22%	11.31%	10.22%	3.50%

① 《一年级新生成绩表》，《消夏周刊》1931年第5期，第155、156页。

(续表)

分数		高中代数解析几何	高中物理学	高中化学	高中生物学	世界历史地理
70分以上	人数	3	16	39	30	5
	百分比	1.36%	2.54%	8.65%	4.31%	0.67%
80分以上	人数		9	25	3	
	百分比		1.43%	6.54%	0.43%	
90分以上	人数	1	6	13		
	百分比	0.43%	0.95%	2.88%		
总计	人数	221	631	451	695	743
	百分比	100%	100%	100%	100%	100%

1931年清华一年级新生入学考试中，代数几何平面三角成绩10分以下的人数占该科参考人数的14.14%，高中代数解析几何成绩在10分以下的占27.17%，高中物理成绩10分以下的占27.58%，世界历史地理成绩在10分以下的占9.29%。在这样的情况下，既不降低录取标准，又要增加招生人数，只有另想办法。1928年第二次招生，为了增加招生人数，清华采取招收旁听生的办法。旁听生是指那些考试成绩未达录取标准，但又达到了一定标准的考生，他们可入校旁听一年后再参加入学考试。1929年6月有六名旁听生曾请求以该学年在校的学习成绩代替入学考试，但评议会坚持必须参加入学考试，予以否决。[①] 结果那些该年未考取的旁听生，即不允许继续在校旁听。[②] 1929年度取消招收旁听生的办法，改为录取备取生，共录取备取生19名，以保持原定的招生人数。备取生是作为那些被录取但放弃入学资格学生的替补对象，备取生替补后，视为正式录取生。不久，这种录取质量与数量难以兼顾的局面因报考人数的逐年增加得到了改善。报考人数增加应该是由多方面因素促成，包括国内政治

① 《清华大学评议会昨开会，议决要案九项》，《华北日报》1929年6月10日，第5版。
② 《评议会第二十次会议纪录》，《国立清华大学校刊》1929年9月16日，第3版。

局面趋于相对稳定、中学教育的发展、清华大学知名度的提高等等。与报名人数逐年增加相伴随的是录取率的逐年降低。

表 4-5　1928 年至 1931 年清华大学报考及录取人数表①

年度	招生类别	报考学生人数			录取人数(4)	备取人数	录取率(4)/(3)
		报名人数(1)	应试人数(2)	完场人数(3)			
1928(第一次招生)	大一新生	342	261	248	98		40%
	转学生	47	36	33	21		64%
1928(第二次招生)	大一新生	187	185	165	41		25%
	转学生	35	33	33	10		30%
1929	大一新生	917	725	535	192	19	36%
	转学生	117	104	98	23		23%
1930	大一新生	1 262	1 211	1 160	192		17%
	转学生	177	170	170	52		11%
1931	大一新生	1 515	1 463	1 408	184		13%
	转学生	244	236	220	33		15%

从 1930 年起,随着清华报考人数明显增加,录取标准也有很大提高。这意味着招考可以选择的余地扩大,一些曾经使招生不得不偏离文理兼重原则的因素逐渐减少,从而得以回归原有的轨道。之所以得以重新回归文理兼重原则,除了客观条件的改善外,还在于招生活动与人才培养目标是一个整体,考试科目、录取标准的调整势必影响到既定的人才培养目标的实现,所谓牵一发而动全身。

① 《国立清华大学历年本科应考及录取人数比较表》,《清华周刊》第 41 卷第 13、14 号第 588、589 期(向导专号),1934 年 6 月 1 日,第 152—153 页。

第四节 “学术化”方针下的教学活动

“学术化”是罗家伦提出的清华主要办学方针，他的计划是聘请国内外优秀学者与本校教员、学生共同进行研究，以养成学术研究风气。① 他认为“研究是大学的灵魂。专教书而不研究，那所教的必定毫无进步。不但无进步，而且会退步”。② 罗家伦在任期间，清华的教学活动以学术研究为支撑，带有明显的“学术化”导向。在师资延聘方面，罗家伦完全以“学术造诣”为标准，广泛吸收人才，延揽优秀学者。为了吸引人才，他力主改善教师待遇，以使其能“静心授课研究”。③ 按照1928年9月国民政府通过的《国立清华大学条例》规定，“依校务之需要，得分设委员会，其委员由校长就教职员中聘任之”。④ 1929年3月，为了延聘优秀学者来校任教，聘任委员会成立，成员由校长在教职员中聘任，包括吴之椿、杨振声、陈总、翁文灏、王文显、叶企孙、陈桢、张广舆，罗家伦任主席。⑤ 聘任委员会的成立保证了师资延聘的高质量。“清华不大喜欢请初出茅庐的人，往往是一个教授在别的学校中研究已经有了成绩，教学已经有了经验之后，才聘请他。而有这些资格的人也往往愿意到清华来”。⑥ 罗家伦在任期间，一大批国内外优秀学者到清华任教，师资力量得到显著加强，即使与同时

---

① 《整理校务之经过及计划——罗校长上董事会之报告》，《国立清华大学校刊》，1928年11月23日，第1、2版。

② 罗家伦：《学术独立与新清华》（1928年9月18日在国立清华大学校长就职典礼时的演讲），罗家伦先生文存编辑委员会编：《罗家伦先生文存·演讲》（上），第21页。

③ 《整理校务之经过及计划—罗校长上董事会之报告》，《国立清华大学校刊》，1928年11月23日，第1、2版。

④ 《国立清华大学条例》（1928年9月通过），清华大学校史研究室编：《清华大学史料选编》，第2卷，北京：清华大学出版社，1991年，第140页。

⑤ 清华大学校史研究室编：《清华大学九十年》，北京：清华大学出版社，2000年，第48页。《国立清华大学一览》，1930年，第25页。

⑥ 冯友兰：《三松堂自序》，北京：人民出版社，2008年，第324页。

期的中央大学、北京大学等老牌大学相比,也毫不逊色。

表 4-6　1928—1930 年中央、北京、清华、中山四大学本科教师、学生人数比较表[①]

校别	1928 年			1929 年			1930 年		
	教师人数	学生人数	师生比	教师人数	学生人数	师生比	教师人数	学生人数	师生比
中央大学	304	1 292	1∶4	411	1 485	1∶4	379	1 616	1∶4
北京大学	214	773	1∶4	238	864	1∶4	244	950	1∶4
清华大学	82	505	1∶6	117	494	1∶4	140	589	1∶4
中山大学	111	991	1∶9	159	1 135	1∶7	182	1 193	1∶7

为了确保教师专心于教学和学术研究,1929 年 1 月,校评议会通过"教授兼课规程",规定"以不在他校兼课为共守原则",特殊情况不得不兼课者必须经过学校批准,且每周以 4 小时为限,超过者即予以解聘或改聘为兼任教授或讲师。[②] 教授们都自觉遵守这一约定。其时,历史系教授朱希祖在辅仁大学、燕京大学及第一师范学院等校兼课,即主动与校长罗家伦商量,由教授改为讲师,每周授课 5 小时,月薪降为 150 元。[③] 其后,物理系全体教授也在校刊上发表声明,自下学年起,"概不在外兼课,俾致力于教授及研究"。[④] 罗家伦长校期间,清华学术风气渐趋浓厚。

罗家伦以"学术化"为办学方针,非常重视基础课程的教学,他认为"断没有基础不好,而可以建高楼大厦的"。[⑤] 公共必修课程都是一些基础课程,相关各系均派出最强的阵容担任教学,其中不少课程由系主任担任。如中国文学系代理主任朱自清、哲学系主任冯友兰、经

---

① 教育部高等教育司编:《全国高等教育统计》(1931 年)。

② 清华大学校史研究室编:《清华大学九十年》,北京:清华大学出版社,2000 年,第 47 页。

③ 朱希祖:《朱希祖日记》,北京:中华书局,2012 年,第 124、128、137、142 页。

④ 清华大学校史研究室编:《清华大学九十年》,北京:清华大学出版社,2000 年,第 48 页。《国立清华大学一览》(1930 年),第 25 页。

⑤ 罗家伦:《求学的态度》(1938 年 12 月 6 日在国立中央大学柏溪分校的演讲),《罗家伦先生文存·演讲》(上),第 659、660 页。

济系主任陈岱孙、化学系主任张准、生物系主任陈桢分别担任国文、逻辑、经济学概论、化学、生物等课程的教学。为了进一步提高大一英文的教学质量，1929 年 7 月 20 日，评议会通过议案，要求“外国语文系担任高级课程的教授于所任高级课程外应请其分担初级课程”，“以示注重”。[①] 同年秋季，外国语文系派出教学骨干力量温德、瑞恰慈、叶崇智、吴宓、陈福田、翟孟生等为全校大一新生教授英文，其中除陈福田外，其余五人皆为重新选派。[②] 另外，公共必修课程的修习均要求学生相应的基础知识必须满足一定的标准。新生入学后必须在规定期限内接受国文、英文、自然科学的甄别测验，不及格者入补习班。[③] 后又改为入学后三天内接受甄别测验，并规定算学一门也必须接受测验。[④]

大一国文课按入学考试成绩及甄别测验成绩实行分班教学，以提高教学效果。为使学生“窥见各时代模范作品之大要”，接触到各种文体，得到文字上的训练，该校对大一国文课教材重新进行了编选，入选的文章涵盖各种文学体裁，包括骈散文、诗、赋、词、曲、八股文、新文学等。另外还指定必读书，并要求写读书报告。[⑤] 1929 年度杨树达担任大一国文课的教学。杨树达“学问极渊博”，每两周作文一次，由教员评阅。但该年招收新生 192 人，比上年增加 53 人，导致班上学生人数过多，加上一些学生不太重视国文课，屡有迟到早退现象，上课秩序“殊欠佳”，教学效果颇受影响。[⑥] 1931 年度，浦江清担任国文教师，教学认真负责，主张学生“多读多看”，自认为非常“卖力”，对学生要求也非常严格。该年下半年，虽然学生曾因赴南京请愿要求抗日而停课多日，但是国文课教学仍取得很大的进展，共教授

---

① 清华大学校史研究室编：《清华大学九十年》，北京：清华大学出版社，2001 年，第 50 页。

② 《外国语文学系》，《国立清华大学本科学程一览》(1929 至 1930 年度)，第 18 页。

③ 《国立清华大学学程大纲》(1929 年)，第 2、3 页。

④ 《国立清华大学一览》(1930 年)，第 31 页。

⑤ 《中国文学系消息》，《国立清华大学校刊》1929 年 9 月 16 日，第 5 版。

⑥ 许振德：《水木清华四十年》，《清华校友通讯》新 43 期，1973 年，第 26 页。

《庄子》四篇、《荀子》二篇、《韩非子》一篇、《墨子》一篇、唐人小说四篇、赋一篇（谢惠连《雪赋》）、《汉宫秋》全剧、《杀狗功夫》一折及今人小品语体散文十余篇。这一时期的国文教学非常注重阅读能力的训练，学期考试也以“读解各篇之能力”为重点。[①] 通过一年国文课的学习，中文阅读和写作能力得到了系统地训练，绝大多数学生都能取得中、上等的成绩。

大一英文课也实行分组教学，1928 年英文课分为三等六组，各组课时及教材均有所不同，如甲组三小时，乙组、丙组各四小时，丁、戊、己组各五小时。但是 1930 年，新生人数共有 192 名，比 1928 年增加了 53 名，英文分组不再按成绩，而是平均分为 8 组，每组每周均为 4 小时。[②] 英文课所采用的教材，由外国语文系全体教授共同议定，以英国小说家简・奥斯汀的《傲慢与偏见》和狄更斯的《大卫・科波菲尔》为教材。[③] 教学方法主要由学生朗读课文，按照学生座次，每人念一段，篇幅长短不定。学生念完后，教师即询问是否有疑问，如无疑问则继续朗读。教师只解答有一定难度的问题，对于可通过查字典解决的简单问题，一般不予回答。[④] 但课文中遇有稀见而重要的生字，则反复讲解、阐述。[⑤] 经过一年英文课程的学习，全校学生的阅读能力和口语表达能力得到了系统的训练。

---

① 浦江清：《清华园日记》，北京：生活・读书・新知三联书店，1999 年，第 64 页。

② 李健吾：《外国语文系》，《消夏周刊》第 6 期（欢迎新同学专号），1930 年 9 月 1 日，第 49 页。

③ 丁珰：《对于本校第一年英文课本的商榷》，《清华周刊》第 34 卷第 8 期，第 501 页，1930 年 12 月 20 日，第 3 页。

④ 《季羡林全集・学海泛槎——季羡林自述》第 5 卷，北京：外语教学与研究出版社，2009 年，第 214—215 页。

⑤ 许振德：《水木清华四十年》，《清华校友通讯》新 43 期，1973 年，第 26 页。

表 4－7　1930 年度部分学生国文、英文学习成绩统计表[①]

课程名称	70 分以下		71～80 分		81～90 分		91～100 分		总人数	百分比
	人数	百分比	人数	百分比	人数	百分比	人数	百分比		
国文	9	12%	28	38%	30	41%	7	9%	74	100%
英文	13	18%	30	40%	22	29%	10	13%	75	100%

公共必修学程甲类学科中的自然科学教学一般都要求选修该课程的学生具有一定的基础。1929 年规定“凡计划选修大学普通物理、化学，但入学考试未选考相应高中科目或选考但成绩未达 55 分者，必须接受该两门考试”。[②] 考试不合格者，必须入补习班学习一年合格后才可选修。[③] 吴有训教授大学普通物理，秉持“物理学终究是一门实验科学”的理念，以英文版的《达夫大学物理》为教材，“强调概念明确”，课堂上经常进行实验演示，以加深对概念的理解。[④] 甲类学科中新增的逻辑学由金岳霖、冯友兰讲授。金岳霖教学采取讲课与讨论相结合的办法，每周三小时课时中，一般讲课两小时，讨论一小时。讨论时按点名册依次要求学生回答问题或表达意见。[⑤] 甲类公共必修课程中，逻辑与普通生物的学习成绩比较理想，这两门课程轻松易过，也是文、法两学院学生偏爱选习的主要原因。相对而言，大学普通物理和化学的难度要大得多，再加上学生原来的基础较差，要取得好成绩不太容易。而且，文学院学生大多选习逻辑，只有法学院学生选习生物。逻辑为关于思维方法的学科，并不属于自然科学，不能相互替代。因此，从通才教育所要实现的文理沟通方面来说，甲类

① 此表数据据中国第二历史档案馆藏教育部档案统计汇总得出，全宗号：五，案卷号：6188(3)。

② 《教务处通告》，《国立清华大学校刊》1929 年 9 月 16 日，第 1 版。

③ 《化学系》，《国立清华大学本科学程一览》(1929 至 1930 年度)，第 71 页。

④ 彭桓武：《为中华物理生根》，吴有训百年诞辰纪念活动筹备委员会编：《吴有训百年诞辰纪念文集》，北京：中国科学技术出版社，1997 年，第 42 页。

⑤ 王宪钧：《忆金师》，刘培育主编：《金岳霖的回忆与回忆金岳霖》，成都：四川教育出版社，1995 年，第 114 页。

公共必修课程实际上只对法学院学生发挥了作用。

表 4-8 1930 年度部分学生甲类公共必修课程学习成绩统计表[①]

课程名称	70 分以下		71～80 分		81～90 分		91～100 分		总人数	百分比
	人数	百分比	人数	百分比	人数	百分比	人数	百分比		
大学普通物理	16	43%	15	41%	3	8%	3	8%	37	100%
大学普通化学	14	40%	13	37%	6	17%	2	6%	35	100%
大学普通生物学	6	24%	12	48%	7	28%			25	100%
论理学(逻辑)	6	17%	17	47%	10	28%	3	8%	36	100%

公共必修学程乙类学科中，政治学概论的教学颇有特点。浦薛凤担任该课程的教学，教学方法为经过其“筹思熟虑”“多方准备”而成。除了课堂讲演外，他总是为学生开列必读、选读参考书和学术刊物的详细书单，“标明某章某节，或自某页始至某页终，而且规定每一学生须要亲作阅读札记，按时缴送，由系中助教分别检阅批分，然后发还”，助教必须随班听课。为了杜绝偷懒抄袭，每年指定的参考书单，册籍、章节和页数总是尽量有所变换。每月小考一次，学期举行大考，最后成绩由读书札记、月考、大考各项分数之总平均决定。[②] 政治学概论的教学效果堪称理想，绝大多数选习学生都取得了优良的成绩，位居所有公共必修课程之首。但是，由于选修该课程的学生主要集中在法学院，少有理学院学生选习，因此对通才教育所要实现的文理沟通目标影响甚微。

中国通史课程的教学是当时清华历史系“最感困难者”。据历史系主任蒋廷黻的观察，“讲通史者多不能使其通。下为者，每年发数十页讲义，授课时间尽费于讲义的文字解释。上为者，或采纪事本末体裁，以许多史实堆积成课，不加消化，徒压迫学生之记忆力；或舍正

① 此表数据据中国第二历史档案馆藏教育部档案统计汇总得出，全宗号：五，案卷号：6188(3)。

② 浦薛凤：《万里家山一梦中(浦薛凤回忆录)》，合肥：黄山书社，2009，第 142 页。

史之本纪列传不用，专采有关制度之志及通典所书，名之曰文化史，以求时潮的赞许”。[①] 造成中国通史教学困难的主要原因在于当时中国史尚未能运用科学的方法进行深入地研究，“除了日期和姓名之外却没有一种大家都认为正确的综合历史资料”，“人们无法了解整个中国历史”。[②] 担任中国通史课程的教师先后有王桐龄、吴其昌等。吴其昌讲课，没有讲义和指定的课本，主要是将摘录在卡片上的史料抄写在黑板上，再进行讲解，抄写的时间多，讲解的时间少，教学效果不佳。学生们对他的评价是讲课“很费力气”，史料的排列“缺乏一种系统化”，“不能用深奥的理论解释历史上的表面事实”。但学生认为吴其昌“人品高尚”，有“朝气”，“不自傲”，能热心地与同学一起讨论学术问题。[③] 西洋通史由孔繁霱讲授，课堂讲述引经据典，“美妙多姿”，深受学生欢迎。[④] 相对来说，西洋通史的教学效果比中国通史更胜一筹。但因选修中国通史和西洋通史的大多数为文法学院学生，因此在文理沟通方面成效有限。在乙类公共必修课程中，理学院学生大多选习经济学概论，教学效果差强人意，在文理沟通方面发挥了一定的作用。

表 4－9　1930 年度部分学生乙类公共必修课程学习成绩统计表[⑤]

课程名称	70 分以下		71～80 分		81～90 分		91～100 分		总人数	百分比
	人数	百分比	人数	百分比	人数	百分比	人数	百分比		
政治学概论	1	5%	7	35%	11	55%	1	5%	20	100%

① 蒋廷黻：《历史学系近三年概况》，页 5—6，清华大学档案，档号：1—2：1—109，转引自朱潇潇：《专科化时代的通才——1920—1940 年代的张荫麟》，上海：复旦大学出版社，2011 年，第 50 页。

② 蒋廷黻：《蒋廷黻回忆录》，长沙：岳麓书社，2003 年，第 129 页。

③ 苏景泉：《回忆我在母校中文系修习的学程与感想》，《清华校友通讯》新 39 期，1972 年，第 21 页。《夏鼐日记》，上海：华东师范大学出版社，2012 年，第 91、92 页。

④ 许振德：《水木清华四十年》，《清华校友通迅》新 44 期，1973 年 4 月 29 日。

⑤ 此表数据据中国第二历史档案馆藏教育部档案统计汇总得出，全宗号：五，案卷号：6188(3)。

（续表）

课程名称	70分以下		71～80分		81～90分		91～100分		总人数	百分比
	人数	百分比	人数	百分比	人数	百分比	人数	百分比		
经济学概论	18	36%	21	42%	10	20%	1	2%	50	100%
社会学原理	1	8%	6	50%	5	42%			12	100%
中国通史	4	45%	3	33%	1	11%	1	11%	9	100%
西洋通史	6	28%	5	24%	9	43%	1	5%	21	100%

总体而言，公共必修课程的教学效果与很多因素有关，如学生原有的基础、学生的兴趣与努力程度、课程的难易程度、教师的学术水平与教学方法等等，都会对教学效果产生影响。每一门课程的具体情况不同，教学效果自然也不同。从文理沟通方面来说，公共必修课程所发挥的作用尚属有限，尚有重新规划的必要。

表4-10　1930年度公共必修课程部分教师一览表①

课程名称	教师姓名	职别	简历
大一国文	杨树达	中国文学系教授	字遇夫。湖南长沙人。国立师范大学国文系主任、教授。
	张煦	中国文学系教授	字怡荪。四川蓬安人。国立北京大学讲师。国立女子师范大学教授。
	刘文典	中国文学系教授	字叔典。安徽合肥人。国立北京大学国文系教授。
	朱自清	中国文学系教授兼代理主任	字佩弦。浙江绍兴人。国立北京大学文学士。浙江省第一、第六师范等校国文教员。
大一英文	陈福田	外国语文系教授	广东东莞人。美国夏威夷大学学士，哈佛大学硕士。
	温德（R. Winder）	外国语文系教授	美国人。美国芝加哥大学硕士。美国西北大学、芝加哥大学助教、教授，国立东南大学教授。

① 《国立清华大学一览》（1930年）。《国立清华大学十九年度教职员一览表》。

（续表）

课程名称		教师姓名	职别	简历
大一英文		瑞恰慈（I. A. Richards）	外国语文系教授	英国人。英国剑桥大学文学教授。
		叶崇智	外国语文系教授	字公超。广东番禺人。美国爱木海士脱大学文学士，哈佛大学硕士。国立北京大学教授。国立暨南人学外国文学系主任兼图书馆馆长。
		吴宓	外国语文系教授	字雨僧。陕西泾阳人。美国哈佛大学硕士。英国牛津大学研究。东南大学西洋文学系教授。东北大学英文教授。
		翟孟生（R. D. Jameson）	外国语文系教授	美国人。美国威斯康辛大学学士、硕士。爱德河、格林朵、芝加哥大学副教授，孟匹勒、伦敦大学讲师。
政治学概论		浦薛凤	政治学系教授	字逖生。江苏常熟人。美国哈佛大学硕士。云南东陆大学教授，国立浙江大学教授。
经济学概论				
社会学原理				
历史	中国通史	吴其昌	历史系专任讲师	浙江海宁人。清华学校国学研究院毕业。天津南开大学教员。北平辅仁大学讲师。天津南开大学社会经济研究委员会研究员。
	西洋通史	孔繁霱	历史系教授	字云卿。美国格林奈尔大学学士，芝加哥大学硕士。德国柏林大学肄业。
现代文化				
逻辑（论理学）		金岳霖	哲学系教授	字龙荪。湖南长沙人。美国波西尼亚大学理学士，哥伦比亚大学哲学博士。
		冯友兰	文学院院长、哲学系教授兼主任	字芝生。河南河唐人。国立北京大学毕业。美国哥伦比亚大学博士。河南中山大学文科主任，国立广东大学哲学系主任，燕京大学哲学教授。

(续表)

课程名称	教师姓名	职别	简历
大学 普通物理	萨本栋	物理系教授	字亚栋。福建闽侯人。美国斯丹福大学工学士,吴士脱工科大学电机工程师,物理科博士,研究助理。
普通化学及定性分析	张准	化学系主任	字子高。湖北枝江人。美国麻省理工大学学士,理论化学研究所研究助理。东南大学、金陵大学、浙江大学化学教授。
普通生物学	陈桢	生物学系教授兼主任	字席山。江西铜山人。美国哥伦比亚大学硕士。国立东南大学、北平国立师范大学、国立中央大学生物学教授,东南大学动物系主任。
	李继侗	生物学系教授	江苏兴化人。美国耶鲁大学博士。
	吴韫珍	生物学系教授	字振声。江苏青浦人。美国康奈尔大学哲学博士。
	寿振璜	生物学系教授	字理初。浙江人。美国斯丹福大学硕士。兼任静生生物调查所动物学教授。

专业课教学中,课堂讲授也是很重要的方式。有的教授比较讲究教学方法,条理清晰,学生容易接受。如陈岱孙讲授“西方经济思想史”,虽然准备了一厚本讲稿,但并不照本宣科,却把西方经济学派讲得“非常清楚,有条理”,简直是“出口成章,毫无虚字”,而且时间把握得几乎分秒不差,“每次总是准时上课,准时下课”。① 吴有训讲授“近代物理”,条理性强,授课内容新颖,大部分是关于近代重要的物理实验和结果。② 有的教授不太讲究教学方法,但比较注重教学内容,能提出新的见解和观点。如陈寅恪教学不太讲究条理,没有正式

① 王铁崖:《追思陈岱孙先生》,《校友文稿资料选编》第7辑文章精华,见清华校友网 http://www.tsinghua.org.cn/alumni/infoSingleArticle.do?articleId=10025211&columnId=10025068。

② 《王淦昌全集》(5),石家庄:河北教育出版社,2004年,第240页。

的讲稿，所开的“中古哲学史”一课，开始有很多学生听课，最后只剩下周辅成等三人。但即使如此，周辅成仍然认为“跟有学问的老师谈一阵，却可以得到不少学问”。[①] 当然也有一些课程的教学采取照本宣科的方式，内容也毫无新意。如王文显讲授“莎士比亚”，有一本用英文写成的讲义，教学方法就是在课堂上念讲义，“下课铃一摇，合上讲义走人”，讲义基本不作改动。[②] 张奚若讲授“柏拉图思想”，手持《理想国》的英译本，照本宣科，“既无评论，也无发挥”。[③]

一些教授开始采用教学与自修相结合的方式，引导学生进行学术研究，以培养研究能力，但大多限于专业课程中的高级课程。如俞平伯讲授“小说史”，课堂讲解时间很少，一般只有 15 至 20 分钟，主要是用来报告自己对小说产生的新想法。其余时间全部用于学生阅读指定的参考资料，进行思考和研究。[④] 蒋廷黻讲授“中国外交史专题”，只用两周时间讲史学方法及如何做论文，其余时间则要求学生自己去做研究、写论文，指定的参考书及下发的讲义很多。[⑤]

从这一时期的教学活动来看，课堂讲解是主要的教学方法，这种教学方法要求教师对本门课程必须有自己的见解和渊博的学识，才能在课堂上挥洒自如，游刃有余，此外讲课必须注重条理性，讲解要清楚、明晰。否则，采用照本宣科的方式，很难达到好的教学效果。据外国语文系学生王岷源的切身体会，教学上要取得成功，教师必须具备三个条件：

---

① 《周辅成：少年奋发有为，老来笑看风云》，《周辅成文集》第 2 卷，北京：北京大学出版社，2011 年，第 560 页。

② 《季羡林全集・学海泛槎——季羡林自述》第 5 卷，北京：外语教学与研究出版社，2009 年，第 210 页。

③ 王作求：《一些不以清华园为家的清华大学文法科教师》，《清华校友通讯》复 46 期文章精选，见清华校友网 http://www.tsinghua.org.cn/alumni/infoSingleArticle.do?articleId=10019586&columnId=10019438。

④ 吴组缃：《清风明月，高山流水——我心中的俞平伯先生》，任文贵、杨北楼：《长相思：名人笔下的教师》，北京：北京出版社，2000 年，第 89—90 页。

⑤ 《清华校友梁嘉彬（1932 级历史系）访问稿》，转引自苏云峰：《从清华学堂到清华大学（1928—1937）》，北京：生活・读书・新知三联书店，2001 年，第 141 页。

> 首先,当然是教师必须对所讲授的内容十分熟悉,透彻了解。其次,他必须对他所讲授的内容有兴趣、有爱好,不断在自己的专业方面继续钻研,随时注意本专业的新发展。第三,教师必须对讲授的对象——学生,热情关怀,对他们的学习、理解、进步关心,同学生建立起一种亲切的师生关系。①

王岷源认为当时清华大多数教授“对所讲授的课程都是熟悉的,有研究的”,但是也有些教授重复讲授一门课多年,“上课时多半按几年来使用过的讲稿照本宣科,在课堂上也很少向学生提出问题,致使课堂空气沉闷,师生间也无法建立起一种较为亲切的关系”。② 季羡林也认为当时讲课好的老师不多。③ 这至少部分说明这一时期清华教师的教学方法或学术水平尚有待改善和提高。除了课堂讲演外,引导和启发式的教学方法也开始被应用于一些课程,学生在教师的引导和启发下对一些问题进行思考和讨论。这是一种互动性的教学,与灌输式的教学相比,能收到较好的效果。但并不是所有的课程都能采用这种教学方法,一些基础性的课程只能采用课堂讲解的方法,必须视课程需要而定,教学方法只是传授知识的一种手段而已,优劣与否,不能一概而论。

与课堂理论知识讲解相辅而行的还有各种实地参观、考察,以加强学生的感性认识。如经济学系“高等会计”班由教师顾翊群带领,参观了大陆银行、北平交易所、仁立地毯公司、华洋义赈会、燕京地毯工厂等处,详细考察了会计制度及簿记方法。④ 社会人类学系“劳工问题”班由教师陈达率领赴丙寅食料品工厂、经纬织布工厂、丹华火

---

① 王岷源:《忆念吴雨僧先生》,李继凯、刘瑞春编:《追忆吴宓》,北京:社会科学文献出版社,2001 年,第 42 页。

② 王岷源:《忆念吴雨僧先生》,李继凯、刘瑞春编:《追忆吴宓》,第 42 页。

③ 蔡德贵整理:《季羡林口述史》,西安:陕西师范大学出版社,2010 年,第 71 页。

④ 《实地考察》,《清华周刊》第 31 卷第 2 号第 456 期,1929 年 4 月 6 日,第 32 页。

柴公司、光明料器工厂、财政部印刷局、初起机器造纸工厂、双和盛啤酒公司等处参观。[①] 该系“社会学”班也在陈达率领下参观了河北省第一模范监狱、中央防疫处、孤儿院、公共卫生事务所、河北高等法院第一法院、看守所、聋哑学校、疯人院、养老院等处。[②] 历史系由教师吴其昌率领参观了黄寺、古物陈列所钢瓷器库、孔庙、国子监、雍和宫、观象台、历史博物馆、中央研究院档案、阜成门耶稣坟等处。[③] 地理系尤其注重理论与实践、课堂讲授与野外实习相结合，第一学年为野外短途的参观实习；第二年为暑期的地形及地质测量实习；第三年为春假的长途野外考察，去过山西太原、五台山、大同、湖南衡山、常宁水山口、山东济南、张夏、泰安、大汶口等地；第三年夏季从事专业调查，收集毕业论文资料。[④] 实地参观及野外考察不仅进一步加深了对课堂知识的理解，而且为学生提供了走出校园与大自然、社会近距离接触的途径，不仅是一条获取知识的渠道，也开阔了眼界，丰富了人生历练。

总而言之，在“学术化”方针下，公共必修课程中作为学术研究的基础性课程，国文和英文受到了足够的重视，相关各系都派出了骨干力量作为师资，成效显著，但是作为发挥文理沟通作用的甲、乙两类公共必修课程，教学效果差强人意，尚有待进一步改进。专业课教学中，一些课程引入讲授与讨论、研究相结合的方法，在传授专业知识的同时，着力学术兴趣的培养及方法的训练，但也有一些专业课程一仍旧贯，照本宣科，距离“学术化”尚有一定的距离。

---

① 《劳工问题班参观工厂》，《清华周刊》第31卷第4号第457期，1929年4月6日，第16页。

② 《参观忙》，《国立清华大学校刊》1929年5月3日，第3版。

③ 《春假参观》，《清华周刊副刊》第35卷第6期，1931年4月4日，第18页。

④ 杨遵仪：《清华大学地学系（1929—1937）》，王鸿祯主编：《中国地质事业早期史——纪念丁文江100周年章鸿钊110周年诞辰》，北京：北京大学出版社，1990年，第111页。

第五节　学术团体的兴起与知识面扩展

这一时期，在教学活动之外，各类学术团体的大量涌现为培养学术兴趣、扩展知识领域提供了平台。清华自从学系制度建立后，即已开始陆续成立一些学术团体，如经济学会、政治学会、化学系同学会、历史学会、工程学会等，但是各团体相对处于沉寂状态，并不活跃。1928年秋，罗家伦长校后，更多的学术团体陆续成立，如辰星社、物理学会、数学会、生物学会、中国文学系同学会、中国历史学会、边疆问题研究会、心理学会、社会人类学会、哲学会等，并逐渐开展得有声有色。[①] 另外，一些旧的社团也重新改组，呈现出新的面貌。如成立于1922年的科学社进行了改组，扩展了会员范围，并承担起自然科学各学科之间联络的责任。[②] 到1931年清华二十周年校庆之际，约有近二十支学术社团活跃在清华园内。

表4-11　1931年清华大学部分学术社团一览表[③]

名称	宗旨	会员	成立时间	备注
文学社	创造中国新文学	12人	1921年	
科学社	研究自然科学，发展互助精神	165人（教职员不在内）	1922年（一说成立于1915年、1919年）	1928年改组
终南社	文学		1926年	
历史学会	研究史学并谋本系之发展	本系同学	1926年	1928年改组

① 《国立清华大学现存各会社概况》，《清华周刊》第30卷第5号第446期，1928年12月8日，第60页。

② 《科学社近闻》，《国立清华大学校刊》1929年1月4日，第4版。

③ 《国立清华大学现有学生社会概况》，《国立清华大学廿周年纪念刊》（1931年）。《国立清华大学现存各会社概况》，《清华周刊》第30卷第5号第446期，1928年12月8日，第60页。

（续表）

名称	宗旨	会员	成立时间	备注
政治学会	研究政治学术、联络感情并补助本系之发展	本系同学、他系同学对政治有兴趣者得加入	1927 年秋由政治学研究会及政治系同学会合并而成	
经济学会	研究经济知识、联络感情	本系同学	1927 年秋由经济调查会改组而成	
物理学会	切磋学问、联络感情、交换意见	21 人	1927 年 9 月（一说 1928 年 9 月）	
中国边疆问题研究会	研究边疆各问题并唤起国人之注意	30 余人	1928 年夏	
化学系同学会	研究化学，联络感情及谋本系发展	47 人	1928 年	
晨星社	文艺著述		1928 年 9 月	
生物学会	研究生物科学，谋中国学术之发展	24 人	1928 年 10 月	
数学会	切磋学问，联络感情	14 人	1928 年 11 月（一说 1928 年 10 月）	
中国文学系同学会	研究文学、联络感情并谋本系之发展	本系同学	1928 年 11 月	
地理学会		本系同学	1929 年	
土木工程学系会	研究工程、联络感情及谋本系之发展	70 人	1929 年 10 月	
社会科学社	站在辩证法的唯物论，研究新兴社会科学	10 余人	1930 年	
社会人类学系学会			1931 年	
清华世界语学会	以研究及传播世界语为宗旨		1931 年	

大量学术团体的涌现与罗家伦的“学术化”办学方针是分不开的。当时，关于如何才能实现清华“学术化”问题，有人建议设立学术团体、研究机关，在教授、学生中选择“确具学识并富有研究精神者”

为会员,并予以特殊权利,鼓励发表文字、讨论学术问题。[①] 罗家伦采纳了这一建议,他本人也成为中国历史学会的发起人之一。[②] 罗家伦不仅鼓励和提倡成立学术团体,而且对于一些学术团体的出版活动,也尽量给予资助。如中国文学会出版文学刊物、政治学会出版《政治书报指南》皆获得学校津贴。[③]

在所设立的学术团体中,虽然多以学科来命名,但是其成员并不限于相应各学系。如经济学会简章规定"凡本校经济系教授、学生、职员皆为本会会员;凡本校教职员及学生对于经济有特别兴趣,经本会会员二人之介绍,亦得为本会会员";"国内外经济专家经全体会员过半数之同意,得由本会聘请为名誉会员"。[④] 物理学会也有类似的规定:"凡清华物理系同学为本会当然会员,其他同学经会员一人之介绍与全体会员之通过得为本会会员,本系教职员及毕业同学均为本会名誉会员。"[⑤]生物学会由原来的生物系同学会扩充而成,扩充的出发点在于系主任刘崇乐及该系学生皆认为"生物学为人生必具之常识,即普通人亦应有相当之研究",主张将该会扩充,使他系同学及教职员亦得参加。[⑥]

改组后的科学社成为清华自然科学类综合性学术团体,新的章程规定清华生物学会、物理学会、数学会、化学系同学会、工程学会的会员为当然会员。科学社还决定邀请当时尚未组织学会的心理学系同学加入,因为"心理学之成为独立的科学已无疑问,且其发展与自

---

① 郭颖川:《如何使清华学术化》,《清华周刊》第 30 卷第 1 号第 442 期,1928 年 11 月 9 日,第 14 页。

② 《中国历史学会之筹备,罗家伦、朱希祖二先生之提倡》,《国立清华大学校刊》1929 年 1 月 4 日,第 2 版。

③ 《文学会第二次常会》,《国立清华大学校刊》1929 年 4 月 12 日,第 2 版。《政治学会一束》,《清华周刊》第 444 期第 30 卷第号,1928 年 11 月 24 日,第 67 页。

④ 《清华经济学会简章》,《国立清华大学校刊》1928 年 11 月 26 日,第 3 版。

⑤ 《物理学会消息》,《国立清华大学校刊》1929 年 4 月 10 日,第 3 版。

⑥ 《异军突起之生物学会》,《清华周刊》第 30 卷第 1 号第 442 期,1928 年 11 月 9 日,第 63 页。

然科学之应用又有密切关系”。[①] 边疆问题研究会会员不仅本校师生可以加入，而且向校外人员开放，该会规定“国立清华大学之教职员及学生赞成本会宗旨，愿加入本会者得为普通会员”，“凡校外人士对于边疆问题素有研究或研究兴趣者，经会员二人以上之介绍，得为本会特别会员”。[②] 由罗家伦、朱希祖发起的中国史学会则向全国史学者开放，以清华历史学会为当然成员，北平各校史学系、国内各史学专家均在邀请之列。[③] 这种学会组织的方式，有利于不同学科之间的交流和切磋，为扩展知识面和激发新思想搭建了一个平台。

各学会成立后开展了丰富多彩的活动，邀请各界名人和学者演讲是其中的重头戏。演讲的题材一般较为广泛，主要是围绕各学会宗旨从各个角度进行展开和延伸。如地质学教授翁文灏即曾为化学系同学会演讲《与地质学有关系的几个化学问题》，揭示了地质学与化学之间的联系。[④] 经济学会曾邀请历史系讲师吴其昌演讲《原始度量之试探》，[⑤]邀请社会人类学系主任陈达演讲《小家庭制度》[⑥]，题材延伸到历史学和社会学。演讲的对象并非仅限于各学会会员，而是向全校公开，凡有兴趣者皆可前往聆听。按照罗家伦的想法，讲演可以使各系同学“相互的得着不同系教授的益处，可以谋知识学术上的联络，可以藉以得着一种广义人文和科学的教育”。[⑦] 因此，由学校举办的总理纪念周也经常与一些学会合作，邀请名人和学者演讲，并由此从单调乏味的政治宣传一变而为带有学术气氛的活动，颇受师生

① 《科学社近闻》，《国立清华大学校刊》1929 年 1 月 4 日，第 4 版。

② 《国立清华大学边疆问题研究会简章》，《清华周刊》第 30 卷第 6 号第 447 期，1928 年 12 月 15 日，第 53 页。

③ 《本校历史学会将加入中国历史学会》，《国立清华大学校刊》1928 年 12 月 10 日，第 2 版。

④ 《化学系近闻》，《清华周刊》第 30 卷第 3 号第 444 期，1928 年 11 月 24 日，第 66 页。

⑤ 《经济学会启事》，《国立清华大学校刊》1930 年 10 月 27 日，第 1 版。

⑥ 《陈博士大讲小家庭》，《清华周刊》第 30 卷第 6 号第 447 期，1928 年 12 月 15 日，第 46 页。

⑦ 罗家伦：《举行纪念周的意义及其方式》(1929 年 9 月 23 日在国立清华大学总理纪念周的演讲)，《罗家论先生文存・演讲》(上)，第 60 页。

的欢迎。

表 4-12　1928 年至 1930 年清华学术团体举办演讲部分题目一览①

学会名称	题目或内容	演讲者
化学系同学会	最近美国化学情形	谢惠
化学系同学会	与地质学有关系的几个化学问题	翁文灏
政治学会	收回汉口租界经过	吴之椿
政治学会	The Way of Treating Public Documents（搜集公文之方法）	马克瑞
政治学会	英国官吏制度之沿革	钱端升
经济学会	欧战后欧洲各国的货币概况	陈岱孙
经济学会	小家庭制度	陈达
经济学会	中国最低生活程度	许仕廉
经济学会	美国经济学界现状	秦缜略
经济学会	合作运动与土地问题	曾同春
经济学会	原始度量之试探	吴其昌
物理学会	闪电	萨本栋
终南社	杜诗与渥茨渥斯	黄子通
终南社	新文学的将来	杨振声
终南社	中国戏剧最近之趋势	张彭春
中国文学会	杂体诗	朱自清
中国文学会	中国文学中妇女地位之变迁	杨振声
历史学会	中国史前史	翁文灏
文学社	漫谈	徐志摩
数学会	线几何(Line Geometry)	孙光远
边疆问题研究会	黑龙江情形	翁文灏
边疆问题研究会	东三省矿产与国际关系	翁文灏

① 辑自《清华周刊》《国立清华大学校刊》各期以及齐家莹等编:《清华人文学科年谱》,北京:清华大学出版社,1999 年。

（续表）

学会各称	题目或内容	演讲者
科学社	雷电时应注意之事项 及避雷针之功效	黄厦千
科学社	X线之普通性质及其效用	吴有训
社会人类学会	世界人类学之发展及现状	史禄国

除举办演讲外，开展学术讨论和研究也是各学会开展活动的方式之一。各学会首先着手编纂书目索引和搜集图书资料，以为各项专题讨论和研究奠定基础。如：边疆问题研究会成立搜集图书委员会，专门负责搜集图书，其中的西藏组则着手编辑有关西藏问题的书报指南；[①]政治学会编辑有《政治书报指南》等。以此为基础，各学会开展了多种形式的学术讨论和研究活动。政治学会的方法是先由会员共同讨论决定研究课题，再由会员分头着手研究，每两周举行研究会一次，报告研究心得。[②] 生物学会除就各专题进行讨论外，还举办读书报告会，由会员报告读书心得。[③] 边疆问题研究会滇桂组要求组员阅读有关滇桂书籍，并撰写书评或提要。[④] 各学会的讨论和研究活动有助于培养学术兴趣和切磋学问，也使学生得到了初步的学术训练。

此外，各学会还组织赴各地参观、调查、搜集资料，以增长实践经验，并密切与现实社会的联系。如：生物学会组织暑期采集队，奔赴吉林、青岛、厦门、宁波，采集动植物标本；[⑤]政治学会组织会员参观北

① 冰雪：《边疆问题研究会成立大会纪略》，《清华周刊》第30卷第6号第447期，1928年12月15日。

② 《政治学研究股开始请客及研究》，《清华周刊》第31卷第2号第455期，1929年4月6日，第33页。

③ 《生物学会开会》，《清华周刊》，第30卷第4号，第445期，1928年12月1日，第56页。《经济学会最近消息》，《清华周刊副刊》第36卷第4、5期，1931年12月5日，第26页。

④ 《边疆问题研究会滇桂组第一次常会记》，《国立清华大学校刊》1929年1月14日，第1版。

⑤ 《生物学会迎新记事》，《清华周刊》第34卷第1号第494期，1930年10月20日，第69页。

平市政府、河北省高等法院、河北地方法院、第一监狱、第二监狱、训政学院、贫民教养院、疯人教养院等处。[①] 边疆问题研究会为唤起国人的注意,尤其注意联系现实问题,分"东三省""蒙古""新疆""西藏""滇桂""海疆"等六组,按组搜集资料,而且各组中一些组员即来自或邻近分组地域。如:东三省组李述庚为沈阳辽宁人,海疆组邬振甫为浙江奉化人,滇桂组林文奎为广东新会人,他们对本乡状况较为熟悉,故研究较易有心得。边疆问题研究会还将东三省列为暑期旅行目的地,以实地感受边疆风土人情和大好河山,加深对实际情况的认识。[②] 该会的活动一度引起日本人的关注。日本人曾表示愿向该会提供资料上的帮助,还邀约该会代表午餐和谈话,企图拉拢。后该会派代表与之谈话,以弄清真相,但拒绝了午餐,应对从容,不卑不亢。[③]

各学会还对学校及各院系发展的相关问题展开讨论,并积极建言献策。政治学会曾以"学年大考制度应当废除"为题举办国语辩论会,结果反方得胜。这次辩论有利于统一学生中对于考试制度的不同意见,从而消除了一些学生对考试制度的怀疑和抱怨。中国文学会曾向系主任接洽增设"国学要籍"课程;边疆问题研究会曾向学校建议增设俄文班及关于日本历史政治方面的课程,并请求图书馆增订东三省各边省所出版之报章杂志。[④] 这些都是经过各学会会员充分讨论后提出的合理性建议,大多获得采纳。

编辑和出版刊物是各学会发表和分享学术观点的重要手段,当时清华很多学会都拟定了刊物出版计划,如边疆问题研究会的《边疆》(*The National Frontier*)、生物学会的《生物学杂志》季刊、政治学会的《政治学报》半年刊等,心理学会也拟组织会员翻译心理学名

---

① 《参观忙》,《国立清华大学校刊》1929 年 5 月 3 日,第 3 版。

② 《边疆问题研究会第一次常会》,《清华周刊》第 31 卷第 1 号第 454 期,1929 年 3 月 29 日,第 59 页。

③ 《日人注意边疆研究问题》,《国立清华大学校刊》1929 年 1 月 18 日,第 2 版。

④ 《政治学会消息》,《清华周刊》第 33 卷第 3 号第 482 期,1930 年 3 月 17 日,第 235 页。《中国文学会委员会第二次会议》,《国立清华大学校刊》,1928 年 12 月 19 日,第 1 版。《边疆问题研究会近讯》,《国立清华大学校刊》1929 年 5 月 3 日,第 3 版。

词并付印出版。但是刊物出版不仅存在较长的时间周期，而且需要大量的经费投入，同时又受一些客观条件的制约，如学习任务繁重及部分会员陆续毕业离校等，一些学会的出版计划迟迟未能实现。其间陆续问世的有1929年5月出版的文学社《新风雨》月刊、1931年4月出版的中国文学会《清华中国文学会月刊》等。

综上所述，学术团体活动不仅有助于扩大知识面，培养学术兴趣，切磋学问，激发思想的火花，也有助于增进师生、同学之间的交流，加强感情联络，培养团体协作精神，从多方面弥补了课堂的局限和不足。但是，由于学习任务繁重及学会成员经常变动，常常导致预定计划不能按时完成，如边疆问题研究会原拟定寒假赴东三省实地调查，结果一直拖延到暑假，一些学会的刊物出版也一再延后等等。尤其是1930年5月罗家伦辞职后，提倡乏人，学生只顾埋头于书本之中，学术团体的精神难免有“日形衰落”之势。①

第六节　“纪律化”方针下的人格培养

不可否认，罗家伦在清华实行的“学术化”办学方针成效显著，学生一心向学，教师致力于教学和研究，全校形成了较为浓厚的学术风气。但是师生之间除了上课外，课外接触的机会很有限，教师和学生之间主要呈现一种知识传授上的关系，对于促进学生的全面发展，在思想、人格的影响上还很不够。校长罗家伦认为师生之间，除了知识技能的传授外，必须讲求“人格的接触”，仅有知识的灌输，“不能算一种完全的教育”②。同时，他也肯定体育和军事训练对于人格培养的

① 徐雄飞：《欢迎新同学的意义》，《消夏周刊》（欢迎新同学专号）第6期，1930年9月1日，第9页。

② 罗家伦：《亡国的教育现状》（1933年4月16日在中央政治学校总理纪念周的演讲），《罗家伦先生文存·演讲》（上），台北：国史馆、中国国民党中央委员会党史委员会，1988年，第310页。

作用,认为体育能使身体强健,从而有"强健"的心灵,但是仅仅进行体育训练还不够,还必须进行军事训练,以养成纪律、敏捷、勇敢、整洁等基本的军人道德和国民道德。[①]

罗家伦长校后,提出的发展清华"四大化"办学方针中有"纪律化"一条,"纪律化"主要以军事训练作为实现的手段。1928 年 9 月,他在向大学院、外交部呈送的《整理清华大学方针》中表示将恢复军事教育,"以期养成纪律化之国民性",以符合大学院"提倡军事教育之宗旨"。[②] 1925 年清华改办大学后一度曾开设军事训练课,但不久即取消。其后,大一级学生曹盛德曾发起组织军操团,目的在于聚集一批对军事训练有兴趣的同学,进行"远行野宿"和演讲军事知识,以培养一种讲究秩序的观念和实践的精神。[③] 所以,当时清华学生中也有实行军事训练的要求。

1928 年 11 月 3 日,军事训练启动仪式在体育馆前隆重举行。全校四百余学生身着军服,按年级分为四大队,各大队分为四小排,每排有值日生立于排首,有军乐队立于队列最后。全体向国旗、党旗行致敬礼。校长罗家伦和教务长杨振声皆发表讲话。罗家伦告诫学生,"彻底的体魄锻炼,相当的军事实习及军事课程,如野操、战术、典范令之要则、阵中勤务之规条,以及指挥统率之方法等项,实为健全国民必备的知识"。但是,"军事训练不仅是体魄的训练,乃是精神的训练,是习惯的训练";"军事训练的生活不仅是几点钟操场的生活,而在其以军队的纪律、精神及生活习惯,来改革中国民族衰颓浪漫、骄夸偷惰的恶习"。罗家伦希望清华学生"能从军事训练上表现自己

---

① 罗家伦:《求学的态度》(1938 年 12 月 6 日在国立中央大学柏溪分校的演讲),《罗家伦先生文存·演讲》(上),第 660—662 页。

② 罗家伦:《上大学院、外交部呈,整理清华大学方针》(1928 年 9 月),罗家伦先生文存编辑委员会编:《罗家伦先生文存·函札》,国史馆、中国国民党中央委员会党史委员,1989 年,第 72 页。

③ 《军操团》,《清华周刊》第 29 卷第 3 号第 431 期,1928 年 3 月 2 日,第 294、295 页。

是中国民族复兴时代的青年”。[①]

军事训练开始后，全校实行军事化管理，规定每周训练 8 小时，其中操场训练 4 小时，野战实习 3 小时，另有战史讲演，由该校德国籍教师普来生(L. C. Plessen)担任。军事训练实行早晚点名制度，早晨 6 点半必须到场，2 次不到者警告，3 次不到者记小过，满 3 次小过记 1 次大过，3 次大过即除名；而且规定学生不能随便外出，出校门者须持出门证。[②] 军事训练要求之严格远远高于大学院的要求。该年 5 月，大学院曾通令各大学及各省市教育厅局在专科以上各校增加军事教育课程，每星期至少三次，以两年为限，并未具体规定训练时间及训练方法。[③] 而且当时真正开设军事训练课的大学寥寥无几，甚至到 1929 年 6 月，仍有很多学校一味“玩延”，未按规定将所聘军事教官的资格、履历及人数呈报教育部。[④] 清华实行如此严格的军事训练主要出自罗家伦个人的主张。

对于军事训练，学生们开始还比较有兴趣，缺席的很少。但是不到两个月，到场的学生越来越少，基本上是为了学分在敷衍了事。学生沈有鼎经常不上早操，被记了 8 次小过，险些被除名；张岱年因无法适应这种严格的管理，转学去了师范大学。[⑤] 学生们对军事训练的很多方面不满意。首先是军训设备不良，训练用的军械都是些破旧的木枪，流于形式，很难引起兴趣；其次，所学的只是一些诸如立正、

① 罗家伦：《军事训练的意义和使命》(1928 年 11 月 2 日(3 日)在国立清华大学的演讲)，《罗家伦先生文存·演讲》(上)，国史馆、中国国民党中央委员会党史委员会，1988 年，第 28—31 页。天问：《军营化的清华》，《清华周刊》第 30 卷第 2 号第 443 期，1928 年 11 月 17 日，第 142 页。

② 天问：《军营化的清华》，《清华周刊》第 30 卷第 2 号第 443 期，1928 年 11 月 17 日，第 142 页。树公：《受了军事训练以后》，《清华周刊》第 33 卷第 14 号第 494 期(校务改进号)，1930 年 6 月 17 日，第 1211 页。《国立清华学校之新设施》，《申报》1928 年 11 月 9 日，第 10 版。

③ 中国国民党中央委员会党史史料编纂委员会编：《抗战前之高等教育》，《革命文献》第 56 辑，台北，1971 年，第 143 页。

④ 《教育部催令实行军事教育，下学期起一律实行》，《华北日报》1929 年 6 月 6 日，第 5 版。

⑤ 冯友兰：《三松堂自序》，北京：人民出版社，2008 年，第 317 页。

开步走、向前看等初级的机械动作，不能学到真正的军事知识；再次，学生们认为军事训练的目标是要把他们变成军人，将来要上战场冲锋陷阵，因而产生了抵触情绪。[①] 军事训练甚至成为学生们揶揄的对象，如看见有人在路上走，就齐声喊“一二一，左右左”，使人不自觉地走成练兵操的步伐，窘迫不堪。[②] 总而言之，作为“纪律化”的军事训练没有达到预期的效果，以失败而告终。次年3月，校评议会议决“修正通过本大学军事训练施行规则，规定一二年级必修，三四年级选修，每学期两学分”。[③] 1929年新学年开始后，又按教育部要求，取消早晚点名制，军事训练改为每周3小时。[④] 学分减为每学期1.5学分，每学年3学分。[⑤]

相对于军事训练而言，罗家伦对体育课的重视程度显然很不够，最初甚至未将体育列入必修课。之所以如此，一个很重要的原因应是当时大学院并未规定将体育列入必修课。罗家伦在军事训练方面投入了大量的人力和经费，设置大队长1人、队长4人、教官1人、书记1人，却将体育部大幅度减员，只安排一位职员留守。[⑥] 在军事训练成效甚微、遭到学生抵制后，校评议会于次年3月议决减少军事训练时间，同时将体育课恢复为大学四年期间必修课，每学期1学分，四年共8学分。[⑦] 体育课虽得以恢复，但学时由原来的每周4小时减为2小时，体育部教职员也由最初的6人减为3人，体育教员改称

---

① 《清华的军事训练》，《清华周刊》第31卷第4号第457期，1929年4月20日，第1—3页。

② 吴组缃：《敬悼佩弦先生》，朱金顺：《朱自清研究资料》，北京：北京师范大学出版社，1981年，第273页。

③ 清华大学校史研究室编：《清华大学九十年》，北京：清华大学出版社，2000年，第48页。

④ 树公：《受了军事训练以后》，《清华周刊》第33卷第14号第494期(校务改进号)，1930年6月17日，第1211页。

⑤ 《国立清华大学本科学程一览》(民国十八年至十九年度)，第2页。

⑥ 《清华的军事训练》，《清华周刊》第31卷第4号第457期，1929年4月20日，第2页。

⑦ 清华大学校史研究室编：《清华大学九十年》，北京：清华大学出版社，2000年，第48页。

“训练员”，列入职员编制；取消了体育部主任马约翰的教授待遇和职称，改为“主任训练员”，“降职”“降薪”；停止了体育课的国术训练。①当时教授们对这一做法“都看不过去”，劝马约翰辞职。尽管马约翰也非常清楚罗家伦“瞧不上体育”，但他觉得从事体育教学是“为了教育青年，不是为名，更不为钱”，所以教学热情并未因此受到影响。1929底，他率领清华足球队参加华北足球赛，荣获冠军。马约翰因此受到了隆重的礼遇。罗家伦不仅恢复了他教授的职位，还给他颁发了银杯。罗家伦态度发生转变，除重视荣誉之外，或许还有政府已将体育课规定为必修课的原因在内。1929年4月，南京国民政府公布“国民体育法”，规定“高中或高中以上之学校均须以体育为必修科”。② 但这件事让马约翰认识到，国民党对体育的态度只是“猎取到名利，他们就要你；不能，他们就把你一脚踢开”，完全是把体育作为一个“沽名钓誉的工具”。③

从1929年冬起，清华体育课正式实行1英里普及训练，目的是“由从事体育，进而好事体育，由好事体育，进而乐事体育”，但由于学校当局并不真正重视体育，再加上长跑训练需要学生有很大的毅力，结果仍是“难能尽如人意”。④ 然而，学生对课外的体育运动仍保持浓厚的兴趣，原来每天下午四点以后的课外体育活动仍然继续进行。如杨遵仪每天下午四点后即去运动场跑25～30圈，然后去体育馆作机械操，再去游泳池运动半小时左右，稍作休息后，再去体育馆参加各种比赛。⑤ 1930年3月，在学生会代表大会的强烈要求下，罗家伦

① 清华大学校史编写组：《清华大学校史稿》，北京：中华书局，1981年，第136、137页。

② 中国国民党中央委员会党史史料编纂委员会编：《抗战前之高等教育》，《革命文献》第56辑，台北，1971年，第149页。

③ 马约翰：《谈谈我的体育生涯》，庄丽君主编：《世纪清华》，北京：光明日报出版社，1998年，142、143页。

④ 《二十年来之体育》，《国立清华大学二十周年纪念刊》(1931年)。

⑤ 杨遵仪：《我与清华情结》，《清华校友通讯》复47期文章精选，见清华校友网 http://www.tsinghua.org.cn/alumni/infoSingleArticle.do? articleId=10020252&columnId=10020064。

同意重新请回原来的国术教师李剑秋担任教练。一些国术团成员还要求以国术来代替军事训练术科。[①] 1930年5月，罗家伦因国民党在北平政治势力减弱，无法继续立足，被迫辞职。其后，不仅体育部职员又增加到6人，而且增加了体育设施，先后修筑网球场、篮球场、排球场10余处，体育运动又逐渐恢复至原来的状态。[②]

罗家伦在校期间，对学生人格、思想进行训练的另一个途径是党义课的设置。为了加强政治训练，用国民党意识形态统一学生思想，“为青年建树一中心思想与信仰”，1928年2月，国民党二届四中全会决定将实施党义教育作为今后重要任务，并通令全国各级学校增设党义课程。[③] 1929年8月14日教育部公布的《大学规程》规定大学必须开设“党义”课程。此前，教育部曾应全国大学及专门学校党义教师委员会要求，训令清华大学将党义教师情况报送该会进行资格审查。但当时清华尚未聘定党义教师。罗家伦认为聘任党义教师必须“审慎”，因为“现时党的理论解说纷歧，稍一不慎，流弊滋多”，而“真正了解主义、忠于主义而能发挥主义之真精神，领导青年思想于正当途径”的党义教师，短时间内“颇难觅得”。在延聘到合适的教师之前，罗家伦决定暂请周佛海来校集中时间进行系统讲演，并且在周到校之前，由他自己在每次总理纪念周“随时加以发挥或解释”。[④]

清华的总理纪念周活动正式开始于1928年10月15日，规定每周一上午8时至9时举行。[⑤] 但是对于这种带有政治意味的活动，相

---

① 《国术团》，《清华周刊》第33卷第3号第482期，1930年3月17日，第234、235页。

② 《新计划》《兴土木》，《清华周刊副刊》第35卷第1期，1931年2月28日，第19、20页。

③ 谢国辉、杨汉馨：《对于全国大学党义教育的意见》，《华北日报》1929年7月21日，第7版。

④ 《国民党政府教育部令开设党义课程、检定党义教师的部令和来往文书》，清华大学档案，全宗号1，目录号2—1，案卷号43。

⑤ 清华大学校史研究室编：《清华大学九十年》，北京：清华大学出版社，2000年，第46页。

当一部分教授和同学都不愿参加，觉得“无意思”。[①] 为此，罗家伦专门发出布告，要求学生到时务必参加，并要求教职员也必须参加，“以为表率”。[②] 在这种一厢情愿的情势下，罗家伦想通过总理纪念周活动来宣传党义显然不能收到预期的效果。此后，虽然聘请了党义教师，但几位教师任教时间都很短暂，更换频繁，其效果也可想而知。

综上所述，罗家伦长校期间，清华在通才教育实施方面取得了一定的进展。如对公共必修课程的教学，加强了教学力量，提高了教学质量；对于他系课程的选修开始注重与专业课程之间的密切关系，以保持知识的系统性；学术团体的活跃，促进了学术交流，拓宽了知识领域。这些都是与罗家伦“学术化”的办学宗旨分不开的。但与此同时，一些举措也使得通才教育的实施效果弱化了。如在公共必修学程甲类课程中增设逻辑课，使得一些自然科学基础差的学生得以逻辑代替自然科学，以至于文理知识结构失衡。在新生招考过程中，为了改变在校学生人数文理不平衡的局面，使用了修改考试科目和录取标准的方法，也在一定程度上有违文理兼具的人才选拔原则。在对学生人格的训练方面则是没有取得进展，通过军事训练实现“纪律化”的目的完全归于失败。人格训练之所以失败，不能不部分归因于罗家伦的政治气质过于浓重。罗家伦处于这样一种尴尬的状态，“在教育家看来，他是一位政治家，在政治家看来，他是一位教育家”。[③] 政治气质过于浓重，容易将人变成政治的工具，而不是目的，当然也谈不上造就全面发展的人才。当时有人认为罗家伦“对于所欲造就之人才，其学问、思想、识见、气节，如何可以达到渊博、深邃、卓越、奇特之处”，尚未注意到，不能说没有道理。[④]

---

① 《学术化和政治化》，《国立清华大学校刊》1928 年 11 月 9 日，第 3 版。

② 《校长布告》，《国立清华大学校刊》1928 年 11 月 7 日，第 1 版。

③ 刘继青：《大学改革的理想与困境——罗家伦整理整顿清华大学的前前后后(1928—1930)》，《清华大学学报》(哲学社会科学版)2013 年第 6 期，第 84 页。

④ 《吾侪所希望于学校当局者》，《清华周刊》第 31 卷第 5 号第 458 期，1929 年 4 月 27 日，第 5 页。

第五章 探寻“大学之道”:梅贻琦长校时期的通才教育

梅贻琦(1889—1962),字月涵。祖籍江苏武进,生于天津。清华首批留美生。1910 年入美国吴士脱工学院(Worcester Polytechnic Institute)学习电机工程。留学期间,皈依基督教。1915 年起任教清华学校,先后为数学、物理教员。1921 年赴美国芝加哥大学进修,次年获机械工程硕士学位。1926 年当选为清华教务长。1928 年 11 月赴美任清华留美学生监督处监督。1931 年 12 月 3 日,梅贻琦正式就任清华大学校长。此后,梅贻琦担任清华校长十八年,直至 1949 年出走台湾,被誉为清华“终身校长”。在 1931 年到 1937 年梅贻琦到任的最初 5 年多时间里,清华大学的通才教育有了长足的发展和进步,吸取了以前各阶段清华通才教育实施过程中的经验和教训,在通才教育与专门教育之间找到一个了平衡点,发展成为一种比较稳定、成熟的通才教育模式。

第一节 梅贻琦长校及其通才教育理念

1931 年 12 月 3 日,梅贻琦正式出任清华大学校长。此前一年多的时间内,清华校长频繁更迭。先是 1930 年 5 月,罗家伦因国民党在北平失去势力,无以立足,被迫辞职。然后是 1931 年 6 月吴南轩在上任不到 3 个月后,因欲图“建立校长的全权统治”,强行任命各学院院长,与教授会发生了严重冲突,被师生联手驱逐。同年 9 月,翁文灏任代理校长,但也无意久于此任,旋提出辞职。校长更迭频繁,导致清华很多发展计划无法正常实施。为清华长远发展考虑，叶企孙、陈岱孙、周培源、吴有训、金岳霖等清华教授与清华出身的中央研究院研究员赵元任协商，共同向教育部举荐梅贻琦为清华校长。当时梅任驻美清华学生监督已三载，最初并不愿意接替校长职务，在教育部的再三催促下，以及赵元任表示自愿为其解除后顾之忧、接替驻美监督一职后，才答应回国就任。[①] 当初罗家伦出任清华校长时，梅贻琦作为前教务长，曾是被清华学生拟驱逐的把持清华校务的“帝国主义的走狗”之一，[②]但这次学生方面并没有明确表示反对。12 月 1 日，清华学生自治会召开第二次代表常会，决定对梅贻琦就任校长问题，“暂守缄默，不表示态度”。[③] 按照冯友兰的观察，当时大学中有校长、教授、学生三派势力，如果有两派联合起来反对第三派，第三派必然要失败。[④] 梅贻琦长校不仅为教授们所支持和拥护，而且学生们也无异议，与罗家伦当初所面临的复杂局面相比，其境遇不可同日而语。

梅贻琦与清华有很深的渊源，不仅是清华首批留美生，而且也是清华首位民选教务长。此前，梅贻琦在清华任教十余年，以独特的人格魅力，在其周围逐渐聚集了一批被吴宓视为“梅派”的“公正之人”。[⑤] 由于梅与清华深厚的渊源，清华教师对他非常具有认同感，“从感情上和对教育的基本观点上说，他和广大教师们是一致的”[⑥]。1931 年 12 月就任校长后，校内的教师很多是他的学生和后辈，对他

---

① 杨步伟：《元任和中央研究院的关系》，见赵元任：《赵元任生活自传》，北京：中国华侨出版公司，1989 年，第 188—189 页。李书华：《悼梅月涵先生》，载《清华校友通讯》新 3、4 合期，1963 年 4 月 10 日。

② 张朋园等：《郭廷以先生访问纪录》，台北：中央研究院近代史研究所，1987 年，第 188 页。

③ 《学生自治会消息》，《清华周刊副刊》第 36 卷第 4、5 期，1931 年 12 月 5 日。

④ 冯友兰：《三松堂自序》，北京：人民出版社，2008 年，第 77 页。

⑤ 吴学昭整理：《吴宓日记(1928—1929)》，北京：生活·读书·新知三联书店，1998 年，第 61、62 页。

⑥ 陈岱孙：《三、四十年代清华大学校务领导体制和前校长梅贻琦》，原载《文史资料选编》18 期，1983 年，见《陈岱孙文集》(下)，北京：北京大学出版社，1989 年，第 486 页。

都很尊重。

梅贻琦性格沉稳，为人、做事、治学都很严谨，他“用哲学态度来观察事势，用科学态度来分析事理”①，非有结论从不轻言、妄言，讲话少而慢，他的慢条斯理在清华是出了名的，这一特征经常在师生联欢会上被学生们模仿得惟妙惟肖。尽管学生们认为梅“不是擅长讲话的人”，甚至不能算是“一位很高明的教书先生”，但都公认其“是一位伟大的教育家”。② 梅是一位既传统又新潮的人，一方面恪守中国人的优良传统，另一方面在思想、工作方法、生活上又乐于接受新知识。③ 梅贻琦“平易近人，作风民主”，非常支持清华已经逐步形成的教授治校体制，作为校务会议、评议会和教授会的主席，总是虚心听取教授的意见，而教授们因其“谦虚诚挚”，对其所持意见亦特别尊重。每次开会时，往往争论颇为激烈，但梅一言不发，最后在大家争执不下之时，由他“归纳结论，片言立决”。④ 梅既有“吾从众”的风度和涵养，又是一位“集大成的贤才”。⑤ 作为校长的梅贻琦能够虚心听取意见、集思广益，惟其如此，其教育理念才能在实践中较好地得到推行。

在人才培养理念上，梅贻琦是一位“通才”论者。广义上，梅贻琦所主张的通才教育体现在大学教育中各个不同层次。第一层次是指完整的大学教育。虽然梅贻琦所接受的是西方大学教育，但其大学教育理念却蕴含着中国传统经典《大学》中的精华，即所谓“大学之道，在明明德，在新民，在止于止善”，也就是说大学的宗旨在于“弘扬光明正大的品德，在于让百姓仁爱敦睦、明理向善，在于使人达到最

---

① 李榦：《敬念梅校长》，霍宝树：《我所认识的梅月涵先生》，《清华校友通讯》新 2 期，1962 年 8 月 29 日。

② 王之：《我所认识的梅校长》，《清华校友通讯》新 39 期，1972 年 1 月 31 日，第 21 页。

③ 叶公超：《忆梅校长》，《清华校友通讯》新 12 期，1965 年 4 月 29 日，第 2 页。

④ 浦薛凤：《梅故校长精神永在》，原载《传记文学》第 1 期，见《清华校友通讯》新 2 期，1962 年 8 月 29 日。

⑤ 余才友：《梅月涵与清华大学》，《观察》第 3 卷第 13 期，1947 年，第 18 页。

完善的境界”。梅贻琦认为中国的大学制度虽然是一种西方舶来品，但大学的精神却可以从中国传统文化中汲取，因为人类文明的经验大致相同。由于现代人类生活不会超出“己”和“群”或者“个人”和“社会”这两大范畴，所以，教育的最大目的“要不外使群中之己与众己所构成之群各得其安所遂生之道，且进以相位相育，相方相苞”，“此地无中外，时无古今，无往而不可通者”，也就说教育的最终目的是促使人类社会和谐生活。要使人类社会能和谐生活，首先个人必须“明明德”，即“格物，致知，诚意，正心，修身”，然后才能“新民”，即“齐家，治国，平天下”，最后达到“至善”。[①]

第二层次范围稍为缩小，即完整的人格教育，相当于《大学》中的“明明德”，即修己的工夫。梅贻琦认为完整的人格教育，至少包括知、情、志三方面。“知”指知识的传授。他认为传授知识不能仅用灌输的方法，还必须时时加以启发和引导，因为“理智生活之基础为好奇心与求益心，故贵在相当之自动，能有自动之功，斯能收日新之效”。“情”“志”指“情绪”和“意志”两方面，即培养坚强的意志与稳定的情绪，可以通过师友的言传身教和垂范以及学生自身加强修养来培养。梅贻琦认为知、情、志相互影响，关系密切，只有“持志坚定而用情有度”的人才能免于“思想偏蔽”从而达于“治学谨严”。大学教育应该致力于知、情、志的陶冶，在知的方面，以“博约”为原则，在情的方面，以“裁节”为原则，在志的方面，以“持养”为原则。[②]

第三层次范围更小，即通识重于专识的智识教育。梅认为大学教育应“通专兼顾”，且“重心所寄，应在通而不在专”。因为“社会生活大于社会事业，事业不过为人生之一部分”，“通识，一般生活之准备也，专识，特种事业之准备也，通识之用，不止润身而已，亦所以自通于人也”。所谓“通识”，即使学生对于自然科学、社会科学与人文

---

① 梅贻琦：《大学一解》，刘述礼、黄延复编：《梅贻琦教育论著选》，北京：人民教育出版社，1993 年，第 99 页。此文成于 1941 年，由梅贻琦拟定要点，潘光旦执笔，2002 年收入潘乃谷、潘乃和编、人民教育出版社出版的《潘光旦教育文存》。

② 梅贻琦：《大学一解》，刘述礼、黄延复编：《梅贻琦教育论著选》，第 100—102 页。

科学三大知识门类，均有“相当准备”，不仅对每一门类有充分的了解，而且在三者之间，“能识其会通之所在，而恍然于宇宙之大，品类之多，历史之久，文教之繁，要必有其一以贯之之道，要必有其相为因缘与依倚之理”。[①] 梅贻琦认为“学问范围务广，不宜过狭，这样才可以使吾们对于所谓人生观，得到一种平衡不偏的观念。对于世界大势文化变迁，亦有一种相当了解。如此不但使吾们的生活上增加意趣，就是在服务方面亦可以加增效率”。[②]

对于大学专业教育来说，梅贻琦认为其最大的效用也不在于养成“一批限于一种专门学术的专家或高等匠人”，大学文、理、法、工、农等学院所要培养的应该是这几大门类方面的通才，甚至于两个方面以上的综合通才。就工学院来说，“工学院毕业的人才，对于此一工程与彼一工程之间，对于工的理论与工的枝术之间，对于物的道理与人的道理之间，都应当充分了解，虽不能游刃有余，最少在这种错综复杂的情境之中，可以有最低限度的周旋的能力。惟有这种分子才能有组织工业的力量，才能成为国家目前最迫切需要的工业建设的领袖”。工学院所培养的人才，不仅对于经济地理、经济地质，乃至于一般经济学科都要有充分的认识，而且对于心理学、伦理学，乃至于一切的人文科学、文化背景，都应该有充分的了解。工业教育“除了工学本身所需要的自然科学外，应该旁及大部分的人文科学与社会科学，旁及得愈多，使受教的人愈博洽”，从而“在物理与人力的组织上，所遭遇的困难愈少”。[③] 另外，从学问的效用上来讲，梅贻琦认为也必须实行通才教育。任何学问有三种用途，一是理论之用，二是技术之用，三是组织之用；“没有理论，则技术之为用不深，没有组织，则技术之为用不广”。政治就是如此，政治学与政治思想属于理论，

---

① 梅贻琦：《大学一解》，刘述礼、黄延复编：《梅贻琦教育论著选》，第 105—108 页。

② 梅贻琦：《学问范围务广，不宜过狭》，原载《国立清华大学校刊》1932 年 6 月 1 日。见刘述礼、黄延复编：《梅贻琦教育论著选》，第 17 页。

③ 梅贻琦：《工业化前途的人才问题》，《周论》第 1 卷第 11 期（工程教育专号），1948 年。此文成于 1943 年，由梅贻琦拟定纲目，潘光旦执笔，1946 年以《工业教育与工业人才》为题，收入商务印书馆出版的潘光旦文集《自由之路》。

吏治属于技术,而政术或治道则属于组织,三者都不能或缺。[①] 梅贻琦长校后,为推行和加强通才教育,进行了一系列的探索和实践,这种探索和实践首先体现在施行大学一年级不分院系制度上。

第二节 施行"大一不分院系"制度

一、"大一不分院系"制度的建立

清华大学自 1926 年建立学系制度后,一年级新生入学后即按各自所选定的学系组织教学。这也是当时中国大多数大学通行的做法。但是,对于大一新生来说,学系选择往往带有相当程度的随意性,或受一些偶然因素的干扰,导致所选非其兴趣所在;或因对大学各学科性质了解不够,导致所选学系与自身知识结构、学力不相适宜。结果,一些新生在选定某一学系学习一段时间后又要求转系。这种现象在学系制度建立后的清华并不少见。如 1926 年余冠英考入历史系,后转入中文系;1928 年林庚、吴宗济分别考入物理系、市政工程系,后林庚转入中文系,吴宗济转入化学系,又从化学系转入中文系;1929 年,吴组缃、杨遵仪一同考入经济系,后吴组缃转入中文系,杨遵仪转入地理系。他们后来都成为各自领域学有所成的大家,当时也都不可避免地遭遇到学系选择的困惑。

针对大一新生选系存在的各种问题,1930 年 9 月 8 日,物理系教授吴有训首次在该学年第一次教授会上提议"入校一年级生只分院不分系",但这是一个关系到学制变革的复杂问题,政治系教授吴之椿提议"将此案交评议会讨论"。[②] 吴有训认为虽然学生应选习他最感兴趣的学科,但学生的兴趣往往并不稳定,容易受中学时任课教师

---

① 梅贻琦:《工业化前途的人才问题》,《周论》第 1 卷第 11 期(工程教育专号),1948 年。

② 《教授会议记录》,清华大学档案,全宗号 1,目录号 2—1,案卷号 55:1,第 90 页。

的影响，往往因某一门教学方法得当而对此一学科产生特殊兴趣，这种特殊兴趣只是由于其他学科没有教好的原故，并非个人真正兴趣之所在。而且，一些学生选系往往掺杂了很多无关兴趣的因素，如过于考虑将来的出路问题，又易为一时感情冲动所左右，而且会囿于成见及面子，即使教师提醒其不适于学习某门，仍坚持自己对该门有特殊兴趣，固执己见。更应引以为戒的是大一新生对大学的院系性质并不真正了解。所以，“大学里面，分系实不宜过早，课程更不宜开头便专，应当等学生比较成熟，才来选定学系；同时院系的负责人，对于学生应选的学系，也须切实加以指导”。[①] 当时，校长罗家伦已辞职，虽然次年吴南轩接替校长职务，但不到3个月就被驱逐，其后翁文灏虽任代理校长，但时间也很短促。在校政一时难以稳定的情况下，该提案很难得到充分的讨论，应是暂时被搁置。

梅贻琦长校后，学校秩序逐渐恢复，各项组织功能也开始正常行使。1932年11月3日，又开始有教授在教授会常会上提议一年级新生分院不分系，主张一年级课程不分学系按学院进行设置，“以免新同学志趣不定，徒费时间精力”。该提案与两年前吴有训的提案完全一致。教授会最终决定由教务长与各院院长先商定意见，然后再提交下月教授会常会讨论决定。[②] 其后，教务长张准在总理纪念周例会上对教授会讨论“大一分院不分系”问题的情况进行了通报，以使全校师生能充分发表意见，收集思广益之效。[③] 按照张准的解释，教授会之所以有大一分院不分系的提议，是因为学生选系时，“未经充分探求本人性情与某种学问之适合与否”，但经过一段时间课程学习后，又发现“兴趣才具不宜”，往往要求改系，而改系总要带来各种不便之处。所以希望通过实行分院不分系制度，使一年级新生入校后，

① 《关于理学院的一些看法》(1940年4月)(吴有训遗稿，题目为编者加)，郭亦玲、沈慧君编：《吴有训的科学贡献：吴有训科学论著、讲演、文稿、谈话集》，厦门：鹭江出版社，1997年，第151页。

② 《教授会议案》，《清华副刊》第38卷第7期，1932年11月14日。

③ 《二十一年度清华大事记》，《清华副刊》(新年号)，1932年12月31日。

“对于各种学问共同必需之工具与基本知识，得有充分训练”，“同时可有长期时间为适当择业之考虑与准备”。[①]

11月23日，在教务长召集的各学院院长会议上，文学院院长冯友兰、理学院院长叶企孙、法学院院长萧蘧、校长兼工学院院长梅贻琦分别提交了各院教授讨论后汇总的意见。工学院方面表示赞同分院不分系，因为工学院三学系（土木工程系、机械工程系、电机工程系）第一年课程设置原本即基本相同。理学院方面也表示问题不大，因为各系原本即均以数理化为基本科目，唯一的问题是数理化均集中在一年级，课时稍嫌繁重。理学院提出的初步方案为该院一年级新生可在现有六系中选择三系，到二年级时再于三系中任选一系，“或不至如现在之拘束”。文学院方面提出的问题在于文学院共同课程难以设置，如果这一问题得到解决，则分院不分系也无问题。法学院方面则要求先确定大学教育的目标，是普通知识训练还是专门学术训练。如为普通训练，则不仅不分系，而且应该不分院；如为专门训练，则一年级新生入校即应分门别类。教务长认为各方意见分歧过大，难以据此提出一个统一的方案，决定将各方意见提交下月教授会，由全体教授详加讨论。[②]

此后，讨论的焦点由“大一分院不分系”问题变为大学教育的目标问题，即大学教育的目标究竟为“普通知识训练”还是“专门学术训练”，是培养“通才”还是培养“专业人才”，是培养“人”还是制造“机器”。[③] 当时校内对此问题存在两种不同的观点：理工科的很多教授一般倾向于培养专才，希望“高度专门化”，“希望学生在入校第一年中就开始接受专门课程”；文法科的很多教授，一般倾向培养通才，“希望晚一点开始专门课程，要多授一些普通课程”。[④] 相应地，学生

① 《清华一年来之校务概况》，《清华副刊》第39卷第7期，1933年。

② 《大一分院不分系问题，教务长及各院院长会商，意见不一致，提下月教授会讨论》，《清华副刊》，第38卷第8期，1932年11月。《十一月十四日总理纪念周纪事》，《国立清华大学校刊》1932年11月16日。

③ 冯友兰：《三松堂自序》，北京：人民出版社，2008年，第325、326页。

④ 蒋廷黻：《蒋廷黻回忆录》，长沙：岳麓书社，2003年，第131页。

们对此也抱有两种不同的观点,"文科同学偏重通才,工科同学偏重专才"。[①] 然而,双方均难以说服对方,以至于该问题屡议不决。最后双方经过折衷妥协,决定大学一、二年级,以"通才"教育为主,三、四年级以专业教育为主。[②] 但是双方对这一结果都不满意,问题又回到了"大一分院不分系"。

在 1932 年 12 月 1 日的教授会例会上,"大一分院不分系"问题得到了热烈的讨论,前后历时二个半小时,意见仍无法统一。叶企孙、萧蘧等主张既不分院又不分系,并主张一年级设置英文、国文、自然科学、社会科学四种必修课及一种选修课;朱自清等则倾向分院不分系。[③] 因意见无法统一,教授会决定请校长聘任专门委员组成委员会对此问题进行进一步讨论,以便提出方案交下一次教授会讨论。12 月 8 日,校长梅贻琦聘请教务长(张准)、各学院院长(冯友兰、叶企孙、萧蘧、梅贻琦)及分别来自文、理、法、工学院的四位教授代表吴景超、孙国华、钱端升、顾毓琇等九人为委员,专门讨论大一不分系问题。委员会决定先拟定各院固定课程表,以观察"分院不分系"制度到底会面临何种困难,然后就此进行讨论,再将讨论结果提交教授会,"以供参考,而资决定"。[④]

12 月 27 日,九人委员会开会,再次对大一不分系问题进行讨论,最终议定大一既不分院也不分系,并对大一课程拟定了两种方案,提交教授会讨论。[⑤] 第一种课程为多数人所建议,课程分 5 组:1. 国文;2. 英文;3. 社会科学组(政治、经济、社会、西洋通史、中国通史,5 选 1);4. 自然科学组(物理、化学、生物、心理、地学概论,5 选 1);

---

① 陈岱孙:《关于经济学学习问题的一次谈话》,原载《清华经济管理研究》创刊号,1985 年 4 月;《陈岱孙文集》,北京:北京大学出版社,1989 年,第 894 页。

② 冯友兰:《三松堂自序》,北京:人民出版社,2008 年,第 325、326 页。

③ 朱乔森编:《朱自清全集 · 日记》第九卷(上),南京:江苏教育出版社,1997 年,第 175 页。《教授会开会,大学讲演停止一次》,《清华副刊》第 38 卷第 8 期,1932 年 11 月。

④ 《校长指聘张子高先生等九人为委员会委员,讨论大一分院不分系之具体办法,本周开会先试拟各院课程表》,《清华副刊》第 38 卷第 8 期,1932 年 11 月。

⑤ 《二十一年度清华大事记》,《清华副刊》(新年号),1932 年 12 月 31 日。

5. 五类课程[甲(哲学概论、逻辑、算学)、乙(中国文学史、第一年德文、第一年法文)、丙(政治、经济、社会、西史、中史)、丁(物理、化学、生物、心理、地学概论)、戊(工艺实习),五类中任选1门或2门,但2门不得属于同一类]。第二种课程为少数派建议,也分5组:1. 国文;2. 英文;3. 通史;4. 物理或化学或生物(3选1);5. 哲学概论或算学(2选1)。同时建议工学院一年级课程可于其中酌量指定,大概因为工学院专业课程比较繁重,不得不在一年级设置专业课的缘故。① 第一种课程中每一学系都在其中列有一门最直接相关的基础课程,显得较为松散、庞杂,不够紧凑。相对而言,第二种课程显然更为接近各类学科的基础门类,比较适合于用来"提高大学生之普通知识及其思想之训练",目的性更明确。②

1933年2月16日,教授会对两种课程方案进行了讨论。③ 3月2日,教授会常会再次就此进行讨论,最终决定接受第二种课程方案,仅将第5组课程在哲学概论或算学中任选一门改为在论理学与算学中任选一门,并决定大一课程具体内容交由教务长召集各系主任组织委员会进行讨论。3月9日,一年级课程指导委员会成立,按照大一课程的门类,校长梅贻琦聘请张准(教务长、化学教授)、朱自清(国文教授)、陈福田(英文教授)、刘寿民(历史学教授)、萨本栋(物理学教授)、李继侗(生物学教授)、郑之蕃(算学教授)、张申府(哲学教授)等八人为委员,张准任主席。课程指导委员负责讨论、制定大一课程的内容和标准。④

大一不分院系制度下公共必修课程最重要的改变是将历史课程提到很重要的地位。此前历史课程只是与政治学、经济学、社会学一起被列为公共必修课中社会科学类课程的一种,学生可任意选修,所

① 《教授会启事》,《国立清华大学校刊》1933年1月4日。《大一课程教授会已决定,共计五门,内容及标准由系主任商决》,《清华副刊》第39卷第1期,1933年3月15日。

② 冯友兰:《文学院概况》,《清华周刊》(向导专号),1936年6月27日,第8页。

③ 蔡仲德:《冯友兰先生年谱初编》,郑州:河南人民出版社,1994年,第131页。

④ 《二十二年度清华大事记》,《清华副刊》第40卷第11期,1933年。清华大学档案,档号:1—2:1—8—032。

以只会有一小部分学生选修此课。但是现在历史学从这四门课程中脱颖而出，成为全校大一学生的必修课。历史课程之所以受到青睐，与多数学科的属性、此前各系的课程设置及校长梅贻琦的教育理念是分不开的。此前中国文学系、外国语文学系、政治学系、经济学系、地理学系等系课程设置中都要求学生必须学习历史课程，这是由其学科本身属性决定的。历史系主任蒋廷黻曾说：“历史这东西，是人类记忆的延长（Extension of the Memory of Mankind），亘古以来的人类经验，包罗在他范围内，善用的就同经验一样，‘取之不竭，用之无尽’，因此凡有教育的人，应知历史，以明瞭现今之所以然，治专门学术的（尤其是政治、经济、社会学等），应知历史，以为他所学的基础或辅助。”[①]中国文学系教授朱自清认为中国通史是“本国文化的鸟瞰”，西洋通史可以使学生“了解西洋文化的背景”，大学生都应该比高中学生有进一步的了解。[②] 校长梅贻琦对于将历史学设置为必修课另有洞见，他希望学生通过历史课程的学习，能够与古人为友，从“言行举措”“典章制度”中借鉴和参考人生的经验，以提高自身的修养。[③]

大一不分院系制度下公共必修课程的另一重要改变是将算学或逻辑也列为必修课。罗家伦任校长时曾将逻辑与物理、化学、生物一起列为公共必修学程中的甲类选修课程，当时文法类学生大多选修逻辑，以逃避相对艰深的自然科学。当时算学虽未列入公共必修课程，但也是很多理工类学系必修的基础课程，物理系、化学系、土木工程系等皆要求学生学习算学。逻辑学被公认为训练思维的工具，算学也同样有此功能。算学系主任熊庆来认为算学“可以锻炼我们的思索力、注意力、判断力，可以养成我们耐烦的习惯，可以使我们认

① 蒋廷黻：《文学院概况·历史学系》，《消夏周刊》第6期（欢迎新同学专号），1930年9月1日，第44页。

② 朱自清：《论大学共同必修科目》，《高等教育季刊》第1卷第3期，1941年。

③ 梅贻琦：《大学一解》，刘述礼、黄延复编：《梅贻琦教育论著选》，北京：人民教育出版社，1993年，第104页。

识、理解中条理缜密”；而且算学与其他学科的关系也非常密切，“首为天文、物理，次为化学、地学等”，“也可致用于社会科学，特别是经济学”；算学“为一先进科学，可以作其他科学的模范，他的方法可以引用于其他科学”，“他种科学与数、空间、时间等有关系之处甚多，所以对于这许多问题，算学是解决的利器”，“自然现象间复杂的关系，往往可以一简单的方程式表之”。[①] 算学是如此重要的一门学科，把算学与逻辑一起列为必修课，非常适合当时清华的课程设置，也很切合很多学科的属性，是经过周密考虑后所做出的一种安排。

大一不分院系制度下的课程设置直接指向培养通才的目标，为了引起学生对课程的重视，确保教学效果，一些规定和举措陆续出台。1934 年 2 月，课程指导委员会对公共必修课的修习制定了严格的规定：1. 凡一年级应修课程不准退选，中途退选者以劣等计；2. 凡一年级课程应给予全年成绩，不及格者须复习全年；3. 凡一年级学程学期考试均应采行会考办法。3 月 8 日，教授会又通过议案，决定：1. 学生平时成绩太劣，虽未经大考，该课教授可给以劣等；2. 凡有必修学程不及格者须于次年该课开班时补习之，隔年补习者不给学分；3. 学程重习仍不及格者不得再选该课；4. 本校学生欲旁听课程者须经该任课教授及该生所属系主任许可（第一年级未分系须得教务长许可）。[②] 这一系列规定足以引起学生的高度重视和认真对待，因为如果第一年课程学习不能合格，则必将影响到后面专业课程的学习。后来，一些学生，尤其是文法类学生的经历足以证明此点。这些学生因为一年级自然科学成绩不合格，又不能补考，只能重新再学一年，以至于到了二、三年级仍必须“俯仰、徘徊”于实验室中。[③]

为了帮助大一学生了解各系实际情形及选课办法，确定志趣，为第二年选择学系做准备，课程指导委员会组织各系教授进行公开演

---

① 熊迪之（庆来）讲：《各系之组织内容与目的·算学系》，《清华暑期周刊》第 2、3 合期，1932 年，第 21 页。

② 清华大学档案，档号：1—2：1—51：2—207。

③ 狂言：《“分数经典”主义》，《清华副刊》第 42 卷第 9 期，1934 年，第 8 页。

讲。演讲者一般皆为系主任，演讲内容包括各学系的概况、课程分配、需要何种学生以及毕业后的出路等等。[①] 这一活动早在梅贻琦到校后实行大一不分系制度前就已开始举办。当时梅贻琦对例行的总理纪念周活动实行新办法，邀请校外名人或本校教授在纪念周上进行演讲，以调动学生到会的积极性。1932年4月11日至5月30日，在每星期一的纪念周上，中国文学系刘文典、外国语文系吴宓、哲学系冯友兰、历史学系蒋廷黻、政治学系浦薛凤、社会学及人类学系陈达、算学系熊庆来、经济学系陈岱孙、物理学系叶企孙、化学系张子高、生物学系陈桢、心理学系孙国华、地理学系袁复礼、土木工程系施嘉炀等系主任或代理系主任分别介绍了各系课程组织、设备情形及拟入该系者应具备的条件。[②] 总之，为了能使“大一不分院系”制度顺利实行，各种相关配套措施陆续出台，以应对可能出现的各种问题和情况，由此可见“大一不分院系”制度设计者的良苦用心。

二、“大一不分院系”制度实施后学生的反应

“大一不分院系”制度，虽然只是学制上的一种调整，但当时在中国大学教育中尚属新生事物，没有多少经验可以借鉴，所以在这一制度实施过程中，难免出现不同意见。其中反应最为强烈的莫过于大一学生。当时，学生们经常就此发表意见，展开讨论。[③]

按照当初的设想，清华推行“大一不分院系”制度，是根据“通”的原则[④]，其目的是为了使一年级新生入校后，对于各种学问共同必需的工具、基本知识及思想方法，得到充分训练，同时也可在此一年之内“细细体察自己志趣所在、性之所近”，从而为将来选择专业进行慎

---

① 《清华各学系将举行公开讲演》，《世界日报》1935年3月9日，第7版。《学校有举办选系指导，一年级同学可免徬徨之苦》，《清华副刊》第44卷第8期，1936年，第36页。

② 清华大学校史研究室编：《清华大学九十年》，北京：清华大学出版社，2001年，第60页。《二十一年度清华大事记》，《清华副刊》（新年号），1932年12月31日。

③ 冯友兰：《文学院概况》，《清华周刊》（向导专号），1936年6月27日，第8页。

④ 梅贻琦：《大学一解》，见刘述礼、黄延复编：《梅贻琦教育论著选》，北京：人民教育出版社，1993年，第108页。

重考虑与准备，以免“匆率勉强之弊”。[①] 据中国文学系主任朱自清的理解，当时实行此制的依据有三点：“第一，从文化教育的立场说，大学生应有广阔而坚实的知识基础，专门训练不能顾到这里，所以不宜太早开始。第二，因为偏重专门训练，所以外国研究院的科目，我们却到了三、四年级就有。好高骛远，结果是囫囵吞枣，不得实惠。第三，一年级生刚入大学，不明白各系情形，他们选系大多数凭自己的兴趣和将来的出路，才性适宜与否，自己是不知道的。因此往往中途转系，白费许多功夫。若是一年级生不分系别，学校到学年终了时，便可以审查他们的各科成绩，加以选系的指导。为国家育才，为学生择业，这样办都比较好。”[②]综合起来看，当时实行“大一不分院系”制度，主要是为进一步加强和扩展知识的基础和范围，并进行科学和思想方法的训练，同时藉以了解和认识各学科的性质以及认清自身兴趣真正之所在。

“大一不分院系”制度所要达到的一个很重要的目的是使学生能获得“广阔而坚实的知识基础”。但是一些学生未能对此形成深刻的认识。有的学生认为一年级课程中的国文、英文、历史、算学、物理、化学、生物等都是中学课程的重复，既然已通过大学入学考试，“绝用不着大学中再来补充”[③]；通史也“应该放到中学中去，不应在大学中费学生们宝贵的时间”。[④] 实际上这完全属于一种误解。因为，学生入学时都必须经过甄别考试，不合格的只能入补习班，补习班教授的才是相当于中学程度的课程，公共必修学程都是各类学科的大学基础课程。

---

① 梅贻琦：《在1933年度秋季开学典礼上的讲话》，原载《国立清华大学校刊》1933年9月15日，见刘述礼、黄延复编：《梅贻琦教育论著选》，北京：人民教育出版社，1993年，第52页。

② 朱自清：《论大学共同必修科目》，《高等教育季刊》第1卷第3期，1941年。

③ 新人：《论一年级不分院系》，原载《清华副刊》第42卷第5期，1934年11月19日，清华大学校史研究室编：《清华大学史料选编》第2卷（上），北京：清华大学出版社，1991年，第238页。

④ 紫丝：《大一的课程问题》，《清华副刊》第39卷第1期，1933年，第4页。

当时学生中普遍存在一种文、理划界的现象，即文法类学生不愿意学习算学和自然科学，理工类学生不愿意学习国文、历史等人文社会学科。理工类学生认为“一年的通史学程，除了消耗时间以外，并不会给他增加多少的智识，只要素常留心一点，都可以知道”，“并不是不学通史就‘一点儿不懂’历史演进的起码智识”。[①] 文法类学生认为算学和自然科学与自己的研究关系很少，不仅没有帮助，而且还会因这些课程与自己个性不相近，不能引起兴趣，可能“会和在麦陇上种几根水稻一样，不但是无稻可收，而土壤反而弄瘠了”。[②] 还有一些文法类学生对于学习自然科学的效果提出质疑，认为仅学习一门自然科学，所得的只是“不高不低”“不普通不专门”“半吊子”的知识，没有实际效用。[③]

学生们对于要求理工类学生学习人文社会科学、文法类学生学习自然科学这一点难以理解，认为这是一种“预科变相式的大学第一年课程”，只能“造成一些完全平凡的人”，“费了时间，而得不到实在的益处”。[④] 他们认为“大一不分院系”课程，“尽量地整齐而划一同学个性的发展”，[⑤]“斫伤了每一个同学个性的发展”，[⑥]只能使人“站在普通常识的训练上打圈子而不前进了！”[⑦]他们甚至认为一年级不分院系，学习公共必修课程，第二年才开始专业课程的学习，“无异于将大学的修业年限缩短了一年”，“少学着许多有关的专门知识”，“是一种极大的损失”。[⑧]

---

① 新人：《再论第一年不分院系》，《清华副刊》第42卷第9期，1934年，第2页。

② 有道：《大学教育应注意个性的发展》，《清华副刊》第42卷第10期，1934年，第8、9页。

③ 周英：《大一课程》，《清华副刊》第44卷第8期，1936年，第13页。

④ 紫丝：《大一的课程问题》，《清华副刊》第39卷第1期，1933年，第4页。

⑤ 周英：《大一课程》，《清华副刊》第44卷第8期，1936年，第13页。

⑥ 周英：《大一课程》，《清华副刊》第44卷第8期，1936年，第13页。

⑦ 新人：《再论第一年不分院系》，《清华副刊》第42卷第9期，1934年，第2页。

⑧ 新人：《论一年级不分院系》，原载《清华副刊》第42卷第5期，1934年11月19日，见清华大学校史研究室编：《清华大学史料选编》，第2卷（上），北京：清华大学出版社，1991年，第238页。

学生们的这些观点实际上也代表了当时整个社会对大学教育的认识，只求专精，只想成为专家，而没有学好基础知识和扩大知识面的意愿，没有成为通才的眼光和识见。相对来说，教授们对此问题则站得更高、看得更远一些。历史学教授雷海宗认为大学生应于在校时期“对学问兴趣立下广泛的基础”，才不至于将来工作时“害精神偏枯病”；“若在大学期间，就造成一个眼光短浅的学究，将来若要再作出专而博的工夫，其难真是有如登天”。所以他认为“对一门精通一切，对各门略知梗概，仍当是学者的最高理想”。[①] 朱自清也坚持“大学教育应该注重通才，不应该一味注重专家”，“大学应该顾到百年大计，不应该为一时偏畸的需要而变质”。[②]

“大一不分院系”制度施行的第二个重要目的为对学生进行“思想方法”的训练。有些学生能够认识到自然科学及算学、逻辑学“是一种科学的训练”，能使人“有清明的头脑，用分析的方法对待一切学问”。[③] 然而，有些文法类学生并不认同通过自然科学课程的学习来训练科学方法，认为自然科学并不是训练科学方法的唯一途径，任何一门专业课程都有其科学的方法，通过学习专业课程也可以训练科学的方法。[④] 还有一些文法学生虽然认为学习自然科学，从理论上说可以“使学生学习一点科学的训练，使学生学习一点科学的治学方法”，但实际上行不通。因为文法学生一般都对自然科学不感兴趣，甚至存在“厌恶”的情绪，结果并不能得到预期的学习效果。[⑤] 另外有一些文法学生认为自然科学的题材太“狭隘”，对于他们“少有裨益”，应该改为“科学概论”之类的课程，才能获得“科学的常识和科学的方

① 雷海宗：《专家与通人》，《新南星》第6卷第5期，1940年。

② 朱自清：《论大学共同必修科目》，《高等教育季刊》第1卷第3期，1941年。

③ 旧人：《读〈论第一年不分院系〉》，原载《清华副刊》第42卷第7期，1934年12月1日，见《清华大学史料选编》，第2卷(上)，第240页。

④ 新人：《再论第一年不分院系》，《清华副刊》第42卷第9期，1934年，第1页。

⑤ 味竹：《谈谈大一的文法学院课程》，《清华副刊》第44卷第6期，1936年，第8、9页。

法”。[①] 但是，如果按照工学院院长顾毓琇对“科学训练”的理解，学生们所提出的意见、看法大多经不起推敲。顾毓琇认为真正的科学训练是“设计一套实验，观察许多事实，加以分析归纳而得一些结论，并且对于结论的正确性和普通性，亦都有自知的了解”，这种实验的重点“不在乎科学的新结果，而在乎科学的训练”。[②] 按照这样的原则，那些想用专业课程或科学概论来取代自然科学训练科学方法的想法，只能算是太过于肤浅和狭隘。

“大一不分院系”制度实施的第三个重要目的是让学生在这一年时间里，能对各类学科及自己的兴趣有充分地了解，以便第二年选系能有所依据。但是有学生认为短短一年时间，区区五门课程，根本不足以发现个人兴趣之所在，也难以评判各系内容的性质。[③] 学生们最不能理解之处在于了解自己的兴趣所在，却不能进入自己向往的学系。这是因为第二年选系并非完全由学生的兴趣来决定，学力是否适合往往占了决定因素。一些学系如物理、化学、数学、中国文学等系对于入系皆有一定的要求，第一年相应的公共必修学程成绩必须达到中等者，才能获准入系。所以，并不是每一位学生都能如愿进入自己理想的学系。有学生抱怨：“第一年不修化学，难进化学系，同样，第一年不修物理，难进物理系，不分系其名而分系其实矣！而且极愿入物理系或化学系者以普通物理或化学之成绩不及中等以上，就要你尝尝闭门羹。”[④]入物理系要求很高，物理、数学必须都过了75分，系主任在二年级开学选课时才会同意签字。[⑤] 所以，一些学生认为，大一不分院系，“对于清华人是一种便利，同时也是一种痛苦”，

① 穆旦：《这是合理的制度吗?》，《清华副刊》第44卷第8期，1936年，第14页。

② 顾毓琇：《科学研究与中国前途》，原载《独立评论》第33号，见清华大学校史研究室编：《清华大学史料选编》，第2卷(上)，北京：清华大学出版社，1991年，第258—259页。

③ 周英：《大一课程》，《清华副刊》第44卷第8期，1936年，第13页。

④ 狂言：《“分数经典”主义》，《清华副刊》第42卷第9期，1934年，第8页。

⑤ 《何成钧学长访谈录——我的物理老师萨本栋教授》，《校友文稿资料选编》第8辑文章精华，见清华校友网 http://www.tsinghua.org.cn/alumni/infoSingleArticle.do?articleId=10025678&columnId=10025638。

“尽管在选系指导讲演中，系主任们说他们系里怎样的好，你来了是怎样的欢迎。可是有几系——像工学院各系和理学院的某几系总是分数的壁垒高筑，使人发生欲入不得之恨”。① 一些不能进入理想学系的学生甚至认为这种办法是强迫学生转入兴趣不合的系别，“剥夺了同学的自由，违背了他们的志愿”，“让苦恼与无聊充满了他们的心灵”。②

学生对“大一不分院系”制度的反应一定程度上折射出制度设计与现实之间存在的距离，不能不影响到预期目标的实现。当时一年级学生学习共同必修科目，很多都对课程学习存在偏向，对与自己志愿系有关的课程一般都比较认真，但对其余课程则会因为基础差或不感兴趣等原因，“敷衍了事”。一些学生因学习成绩不合格，申请缓期重习，竟有到了四年级还在学习一年级课程的，完全是“将马放在车子后头”；而且，重习课程时，更有可能“敷衍了事”，只求能马虎过关而已。也有些任课教师只注重拟入本系的学生，对于那些拟入别系的学生或重修该课程的别系学生，容易放松。这些做法都与“大一不分院系”制度的宗旨相违背，都是有待加以改善的地方。因为实施过程中存在这些问题，“这个制度的施行还没有达到相当的标准”。1936年，一年级学生曾给学校当局写信，请求废止大一不分院系制度，理由有二：“一是专门训练早一年该是切实些，二是勉强学生修习没有兴趣的科目，徒劳无功。”但是清华教授会每年讨论的结果，还是维持这个制度，希望经过一段时间的坚持，形成一种新的传统，以取代大学一年级开始专门训练的旧传统。③ 学生们最终在走出校门后也体会到了大一不分院系的优越性，认为不仅有利于学生夯实知识基础、了解各学科发展趋势、开阔视野，对于选择院系也有很充分的

① 白岩：《谈清华二年级生的选系》，《世界日报》1936年9月26日，第9版。
② 显：《第一年不分院系的观感》，《清华副刊》第42卷第9期，1934年，第4页。
③ 朱自清：《论大学共同必修科目》，《高等教育季刊》第1卷第3期，1941年。

预备。①

第三节　课程结构的合理化

梅贻琦长校后，在清华课程设置方面进行了局部调整。按照教育部1931年出台的《学分划一办法》，1932年8月27日，第41次评议会修正通过了《国立清华大学本科教务通则》，规定课程总学分由136减为132，公共必修课程甲组学科中的化学课时增加，学分由8分增加到10分，生物、逻辑减少课时，学分由8分减少为6分，历史增加课时，学分由6分增加到8分，取消了现代文化一课。② 结果，公共必修学程改为国文（6学分）、英文（6学分）、甲组学科[物理（10学分）、化学（10学分）、生物（6学分）、逻辑（6学分），择一]、乙组学科[政治（6学分）、经济（6学分）、社会（6学分）、历史（8学分），择一]，其学分占总学分的18%至23%，比重有所提高。

1933年秋季起实行大一不分院系制度，第一年全部教授公共必修课程，专业课程延迟至第二年学习，取消了此前公共必修课程中的甲类和乙类学科分散在第一、二年选修的办法，以避免发生“将马放在车子后头”的现象，突出了公共必修学程在整个大学课程设置中的优先地位。而且，公共必修课程学分大幅度提高，共36至40学分，包括国文（6学分）、英文（8学分）、历史[中国通史（8学分）、西洋通史（8学分），择一]、算学或逻辑[逻辑（6学分）、高级算学（6学分）、微积分（8学分），择一]、自然科学[大学普通物理（10学分）、普通化学及定性分析（10学分）、普通生物学（8分）]，共五门课程，其学分约

① 武衡、宋叔和：《地质教学理论结合实际的楷模》，杨遵仪：《桃李满天下——纪念袁复礼教授百年诞辰》，武汉：中国地质大学出版社，1993年，第19页。

② 《大学本科及研究院学程一览（1932年至1933年度）》，《国立清华大学一览》，1932年12月，第21、29页。

占总学分的27%至30%。[①] 其中,英文课时每周增加1小时,学分由6学分提高至8学分。此后公共必修课程又有一些局部调整。1935年2月14日,教授会通过议案,在公共必修课程自然科学类选科中,增加地质学(8学分)一门。[②] 1936年,又将物理和化学每周课时减少1小时,调整后的公共必修课程学分占总学分的27%至29%。[③] 公共必修课程种类及课时的不断调整,某种程度上说明其设置办法仍处于尝试和探索阶段,尚未形成固定的模式,毕竟这种制度在全国尚不多见,仍需要不断地磨合和调整,逐渐总结和积累经验。

将清华大一不分院系制度下的公共必修课程设置与其他大学进行比较,其特征立即显现。与光华大学、复旦大学相比,清华国文、英文课的学分较少;清华和复旦公共必修课中皆设历史课程,但清华为中国通史或西洋通史,而复旦为中国近百年史或欧洲近世史,且清华为8学分,而复旦为6学分;复旦自然科学包括物理、化学、生物学、心理学,而清华为物理、化学、生物、地质;清华不设社会科学,仅设历史一课,而复旦两者皆设;清华的军事训练和体育在三校中学分最多。所有这些不同一方面说明清华更注重公共必修课程的功能性和知识性的平衡,及课程结构上的平衡,同时也一定程度上说明清华的公共必修课程设置尚有调整的空间。

① 《本科教务通则·附各会议关于教务之议决案》,《国立清华大学一览》,1935年10月,第6页。

② 清华大学校史研究室编:《清华大学九十年》,北京:清华大学出版社,2001年,第75页。

③ 《清华大学一览·中国文学系学程一览》(1937年),见清华大学校史研究室编:《清华大学史料选编》,第2卷(上),第300页。

表 5-1　清华、光华、复旦三大学公共必修学程设置比较①

清华大学		光华大学				复旦大学	
课程名称	学分	课程名称	学分			课程名称	学分
			文	理	商		
党义	2	党义	2	2	2	三民主义	2
国文	6	国文	14	14	14	国文	12
英文	8	英文	16	16	16	英文	12
历史	8					历史	6
		社会科学	18	6	12	社会科学	6
自然科学	8～10	自然科学	8	24	8	自然科学	8
算学或逻辑	6～8	数学	6	18	6		
军事训练	6	军事教育	4	4	4	军事教育	2
体育	8	体育	6	6	6	体育	2

大一不分院系制度下的公共必修学程主要是针对文、理、法三学院，对于 1932 年成立的工学院来说，因其较强的应用性，课程繁重，相应做了变通处理。工学院以原来附属于理学院的土木工程系为基础，增设机械工程系和电机工程系而成。工学院发展迅速，在师资、设备、学生人数等方面发展规模均超过文、法、理三院，跃居清华各学院之首。工学院第一年课程也基本按照文、法、理三院第一年不分院系公共必修学程设置，惟将历史一门改为经济学概论。

在大一不分院系制度下公共必修学程调整后，各学院学生选课又形成了新的偏好。罗家伦长校时期，逻辑与物理、化学、生物组成甲类公共必修课程，全校学生必须在其中任选一门，文学院偏爱选习逻辑，对于其余三门无人问津；法学院学生则偏爱逻辑与生物，对于物理、化学也是避之唯恐不及；理、工两学院则因学科属性大多选习物理、化学。大一不分院系制度实行后，全校学生必须在物理、化学、

① 《各系毕业生必修学分数一览》，《光华大学十周纪念册》(1935 年)，第 59 页。《复旦大学一览》(1937 年)，第 46、47 页。《国立清华大学一览》(1935 年 10 月)，第 2、6 页。

生物中选习一门，生物又成了文、法两学院偏爱的课程，化学次之。文、法两院学生对自然科学的畏难情绪仍然存在。而且，在全校学生必须选习的高级算学、微积分、逻辑一组课程中，逻辑成为文学院学生的首选，选习高级算学的学生大多来自法学院和理学院，选习微积分的学生主要来自工学院和理学院。按规定，选习微积分对于入学考试的数学成绩有相当的要求，否则只能选高级算学，因微积分的难度大于高级算学，而高级算学的难度又大于逻辑。经济系学生徐萱因入学考试数学考分不高不能选微积分，选习了高级算学，相对于“轻松易读”的逻辑，“费了不少时间做习题，吃亏不少”。[①] 这说明，大一不分院系制度下公共必修课程的设置在文理沟通上还有相当大的调整空间。

表 5-2　1933—1935 年部分学生公共必修学程选修人数统计[②]

院别	年度（人数）	高级算学	微积分	逻辑	大学普通物理	大学普通化学	大学普通生物
文学院	1933(22 人)	6	1	17	1	7	14
	1934(22 人)	7	3	14	3	6	16
	1935(13 人)	3	3	7	4	2	4
法学院	1933(26 人)	13	9	11	8	17	7
	1934(33 人)	15	9	14	5	13	16
	1935(17 人)	3	4	9	3	4	7
理学院	1933(43 人)	20	35	7	35	40	4
	1934(45 人)	20	32	4	34	39	4
	1935(27 人)	2	24	3	22	10	2
工学院	1933(70 人)	9	68		70	70	
	1934(51 人)	2	51		50	51	
	1935(32 人)		32		32	31	

① 徐萱：《忘忧草》，北京：人民日报出版社，2004 年，第 29 页。

② 据中国第二历史档案馆藏教育部档案汇总，全宗号：五，案卷号：6188(1)、6188(2)、6188(4)。

按照1932年8月27日第41次评议会通过的《国立清华大学本科教务通则》，大学学程仍由各系分别规定为必修、选修两种。各学系延续了此前注重他系必修和他系选修课程的传统，一般都强调知识之间的密切联系，并鼓励学生尽可能地扩大知识获取的范围，以奠定广博、坚实的基础，谋求知识的融会贯通。这在当时的清华已形成一股浓厚的风气。中国文学系主任朱自清认为文学院各系科目很多与本系有直接或间接关系，希望学生“择要选习”，“俾能融会贯通，不致局促一隅”。[①] 经济学系主任陈岱孙认为“治学如筑塔，基础须广大，然后层层堆建上去，将来总有合尖之日”，“学经济应有政治、历史、哲学、心理、算学等知识的基础”。[②] 物理系主任吴有训一向主张学生“学的面要宽一点”，总是指导学生选习理学院他系的课程及工学院甚至文学院的课程，如气象、电讯、金工、制图、逻辑等，有时为了提高学生的语文程度，还指导学生选习唐诗。[③] 机械工程系主任庄前鼎说：“我们不能脱离社会来办工程，所以政治、经济、历史、地理、社会学等，都得知道一点。”[④]各系都比较注重拓宽知识基础，过分狭猛的专门化在清华反而无立足之地。

这一时期，各系课程中的他系必修和他系选修课程随着一种逐渐加强的趋势而发生了改变，即更多的学系开始从第二年起实行分组设置课程。此前，生物系、地理系、土木工程系等一些理工类学系已实行这种办法。如生物系分动物学组和植物学组，地理系分人文地理和地文地理，土木工程系分为铁路及道路工程组和水利工程组。梅贻琦长校后，一些文法类学系也开始采用这种办法。如经济学系

① 朱自清：《各院系概况·中国文学系》，《清华暑期周刊》第3、4期，1933年，第7、8页。

② 陈岱孙：《各系之组织内容与目的·经济学系》，《清华暑期周刊》第2、3期，1932年，第33页。

③ 郭沂曾：《怀念吴有训老师》，吴有训百年诞辰纪念活动筹备委员会主编：《吴有训百年诞辰纪念文集》，北京：中国科学技术出版社，1997年，第59页。

④ 庄前鼎：《健全的工程师》，原载《清华机工月刊》第1卷第2期，1936年11月20日，见《清华大学史料选编》，第2卷，北京：清华大学出版社，1991年，第281、282页。

分为普通、理论、财政、银行、商业、统计、国际经济等七组，后又于1935年度重新进行分组，取消理论、商业组，增设会计组。[①] 社会人类学系分为理论社会学、应用社会学、人类学等三组。1935年该系改名为社会学系，因专业范围收缩，取消了原来的分组办法。[②] 另外，地理系改称“地学系”后，也取消原来的分组办法，改为从第三年起划分为地理、地质、气象三组。[③] 工学院各系课程到第四年也进行分组设置，原有的土木工程系重新进行分组界定，分为铁路及道路组和水利及卫生组；新开设的机械工程系和电机工程系也进行了分组，机械工程系分为原动力工程组、机械制造工程组、飞机及汽车工程组，电机工程系分为电力组和电讯组。[④]

分组设置必修课程对整个学系来说可能意味着专业范围的扩大，但对每组学生来说则意味着专业范围的收缩。专业范围的相对收缩使得各组设置他系必修和他系选修课程相对更有针对性，从而使课程整体上更具系统性，而不是松散的或“拈阄式”的随意选择。这也使得同一学系不同分组的他系必修和他系选修学程会有所不同，从而使得原来难以指定的他系选修课程变为某一组的他系必修课程，也有可能使原来的他系必修学程改为选修学程，使原有学程发生改变。如经济学系原来仅笼统的要求该系学生在政治、历史、社会、心理、哲学诸系科目中至少选习12学分，分组设置课程后，心理学引论、近代政治制度、民法、国际公法、西洋哲学史、西洋政治思想史、十九世纪史、近代中国外交史等他系选修课程均分别列入各组的他系必修学程。[⑤]

---

① 《国立清华大学一览》，1932年12月，第105、110页。《经济学系学程一览》(1935年至1936年度)，《国立清华大学一览》，1935年10月，第2—7页。

② 《国立清华大学一览》，1932年12月，第77—79页。《社会学系学程一览》(1935年至1936年度)，《国立清华大学一览》，1935年10月，第1、2页。

③ 《国立清华大学一览》，1932年12月，第183、184页。

④ 《国立清华大学一览》，1932年12月，第201、222、244、245页。

⑤ 《经济学系学程一览》(1935年至1936年度)，《国立清华大学一览》，1935年10月，第2页。

一些学系虽未按组设置必修课程,但已开始按组选修课程。这样,选修他系课程主要视学科需要而定,从而使得整个课程体系更具系统性。中国文学系分为中国文学与中国语言文字两组,学生按组在教授指导下选修课程。[①] 政治系分普通政治学、政治制度、市政、国际法与国际关系、政治思想等五组,要求该系学生选课时按此标准接受教授指导。[②] 哲学系也鼓励学生“就其兴趣及其所研究哲学问题之所近”,“有系统的选习”他系课程,表示将“认其所选课程之系为辅系,于学生毕业时,请学校证明”。[③] 按照中国文学系主任朱自清的观点,分组选习课程的出发点主要是“让同学各就性之所近,分别选习”,“免得浮光掠影,受用不着”。[④] 分组选习也会引起原来课程设置中他系必修和他系选修课程的变动。如中国文学系原来设有外国语文系必修学程“西洋文学概要”,分组选课后,即将这一课程改为选修,因为研究中国语言文字“不一定需要这个”,但仍希望中国文学组学生照旧选习。[⑤] 1935 年度这一课程又更名为“西洋文学史”,列为中国文学系他系必修课程,其原因可能是为了重新突出此一门课的重要性。[⑥] 结果,或许是为获得课程设置上的便利,从 1936 年度起,中国文学系正式开始按中国文学和中国语言文字两组设置课程,各组必修课的设置得以互不干扰。[⑦]

---

① 朱自清:《各院系概况·中国文学系》,《清华暑期周刊》第 3、4 期,1933 年,第 7 页。

② 《国立清华大学一览》,1932 年 12 月,第 90 页。

③ 《哲学系学程一览》(1935 年至 1936 年度),《国立清华大学一览》,1935 年 10 月,第 2 页。

④ 朱自清:《各院系概况·中国文学系》,《清华暑期周刊》第 3、4 期,1933 年,第 7 页。

⑤ 朱自清:《各院系概况·中国文学系》,《清华暑期周刊》第 3、4 期,1933 年,第 7、8 页。

⑥ 《中国文学系学程一览》(1935 年至 1936 年度),《国立清华大学一览》,1935 年 10 月,第 2 页。吴宓《外国语文系概况》中有“西洋文学史(原名“西洋文学概要”,今虽改名内容不变)”等语,见《外国语文系概况》,见清华大学校史研究室编:《清华大学史料选编》第 2 卷,北京:清华大学出版社,1991 年,第 311 页。

⑦ 《清华大学一览·中国文学系学程一览》(1937 年),见清华大学校史研究室编:《清华大学史料选编》第 2 卷,北京:清华大学出版社,1991 年,第 300—303 页。

一些学系逐渐加强了本系基础课程的设置，如中国文学系增设“国学要籍”一课，其中所包含的典籍种数经过陆续增添，到1936年已包含《尚书》《诗经》《周礼》《仪礼》《戴记》《左传》《论语》《孟子》《史记》《庄子》《荀子》《韩非子》《楚辞》《文选》《杜诗》等十四种，“用意在让同学实实在在读些基本的书，培养自家的判断力；不拾人牙慧，不凿空取巧”。[①] 经济学系也决定“竭力注重”会计学、统计学等基本工具，“将内容充实之”。[②] 历史系教授雷海宗开始对课程设置中所出现的基本必修课太少、专门选修课过多的问题进行反思。他认为“历史学系本科的目的是要给学生基本的知识，叫他们明瞭历史是怎样一回事”，“能预先对史学园地的路线大略清楚，不致只认识一两条偏僻的小径”，应该大量减少专门选修课的数目，增加基础必修课的数目，并充实必修课的内容，才能使学生“对历史能有一个比较清楚的认识”，像“史学方法”等研究性的课程应由必修课改为选修课。[③] 雷海宗的这一认识在历史学系1926年开办之初就已从反面得到印证。当时，“史学方法”课程由梁启超和孔繁霱分别担任中国史学方法和西洋史学方法，梁为宿学名儒，孔精通西方史学方法。梁启超知识渊博，但讲得太深奥，“学生反而不能吸收、消化”。孔繁霱“谆谆教导，不厌其烦，引经据典”，但学生仍因德文程度不够，难以消化。[④] 实际上应该并不是教授讲得太深奥，而是史学方法这门课程本身程度太深，学生知识不足，才会觉得难以理解和不能消化，所谓欲速则不达。

总之，这一时期的课程设置在逐步进行调整，调整的趋势为更加重视公共必修课程在通才教育中的功能，更倾向于加强专业课程中的基础课程，对于他系课程的选修更注重系统性，而不是漫无目的任

① 朱自清：《各院系概况·中国文学系》，《清华暑期周刊》第3、4期，1933年，第8页。

② 《清华校务评议两会改今日举行，土木工程系\[经济学系\]下年将注重基本工具》，《世界日报》，1934年6月28日，第7版。

③ 雷海宗：《对于大学历史课程的一点意见》，《独立评论》第224号，1936年。

④ 黎东方：《平凡的我——黎东方回忆录》，北京：中国工人出版社，2011年，第110、114、115、117页。

意选修，总体上体现出第一、二年注重通才教育，第三、四年注重专业教育的原则。但是，一些学生对这样的课程设置并不十分理解，有人抱怨“清华从横的方面扩张，要你什么都懂得点，可是没有一样精到”，认为这种方式培养出的人才只能是“整齐而平庸”。[①] 还有学生对此表示无可奈何：“清华毕业后，所能得到的不过是一些普通知识，高深一点的专门知识，只好到研究院里去学。”[②]这从另一个角度说明了清华课程设置上的博通取向。

第四节　新生招考中的通才标准取向

梅贻琦长校后，招生事宜继续通过组织招生委员会来进行，该委员会成员由教务长、各院长、各系主任、注册部主任组成[③]，与罗家伦长校时稍有不同，校长、秘书长等行政人员不再作为招生委员会成员，恢复了大学开办之初由教务长主持招考事宜的办法。招考委员会主要负责确定招考人数和考试科目、试题设计、组织试卷评阅、确定录取标准等各方面的事务。考试科目、试题设计、录取标准都是选拔学生的重要手段，从中很能看出清华选拔人才的取向。

这一时期，一年级新生入学考试科目中的必考科目逐渐趋于稳定，包括党义、国文、英文、本国历史地理、代数几何平面三角等五门，都是中学时期的基本课程。这是经过了几年时间的摸索和反复尝试后才得以最终确定。这种考试科目的设置，目的是要选拔出那些具有文、理兼通型知识结构的学生。这从当时考生的反应可以得到验证。如有考生认为清华的新生入学考试科目“无所不包”，投考文法

---

① 葵：《写给准备考清华的同学——那种人不“配”上清华》，《世界日报》1935 年 7 月 22 日，第 10 版。

② 梧桐：《准备考清华的同学要注意的几件事》，《世界日报》1936 年 6 月 11 日，第 9 版。

③ 《国立清华大学一览》，1932 年 12 月，第 16 页。

学院的学生,"逼迫"考自然科学;投考理工学院的学生,必须考历史。[①]

一年级新生选考科目也基本趋于稳定,包括高中代数解析几何、高中物理学、高中化学、高中生物学、世界历史地理等五门,一般要求考生在其中选考两门。其中文科科目只有世界历史地理一门,其余四门均为理科科目。有人认为这对应考文法学院者来说,"不太合理",因为他们除了必选世界历史地理外,还必须在其余四门理科类科目中选考一门。[②] 也有人觉得这使"文、理之间机会极不均等",建议招考委员会在选考科目中增加政治、经济、文学、社会学概略等文科类科目。[③] 殊不知,这正是招生委员会的用意所在,即总体上确保能选拔到那些文理兼重的考生。如果与同时期中央大学入学考试科目相比,清华的考试科目要少很多。如 1933 年,中央大学大一新生入学考试科目共八门:党义、国文、算学、中外史地、英文、理化、生物、军事学科,此外,工学院建筑系、教育学院体育科和艺术科还要另外加试。[④] 由此也可看出,中央大学对考生的要求比清华更高,而且更适宜于理科生报考。

招生委员会有时会根据不同的情况,对选考科目做出某种限定。如 1933 年即要求所选考的两门科目中,其中一门必须为物理或化学或生物。[⑤] 1934 年将选考科目中的"高中代数解析几何"改为"高中代数平面解析几何",将"平面几何"部分也纳入考试范围,并限定应考工学院者选考科目为高中代数平面解析几何和高中物理学。[⑥]

---

① 新人:《再论第一年不分院系》,《清华副刊》第 42 卷第 9 期,1934 年,第 2、3 页。

② 《向北大清华考委会提出三个请求》,《世界日报》1936 年 7 月 19 日,第 9 版。

③ 中固:《对本届招生考试的一点意见》,《清华副刊》第 41 卷第 2 期,1934 年 4 月 2 日,第 25、26 页。

④ 《南大百年实录》编辑组:《南大百年实录——中央大学史料选》(上),南京:南京大学出版社,2002 年,第 352 页。

⑤ 《清华大学仍进行招生,招考委员会前日会议详细决议案》,《世界日报》1933 年 5 月 12 日,第 7 版。

⑥ 《清华大学本届考试科目较上年度多有更改,招考委(员)会前日会议情形详志》,《世界日报》1934 年 4 月 6 日,第 7 版。

1935 年要求应考文、法、理各学院者，所选考的两门科目，其中一门必为高中物理学或高中生物学。[①] 这种限定使得该年选考化学的人数大为减少，结果考入化学系的新生也大为减少。这主要是由于上年度化学系取录人数过多，仅化学一系即收录一年级新生 74 名，超过了文、法两院收录学生总和。[②] 选考科目加以限定后，该年化学系录取新生 50 名，与上年相比减少了 30%。[③] 1936 年度，应考文、法、理三学院者，选考科目又恢复到 1933 年度的办法，即两门选考，其中一门必须为高中物理或高中化学或高中生物。[④] 对选考科目所做的不同限定，主要是为了能选拔出符合特定知识结构要求的学生。

表 5－3　1935 年大学一年级各地考生选考科目人数表[⑤]

选考科目	选考人数（考生总数为 3 408 人，每人选考 2 门，总人数 6 816 人）	百分比
高中代数平面解析几何	1 422	20.86%
高中物理学	2 090	30.66%
高中化学	1 130	16.58%
高中生物学	1 270	18.63%
世界历史地理	904	13.27%
总计	6 816	100%

清华的试题设计也颇有特点，考生们普遍认为清华试题"容易"。如有考生认为国文一门"作得一篇清顺的白话文，分数是决不会坏的，惟切忌写别字，否则吃亏不小"。[⑥] 1933 年清华的国文作文题为《苦热》《晓行》《灯》《路》《夜》，五题中任选一题，用意在检验考生"观

① 《清华本届招生简章已按部定办法修正》，《世界日报》1935 年 5 月 5 日，第 7 版。

② 《清华本届新生三项统计，系别、省别、校别》，《世界日报》1934 年 8 月 27 日，第 7 版。

③ 《十一级同学系别》，《清华暑期周刊》第 6 期，1935 年，第 43 页。

④ 《清华大学已决定下年度招生办法》，《世界日报》1936 年 3 月 17 日，第 7 版。

⑤ 《上年度大学一年级各地考生选考科目人数表》，《清华周刊》（向导专号），1936 年 6 月 27 日，第 51 页。

⑥ 宝光：《怎样准备考清华》，《世界日报》1935 年 7 月 12 日，第 10 版。

察与描写的能力”,“让他们在日常生活里找点自己的话”,“说些真切的话,所谓‘言之有物’”,都是一些基本的要求。[①] 1934 年“贾朴”参加清华入学考试后的感受是“不能算是顶难,除了一门数学较为费解以外,其余的如果答不上来,不如干脆说自己学的有点差劲儿”。[②] 英文的英译汉题目“都很容易,不常有烦难生字、复杂句子。平心静气答去,决不会感到困难”。[③] 还有考生对清华考题的特点做了这样的概括:“考清华不是‘难’的问题而是‘稳’的问题。”[④]相对而言,其他大学试题就难得多。如广州中山大学,各科试题标准定得很高,国文试题“全是本自经典,弄得新生们摸不着头脑,一个题目想了半天,还没有丝毫的头绪,结果只好怨自己为什么不读尽十三经再来应考!”[⑤]北大的英文试题“更是古怪难懂”,翻译题出自“哲学名著选读”,考生们抱怨说:“北大的英文试题,最好由大学哲学系学生去作。”[⑥]

清华试题容易,加上一年级不分院系的办法,以及入学后普通物理和化学的淘汰制,一度使外界对清华的教学水平产生怀疑,甚至有些“自负很高”的考生不愿再进清华,“或不来应考,或取了不来”,如果有人同时考中清华和交大,一般会舍清华而进交大。[⑦] 关于考题难易的问题,清华学生曾在《清华副刊》上展开激烈的辩论。反对考题容易的一方认为,“少招难考是刷了尾,多招易考却要漏了头”,认为考题容易虽然可以多招学生,但会使那些成绩好的学生不屑于投考,以至于招不到好学生,考题难虽然会使招生人数减少,但少招的都是

---

① 佩弦:《高中毕业生国文程度一斑》,《独立评论》第 65 号,1933 年。

② 贾朴:《投考清华以后》,《世界日报》1935 年 8 月 8 日,第 10 版。

③ 长青:《国文英文的考试》,《清华周刊》(向导专号),1936 年 6 月 27 日,第 90 页。

④ 水心:《写给准备考清华的同学》,《世界日报》1936 年 7 月 16 日,第 9 版。

⑤ 书:《为拟投考中大者进一言》,《世界日报》1935 年 7 月 27 日,第 10 版。

⑥ 《向北大清华考委会提出三个请求》,《世界日报》1936 年 7 月 19 日,第 9 版。

⑦ 心卜:《我也谈谈“清华招生的名额问题”》,《清华副刊》第 41 卷第 7 期,1934 年 5 月 7 日,第 170 页。公羊:《重申招生问题之我见》,《清华副刊》第 41 卷第 10 期,1934 年 5 月 28 日,第 264 页。

些成绩不好的学生,毫不足惜。[①] 赞同考题容易的一方则认为“难考的学校,不必准好,易考的学校,不必准坏,应该在‘出校难’上着眼,不应以‘进门易’为虑”;[②]“多招绝不至多至普及程度,少招也不见得准能罗致英才”,只有“好考难住”的办法,才能造成“群英荟萃大学”。[③] 所谓真理越辩越明,后来几年的招生情况表明清华基本倾向于这种所谓“容易进来难出去”的招生路子。[④]

清华之所以倾向于“容易进来难出去”,其中应该蕴含着一种考虑,即“入学考试还未科学化到完全可靠程度”。[⑤] 因为考试成绩只能作为一种大概的标准,并不能完全代表考生的真正水平,多一分并不表示水平高,少一分也并不代表水平低,新生入学后,经过一段时间的学习,很可能一些学生会呈现出不符合特定培养要求的情况,而被淘汰,最终导致合格学生的人数有所减少。所以,1934 年清华招考委员会中的多位教授提议将试题降低难度,一方面为增加招生人数,“使多数学生皆有向学之机会”,更重要的原因是他们认为“考试制度并不能完全测验学生之程度”。[⑥] 校长梅贻琦也倾向于在设备和师资足够的情况下,“愿意尽量的录取”,“以多给些位青年以求学的机会”。[⑦]

但是降低试题难度并不意味着降低标准,而是让试题设计更为合理,以检验出考生的真实知识水平。清华的试题虽然让人感觉容易,但又总是很“特别”,临时抱佛脚,一般“不易奏效”。1932 年国文题中的“对对子”一题为陈寅恪所出,上联分别为“孙行者”“人约黄昏

① 公羊:《重申招生问题之我见》,《清华副刊》第 41 卷第 10 期,1934 年 5 月 28 日,第 264 页。

② 英:《我主张多招新生》,《清华副刊》第 41 卷第 7 期,1934 年 5 月 7 日,第 171 页。

③ 英:《我主张多招新生》,《清华副刊》第 41 卷第 7 期,1934 年 5 月 7 日,第 171 页。

④ 尤炳圻:《清华大学和清华学校——献给准备投考本校的朋友》,《清华周刊》第 41 卷第 13、14 期(向导专号),1934 年 6 月 1 日,第 91 页。

⑤ 士英:《再论招生名额问题》,《清华副刊》第 41 卷第 8 期,1934 年 5 月 14 日。

⑥ 宝光:《怎样准备考清华》,《世界日报》1935 年 7 月 15 日,第 10 版。

⑦ 梅贻琦:《欢迎新同学的几句话》,《清华暑期周刊》第 9 卷第 8 期,1934 年,第 391 页。

后”“少小离家老大回”，一共只有十五字，要求考生对出下联，看似简单、容易，却能测验考生“能否分别虚实字及其应用”“能否分别平仄声”以及“读书之多少及语藏之贫富”和“思想条理”等方面的知识和能力。[①] 但考生的答案五花八门，很少有人能明了试题的真正要求。

清华英文试题并不注重形式上的文法问题，一般多是“很普通而又很活用的”[②]，特点是量“多”，考试时“要作得快”，否则时间不够。[③] 数学试题“着重于测验投考者思想的敏捷”，[④]两小时内要做十道题，每题只有十二分钟，时间短，题量大，几乎不容思索，所以平时练习很要紧。[⑤] 清华数学题目相对于交通、中央、浙江、武汉等大学的“繁”而“笨”而言，颇为“轻”而“巧”。何炳棣认为这一事实所映射出的问题，应该“可能涉及全部高等教育设计的襟怀和取向”问题。[⑥] 清华物理试题不像交大的试题那样刻板，要求“脑筋的敏捷和机巧”，这与平时多作题目很有关系。[⑦] 考生一般都认为考清华用“临时抱佛脚，死记硬背”的方法行不通，因为清华考的是“智慧、常识和学识，不是教科书里的东西”。[⑧] 相对于那些繁难的偏题、怪题，让考题设计得既容易又能测试考生的知识水平，反而是一件更难的事情。

梅贻琦长校后，清华大一新生的录取办法仍然是要求考生国文、英文、算术三科平均和所有考试科目总平均都必须达到分数线才能被录取。这种录取方法所招收的学生，“大多数是所谓‘整齐而平常’人才的后备军”，“自己稍微有点学习的主见因而功课稍偏一点的人，

---

① 陈寅恪：《与刘文典教授论国文试题书》，《陈寅恪先生全集》（补编），台北：里仁书局，1979年，第1367、1370、1371、1372页。

② 长青：《国文英文的考试》，《清华周刊》（向导专号），1936年6月27日，第90页。

③ 宝光：《怎样准备考清华》，《世界日报》1935年7月13日，第10版。

④ 修材：《怎样冲破投考工学院的难关——谈谈高等代数解析几何应试的方法》，《清华周刊》（向导专号），1936年6月27日，第87页。

⑤ 宝光：《怎样准备考清华》，《世界日报》1935年7月13日，第10版。

⑥ 何炳棣：《读史阅世六十年》，桂林：广西师范大学出版社，2005年，第58—59页。

⑦ 宝光：《怎样准备考清华》，《世界日报》1935年7月14日，第10版。

⑧ 秦宝雄：《清华岁月》，孙哲：《校友文稿资料选编》第17辑，北京：清华大学出版社，2012年，第164页。

是踏不进清华之门”。[①] 有考生还建议清华对录取方式加以变通，像北大那样，除正式录取之外，另就主要科目（国文、英文或数学）中有一两门特优的，取录一些试读生，给他们一个求学的机会，因清华考生得不到正取幸运的，就完全被摒出于“园墙”之外了！[②] 但是这种建议在清华并没有被采纳的可能。

1933 年新生入学分科时，400 人中只有 100 人注册文法两科，而注册理工科者竟达三分之二，尤以选择机械工程系者为多。[③] 这种现象是当时整个社会提倡理工、限制文法发展的必然结果。1934 年，教育部专门出台了院校招生办法，规定大学甲类学院（文、法、商、教育等学院）各系所招新生及转学生之平均数不得超过任何乙类学院（理、农、工、医等学院）。[④] 在这种情形下，该年清华招生曾一度决定采取分院录取的办法，目的是扭转文法两院入学人数锐减、文法与理工两院发展严重不平衡的格局，“以示并不偏废之意”。[⑤] 所谓分院录取是指改变原来所有新生采用统一录取标准的做法，而由各学院按照考生成绩、录取名额等综合因素各自确定录取标准。该年不仅拟有全校计划招生总数，而且对各学院招生人数也拟定了确切名额，计划招收一年级文学院新生 80 名，理学院新生 95 名，法学院新生 60 名，工学院新生 95 名。[⑥] 但不久校长梅贻琦又公开表态：“此次招考新生，名额虽稍有规定，但亦非绝对的，只要分数及格，定当设法录取。若成绩不佳时，取宁缺勿滥主义。”[⑦]该年文、法、理、工学院最终

① 新人：《再论第一年不分院系》，《清华副刊》第 42 卷第 9 期，1934 年，第 2、3 页。

② 《向北大清华考委会提出三个请求》，《世界日报》1936 年 7 月 19 日，第 9 版。

③ 《机械工程系下年扩充》，《世界日报》1934 年 4 月 27 日，第 7 版。

④ 《二十三年度院校招生办法，教部已规定九项通令遵照》，《世界日报》1934 年 4 月 24 日，第 7 版。

⑤ 中固：《对本届招生考试的一点意见》，《清华副刊》第 41 卷第 2 期，1934 年 4 月 2 日，第 25 页。

⑥ 《一年一度——也算是“纶[抡]才大典”》，《清华暑期周刊》第 2 期，1934 年，第 71 页。

⑦ 《清华校长梅贻琦谈新生发榜日期务期迅速，录取标准只要分数及格即有希望》，《世界日报》1934 年 8 月 5 日，第 7 版。

分别录取一年级新生 44 人、28 人、128 人、117 人，[①]与原定计划相比，文、法两院仅取录到原定名额的半数，理、工两院则远远超过了预定计划。这说明分院录取计划被放弃了，同时也间接说明了该年文法科考生成绩距离清华的录取要求太远，无法质、量兼顾，转而采取"宁缺勿滥主义"。但该年录取标准还是有所变通，即初次核算时，不计入算学一门成绩，只需满足国文和英文两门成绩的平均分数线，然后再衡量所有科目成绩总平均是否满足要求，目的是能够额外录取一些国文、英文成绩优异，但算学成绩不佳的文、法考生。[②]

为了扭转文法、理工两学院在校学生人数严重失衡的状态，清华在 1935 年度新生招考时曾讨论要采取一些有效措施。招考委员会一度决定新生入学考试计分办法改为"依课程轻重计分制（Weighted System）"。[③] 所谓课程轻重，是指按考生所报考的院系不同，来定各科成绩的比重，采用这种方法，某种程度上意味着招生环节不再完全坚持文、理兼重的原则。但最后经慎重讨论，仍决定暂时搁置此办法，展缓至下年实行。[④] 当时北大招生所采用的正是这种计分办法。北大规定投考文、法学院考生，国文占总分数 30%，英文占总分数 40%，数学和史地则各占 15%；投考理学院，国文占总分数 20%，英文占总分数 30%，数学占分数 30%，物理、化学、生物（任选两门）则占 20%。[⑤] 通过这种办法所录取的学生文、理科目普遍有所偏重。清华历来比较倾向于录取那些文、理均衡发展的学生，结果，1935 年度的招生再次出现文法、理工两学院一年级新生人数严重失衡的局面，该年度文、法、理、工四学院分别录取 29 名、19 名、119 名、151

---

① 《清华本届新生三项统计：系别、省别、校别》，《世界日报》1934 年 8 月 27 日，第 7 版。

② 新人：《再论第一年不分院系》，《清华副刊》第 42 卷第 9 期，1934 年，第 2、3 页。《益世报》1934 年 8 月 21 日，第 2 张第 8 版。

③ 《清华本届招生简章已按部定办法修正》，《世界日报》1935 年 5 月 5 日，第 7 版。

④ 《清华新生考试记分法，本年度仍不更改，"以课程之轻重记分制"明年度实行》，《世界日报》1935 年 5 月 5 日，第 7 版。

⑤ 楚人：《怎样准备投考北大和清华》，《现代青年》第 3 卷第 6 期，1936 年，第 20 页。

名。[1] 即使在这样严竣的形势下，清华招生仍然坚持文、法、理、工各系实行统一的考试和录取标准，录取标准仍然是由各门总平均分数和国文、英文、算术三门总平均分数组成。

表 5-4　1932—1935 年清华大学本科入学考试录取分数表[2]

年度	招生类别	各门总平均	国文、英文、算术三门平均	国文、英文两门平均
1932 年	一年级新生	45	45	
	二、三年级转学生	55		
1933 年	一年级新生	48	48	
	二、三年级转学生	55		
1934 年	一年级新生	55		40
	二、三年级转学生			
1935 年	一年级新生	51	40	
	二、三年级转学生	60		

注：1933 年规定，转学生总平均在 48 分以上，专门学科平均在 78 分以上者经系主任提出讨论可特别录取。1935 年转学生总平均在 50 分以上，专门学平均在 70 分以上也可录取。

为了能使考试成绩较为准确地反映考生的真实水平，清华在阅卷评分上曾经做过一些尝试。生物的评分采用“比较式”，即不仅按照答案对错评分，而且把答案的详细和深入程度也作为评分标准。这样，即使考生答案完全正确，但如果很简略，也不能得满分。[3] 还有的考试科目为了使评分能有一个切实的依据，选择在题型上做文章。如历史试题基本上是采用填空和判断题，而且填空也选择以考历史

① 《十一级同学系别》，《清华暑期周刊》第 6 期，1935 年，第 43 页。

② 《清华暑期周刊》1933 年第 3、4 合期，第 71 页。《国立清华大学历年招考大学本科学生录取标准》，见《清华周刊》第 41 卷第 13、14 期(向导专号)，1934 年 6 月 1 日，第 159 页。《益世报》1934 年 8 月 21 日，第 2 张第 8 版。《清华暑期周刊》第 6 期，1935 年，第 43 页。

③ 宝光：《怎样准备考清华》，《世界日报》1935 年 7 月 14 日，第 10 版。

事实为主，“知之为知之，不知为不知”，这样可避免普通问答题“计算分数极其困难，给分的多少往往漫无标准”的问题，“以免去偏倚不均之弊”。[①] 国文题也进行过这方面的尝试。如1932年陈寅恪出的“对对子”一题，“形式简单而涵义丰富”，其中一个用意就是为了在阅卷评分时有所依据，“使应试者无甚侥幸或甚冤屈之事”，从而使“阅卷者良心上不致受特别痛苦，而时间精力俱可节省”。[②] 这样的尝试反映了清华在招生环节极其认真和慎重的态度。

这一时期，清华报考人数继续呈现逐年增加的趋势，而录取率呈现逐年下降的趋势。一方面选择的余地增多了，一方面录取标准也得以提高，从而为通才教育的实施提供了更为适合的培养对象。

表5-5　1932—1935年本科生录取人数表[③]

年度	招生类别	报考学生人数			录取人数	备取人数	录取率(%)
		报名人数	应试人数	完场人数			
1932	大一新生	2 408	2 276	2 110	343		16%
	转学生	376	365	342	37		11%
1933	大一新生	2 332	2 286	2 181	285		12%
	转学生	273	265	250	30		30%
1934	大一新生	3 256	3 194	3 084	317	60	10%
	转学生	348	343	338	85		25%
1 935	大一新生	3 408	3 357	3 314	347		10%
	转学生	253	251	246	68		28%

① 宝光：《怎样准备考清华》，《世界日报》1935年7月14日，第10版。

② 陈寅恪：《与刘文典教授论国文试题书》，《陈寅恪先生全集》（补编），台北：里仁书局，1979年，第1367页。冯友兰：《三松堂自序》，第69页。

③ 《国立清华大学历年本科应考及录取人数比较表》，《清华周刊》第41卷第13、14期（向导专号），1934年6月1日，第152—153页。《国立清华大学历年本科应考及录取人数比较表》，《清华周刊》（向导专号），1936年6月27日，第51页。

第五节　教学方法的改进

通才教育要取得良好的效果，教学环节至关重要，而师资又是重中之重。梅贻琦接任清华校长时，前任校长罗家伦已经建立了一支很强的师资队伍，清华园内学者堪称一时之选。相对于罗家伦对师资的重视，梅贻琦有过之而无不及。梅有句流传广泛的名言：“所谓大学者，非大楼之谓也，大师之谓也。”按照清华学生的理解，所谓大师就是“天资优越而孜孜不息的学者”。[①] 这也是一般清华教授所具有的基本特征。梅贻琦认为无论是从学校发展还是学术发展的角度，师资都是大学中“第一要素”。[②] 梅贻琦在任期间，师资的延聘沿袭了罗家伦时期的办法，主要由校长任命的聘任委员会负责。1932年聘任委员会由梅贻琦（校长兼工学院院长）、何清儒（秘书长）、叶企孙（理学院院长）、蒋廷黻（历史系主任）、张准（教务长、化学系主任）、冯友兰（文学院院长、哲学系主任）、萧蘧（经济系代理主任）、陈桢（生物学系主任）、浦薛凤（政治学系主任）、顾毓琇（电机工程系教授）、施嘉炀（土木工程系主任）组成，成员涵盖了各个学院。[③]

按照1932年5月26日评议会通过的《国立清华大学教师服务待遇规程》，教授必须具有以下三项资格之一：1. 三年研究院工作或具有博士学位及有在大学授课二年或在研究机关研究二年，或执行专门职业二年经验者；2. 于其所任之学科，有学术创作或发明者；3. 曾任大学或同等学校教授或讲师，或在研究机关研究或执行专门职业共六年，具有特殊经验者。[④] 这说明当时清华延聘师资并不是唯学

① 杨联陞：《漫话清华》，《中学生》第72期，1937年。

② 梅贻琦：《五年来清华发展之概况》，清华大学校史研究室编：《清华大学史料选编》第2卷，北京：清华大学出版社，1991年，第41页。

③ 《国立清华大学一览》，1932年12月，第15、16页。

④ 《国立清华大学教师服务待遇规程》，清华大学校史研究室编：《清华大学史料选编》第2卷，第174页。

历论，而是更注重教学、学术研究经验以及是否有学术成果。1931年至1935年间，全校教师由159人增至221人，教授73人增加至99人，讲师由42人减少至35人，教员由7人增加至21人，助教由32人增加至65人，导师由5人减至1人。① 师资结构发生了很大变化，教授比例逐渐提高，增强了教学力量。

公共必修课程的教学是实施通才教育的重要途径，其教学方法有针对性地进行了改进。大一国文和英文历来都采用分组教学的方法，但随着招生人数的逐渐增多，各班人数过多势必会影响到教学质量。1932年6月16日，校务会议议决一年级国文及一、二年级外国文每组学生平均数以30人为标准，将每组人数加以约束，以确保教学质量。② 国文课教学注重对学生阅读和写作能力的训练，将作文和阅读提高到同等重要的地位。为了达到这一目的，国文教材重新进行了编选，分甲、乙两种。甲种以唐代以前文章为主，由教师讲授，重在增进学生的阅读能力；乙种为唐代以后文章，由学生课后阅读，并在课堂上加以讨论，以便学生练习作文时有所遵循。对于学生的每次习作，教师除在课外批改外，还在其中抽取一部分在课堂上批改，以引起学生对作文的重视。③ 另外，大一国文还增开两个特别班，一班专教近代著名的政治、经济论文，以为学生将来做政论家做准备；一班专教古今有名的诏令、奏议、文移，以为学生将来服务政界、书写公文有所预备。④

为了进一步改进国文课教学方法，1933年9月21日，中国文学系召开教学办公会议，专门对“大一国文”的讲授办法进行规范，要求课前由学生按教师指定范围进行预习，课上令学生诵读或讲述大意，

① 梅贻琦：《五年来清华发展之概况》，清华大学校史研究室编：《清华大学史料选编》第2卷，第41页。

② 《二十一年度清华大事记》，《清华副刊》（新年号），1932年12月31日。

③ 朱自清：《各院系概况·中国文学系》，《清华暑期周刊》第3、4期，1933年，第8页。

④ 刘叔雅（文典）讲：《各系之组织内容与目的·中国文学系》，《清华暑期周刊》第2、3期，1932年，第13页。

然后由教师讲解难字难句。同时要求学生自备作文本二册,用以练习写作,每学期作文6次,每次作文由助教批改,并由教师进行抽改,重要文法错误在课上列举,由学生删改并讨论。而且每学期要举行小考1到2次,国文课成绩由四部分组成,其中作文30%、期考30%、小考20%、教室问答20%。[①] 在这种考核方式下,学生仅凭临考前突击复习想侥幸通过考试绝无可能。增加考试也含有训练写作能力的用意,小考中会要求学生默写或重述所规定阅读的模范文中的指定篇章,而且考试成绩会占到总分的四分之一,目的在训练学生“能写出清通、流畅的文言文章”。[②] 其后,国文课又实行阅读和作文分别教学,专门选派教师担任作文课教学,教师在课外批改作文的同时,将学生作文所出现的病句摘录出来,让学生自己在课堂上进行修改,以加深理解和认识。[③] 这样的教学方法下,学生阅读与写作能力得到了全面的训练,全校学生国文成绩绝大部分都在中、上等,如果考虑到作文成绩占其中的30%,其含金量不容小觑。

表5-6 1933—1935年部分学生国文成绩统计表[④]

年份	70分以下		71~80分		81~90分		91~100分		总人数	百分比
	人数	百分比	人数	百分比	人数	百分比	人数	百分比		
1933	37	23%	98	61%	22	14%	4	2%	161	100%
1934	8	5%	111	74%	32	21%			151	100%
1935	13	15%	66	74%	10	11%			89	100%

① 《清华国文系会议,讨论教学办法,各院定期举行师生茶话会》,《华北日报》1933年9月27日,第7版。齐家莹:《清华人文学科年谱》,北京:清华大学出版社,1999年,第136页。

② 何炳棣:《读史阅世六十年》,桂林:广西师范大学出版社,2005年,第61页。

③ 朱自清:《中国文学系概况》,《清华周刊》(向导专号),1936年6月27日,第9、10页。

④ 据中国第二历史档案馆藏教育部档案汇总,全宗号:五,案卷号:6188(1)、6188(2)、6188(4)。

大一英文教学也进行了改进。英文课教材重新进行了选编，内容主要选自英、美作家的散文及早期演说家的演说辞，其中有美国散文家、哲学家艾默生(Ralph Waldo Emerson)的《自信心》和英国散文家及宗教辩论家牛曼(John Henry Newman)《论大学教育的性质和范畴》，几位美国小品文家"富有敏锐人性观察、幽默深刻"的文章也收在其中。[①] 教材内容丰富，篇幅众多，上、下两册共七百余页。教师边朗读课文，边介绍相关的知识背景，并对一些疑难词句加以解释，同时还经常抽点学生回答提问，教学进度很快，目的是"促使学生速读、速解、速习"。[②] 这样快速的教学方法促使学生们必须讲究学习方法，那种仅靠辞典查找生词的"死读"法根本不能跟上教学进度。教授叶公超指出"英文要活用，光靠许多不常用的单字无补于事"，他向学生传授分类学习记忆法，如要求学生同时朗读十种花名、鸟名、菜名、鱼名等，通过这种方法来扩大词汇量。[③] 大一英文教学在注重培养学生阅读能力的同时，还注重加强对写作能力的训练。1933 年起，作文每两周一次，由助教或教员批改，教授抽阅。[④] 其后，又专门安排课时教授作文，在原来每周 3 小时阅读课的基础上增加 2 小时作文课。作文课教学内容为"校正及研究文法及修辞上之普通错误，分析节段(Paragraph)之构造"，每周除一般练习外，必须试作 Paragraph 至少一次，每学期有讨论二次，"以达到使学生能用英文自由写作之目的"。[⑤] 与国文课相比，英文课教学的难度显然大得多，尤其是要在一年时间内掌握英文写作的技巧，具有相当的难度。但是经过一年的训练，学生们仍取得了不错的成绩。

---

① 何炳棣：《读史阅世六十年》，桂林：广西师范大学出版社，2005 年，第 61 页。

② 何炳棣：《读史阅世六十年》，桂林：广西师范大学出版社，2005 年，第 61 页。

③ 曹岳维：《进清华的头一天》，《清华校友通讯》复 51 期文章精选，见清华校友网 http://www.tsinghua.org.cn/alumni/infoSingleArticle.do?articleId=10017066&columnId=10016699)。

④ 吴宓：《外国语文学系概况》，《清华周刊》(向导专号)，1936 年 6 月 27 日，第 10 页。何炳棣：《读史阅世六十年》，桂林：广西师范大学出版社，2005 年，第 61 页。

⑤ 《外国语文系学程一览》(1935 年至 1936 年度)，《国立清华大学一览》，1935 年 10 月，第 3 页。

表5－7　1933—1935年部分学生英文成绩统计表[①]

年份	70分以下		71～80分		81～90分		91～100分		总人数	百分比
	人数	百分比	人数	百分比	人数	百分比	人数	百分比		
1933	49	31%	65	40%	38	24%	8	5%	160	100%
1934	27	18%	85	55%	34	22%	7	5%	153	100%
1935	29	33%	40	45%	17	19%	2	2%	88	100%

公共必修课中的自然科学类课程一如既往地受到重视,系主任一般皆担任主讲。物理系主任吴有训讲授大学普通物理,教学方法为课堂演讲加实验演示,经常从现象入手来阐明问题,凡是能用实验演示的地方,都先演示,以使学生先得到一个感性认识,然后再进行理论分析,导出该事物的运动规律(定理、原理等)。吴有训非常注重讲解物理学的基本概念,以使学生对基本概念有清楚、确切的理解,课堂上经常就一些关键问题进行提问,以启发学生思考。而且,吴有训讲课声音洪亮、清楚,即使该课选修人数有一百余人,一般在阶梯教室上课,教学效果也丝毫不受影响,学生们对此课非常“欣赏”,甚至非理工科学生也都想来听讲。[②] 萨本栋也一度担任该课教学,注重实验演示,教学效果良好,听他讲课“是件很快乐的事”。萨本栋的物理课每周都有一次小考,学期有大考,期末成绩由小考和大考成绩共同评定。[③]

但是,物理要想取得好成绩很难,除了当时国内中学自然科学的教学水平有待提高外,还有一个原因就是物理系选择学生标准很高,

---

① 据中国第二历史档案馆藏教育部档案汇总,全宗号:五,案卷号:6188(1)、6188(2)、6188(4)。

② 杨镇邦:《深切怀念吴有训老师》、郭沂曾:《怀念吴有训老师》,见吴有训百年诞辰纪念活动筹备委员会编:《吴有训百年诞辰纪念文集》,北京:中国科学技术出版社,1997年,第43、58页。

③ 《何成钧学长访谈录——我的物理老师萨本栋教授》,《校友文稿资料选编》第8辑,北京:清华大学出版社,2002年,第25—26页。《萨本栋》,《清华暑期周刊》第8期,1934年,第461页。

而大学普通物理成绩的优劣决定学生今后能否进物理系学习。而且，即使有幸进入物理系，也随时可能被淘汰，被陶汰的学生有时甚至多达一半以上。王大珩1932年考入物理系，他所在的班级共有24名同学，一年之后即被淘汰一半，最后仅10人得以在该系毕业。[①] 但是，那些能坚持到最后的学生后来都成为该领域的佼佼者。

表5-8　1933—1935年部分学生大学普通物理学习成绩统计表[②]

年份	70分以下		71～80分		81～90分		91～100分		总人数	百分比
	人数	百分比	人数	百分比	人数	百分比	人数	百分比		
1933	54	47%	39	34%	17	15%	4	4%	114	100%
1934	44	48%	29	32%	15	16%	4	4%	92	100%
1935	36	59%	16	26%	7	12%	2	3%	61	100%

大学普通生物学由李继侗讲授。李继侗讲课循循善诱，教学方法生动活泼，“犹如一块巨大的磁石，紧紧地吸引着渴望求知的学生，谁也不肯他顾”。他非常重视生物课实验，每次植物生理实验都亲临指导，并和学生们一起动手做实验，学生们的实验报告也都经他认真批改。[③] 由于选习生物课的很多学生都来自文、法学院，因此这门课的教学效果对于清华通才教育所要实现的文理沟通目标至关重要。经过一年的学习，文、法学院的学生对于科学方法都有了深刻的认识，并取得了良好的成绩。

① 王大珩：《七彩的分光》，长沙：湖南少年儿童出版社，2000年，第82页。

② 据中国第二历史档案馆藏教育部档案汇总，全宗号：五，案卷号：6188(1)、6188(2)、6188(4)。

③ 孙敦恒：《李继侗》，清华校史研究室编：《清华人物志》(2)，北京：清华大学出版社，1992年，第24、25页。

表 5-9　1933—1935 年部分学生大学普通生物学成绩统计表①

年份	70 分以下		71～80 分		81～90 分		91～100 分		总人数	百分比
	人数	百分比	人数	百分比	人数	百分比	人数	百分比		
1933	1	4%	13	52%	9	36%	2	8%	25	100%
1934	3	8%	17	47%	14	39%	2	6%	36	100%
1935	4	31%	6	46%	3	23%	/	/	13	100%

大一不分院系制度实施后，中国通史和西洋通史被列为所有大一新生的必修课，学生可在两者中任选其一。中国通史选修学生为数众多，共约百余名，一般在生物馆的大阶梯教室上课。雷海宗担任该课程的教学，主要采取课堂演讲的方式，并编有《中国通史选读》讲义 930 页，以便学生课后阅读。雷海宗上课不带片纸只字，课程内容烂熟于心，“教学语言生动，逻辑性强”，学生们听得“津津有味”。② 雷海宗的教学取得了良好的效果，从此清华中国通史的教学步入雷海宗“时代”。③ 历史系主任蒋廷黻非常欣赏雷海宗的教学方法：“以讲演阐明民族生活变迁之线索，以所编之史料选录激发学生对旧籍之兴趣，并引导学生于史实中探讨史理，此外加以分组讨论，以求师生之间发展更密切之知识关系。”他认为通过雷海宗的努力，清华中国通史课程教学“已入轨道”。④

雷海宗出色的教学方法背后有其渊博的学识作支撑，他认为“历

① 据中国第二历史档案馆藏教育部档案汇总，全宗号：五，案卷号：6188(1)、6188(2)、6188(4)。

② 许亚芬：《纪念雷海宗师》，见南开大学历史学院编：《雷海宗与二十世纪中国史学》，北京：中华书局，2005 年，第 116 页。卞僧慧：《缅怀伯伦师——在雷海宗先生百年诞辰纪念会上的发言》，见南开大学历史学院编：《雷海宗与二十世纪中国史学》，第 38 页。刘绪贻口述、余坦坦整理：《箫声剑影：刘绪贻口述自传》，桂林：广西师范大学出版社，2010 年，第 100 页。

③ 苏景泉：《回忆我在母校中文系修习的学程与感想》，《清华校友通讯》新 39 期，1972 年，第 21 页。

④ 蒋廷黻：《历史学系近三年概况》，清华大学档案，档号：1-2:1-109，第 6 页，转引自朱潇潇：《专科化时代的通才——1920—1940 年代的张荫麟》，上海：复旦大学出版社，2011 年，第 60 页。

史学家只有在广博的知识基础上，才能对人类和各个国家民族的历史文化有总的了解，才能对某门领域进行精深研究，得出真有意义的知识”。他“精通多种外国语言文字，不仅汇通古今中外历史，且在哲学、宗教、文学、艺术、地理、气象、数学、生物和技术等方面都有渊博的知识”，“学贯中西、博通古今，是他治学、讲学的特点”。①

西洋通史选修人数也约有百余人，一般在科学馆三楼大教室上课，由刘崇鋐担任主讲。该课采用美国高中通行的通史教材为课本，另外又精选有一定深度的参考书以便学生阅读。刘崇鋐的讲课风格与雷海宗略有不同，课前总是认真准备讲课所用的资料，讲课内容一般较课本更为深入。②

由于实行大一不分院系制度后，历史课程成为全校学生必修课，不仅是全校学生了解中西文化、借鉴和获取人生经验的重要渠道，而且对文、法学生来说为奠定学术基础的重要课程，对理、工科学生来说则是实现清华通才教育中文理沟通目标的重要课程，因此历史课程的教学效果事关清华人才培养的大局。事实证明，历史课教学成效显著，尤其是雷海宗主讲的中国通史课程学生成绩位居所有公共必修学程之首，为清华的通才教育贡献了浓墨重彩的一笔。

表 5－10　1933—1935 年部分学生中国通史成绩统计表③

年份	70 分以下		71～80 分		81～90 分		91～100 分		总人数	百分比
	人数	百分比	人数	百分比	人数	百分比	人数	百分比		
1933	4	6%	22	34%	33	51%	6	9%	65	100%
1934	3	3%	14	17%	53	65%	11	14%	81	100%
1935	2	4%	11	26%	21	49%	9	21%	43	100%

① 孙敦恒：《雷海宗》，贺崇铃主编：《清华人物志》(3)，北京：清华大学出版社，1995 年，第 178 页。

② 何炳棣：《读史阅世六十年》，桂林：广西师范大学出版社，2005 年，第 59—60 页。

③ 据中国第二历史档案馆藏教育部档案汇总，全宗号：五，案卷号：6188(1)、6188(2)、6188(4)。

表 5－11　1933—1935 年部分学生西洋通史成绩统计表①

年份	70 分以下		71～80 分		81～90 分		91～100 分		总人数	百分比
	人数	百分比	人数	百分比	人数	百分比	人数	百分比		
1933	12	27%	20	45%	9	21%	3	7%	65	100%
1934	9	21%	18	42%	12	28%	4	9%	43	100%
1935	5	25%	10	50%	5	25%			20	100%

表 5－12　1935—1936 年度公共必修课程部分任课教师一览②

课程名称		教师姓名	职别	简历
大一国文	读本	俞平伯	中国文学系教授	浙江德清人。国立北京大学教授。
		朱自清	中国文学系教授兼主任	字佩弦。浙江绍兴人。国立北京大学文学士。浙江省第一、第六师范等校国文教员。
		浦江清	中国文学系专任讲师	江苏松江人。国立东南大学学士。
	作文	许维遹	中国文学系教员	字骏斋。山东荣城人。国立北京大学中国文学系毕业。
		余冠英	中国文学系教员	江苏人。国立清华大学文学士。
		李嘉言	中国文学系助教	字慎予。河南人。国立清华大学文学士。保定育德中学高中部国文教员。
大一英文	读本	陈福田	外国语文系教授	广东东莞人。美国夏威夷大学学士、哈佛大学硕士。
		王文显	外国语文系教授兼主任	江苏人。英国伦敦大学学士。
		吴宓	外国语文系教授	字雨僧。陕西泾阳人。美国哈佛大学硕士。英国牛津大学研究。东南大学西洋文学系教授。东北大学英文教授。

① 据中国第二历史档案馆藏教育部档案汇总，全宗号：五，案卷号：6188(1)、6188(2)、6188(4)。

② 《国立清华大学一览》，1935 年 10 月。《国立清华大学教职员录》，1934 年 10 月。《国立清华大学教职员录》，1936 年 10 月。清华大学校史研究室：《清华人物志》(3)，北京：清华大学出版社，1995 年。

（续表）

课程名称		教师姓名	职别	简历
大一英文	读本	吴可读（A. L. Pollard-Urquhart）	外国语文系教授	英国人。英国牛津大学硕士。
		毕莲（Miss A. M. Bille）	外国语文系教授	美国人。美国斯丹福大学学士、硕士。富拉顿学院英文系主任。丹麦哥本哈根大学研究。
		叶崇智	外国语文系教授	字公超。广东番禺人。美国爱木海士脱大学文学士、哈佛大学硕士。国立北京大学教授。国立暨南大学外国文学系主任兼图书馆馆长。
	作文	张锦宏	外国语文系教员	广东梅县人。美国夏威夷大学学士。檀香山中学英文教员。
		朱木祥	外国语文系教员	广东人。燕京大学文学士。北平汇文中学英文教员。
		张骏祥	外国语文系助教	江苏镇江人。国立清华大学文学士。
		徐锡良	外国语文系教员	广东人。美国加省大学硕士。
历史	中国通史	雷海宗	历史学系教授	字伯伦。河北永清人。美国芝加哥大学博士。中央大学、金陵女子大学、武汉大学教授。
	西洋通史	刘崇鋐	历史学系教授兼代理主任	字寿民。福建闽侯人。美国威斯康辛大学学士、哈佛大学硕士。南开大学讲师。
逻辑		金岳霖	哲学系教授	字龙荪。湖南长沙人。美国波西尼亚大学理学士、哥伦比亚大学哲学博士。
		张崧年	哲学系教授	字申府。河北献县人。法国巴黎大学、德国柏林大学研究。国立北京大学数学讲师。国立广东大学教授。师范大学、中国大学哲学教授。
高级算学		郑之蕃	算学系教授	号桐荪。江苏吴江县人。美国康奈尔大学文理科学士。北京大学教员。

（续表）

课程名称	教师姓名	职别	简历
大学普通物理	吴有训	物理学系教授兼主任	字正之。江西人。美国芝加哥大学物理学博士。芝加哥大学研究院助教。国立中央大学物理学副教授兼系主任。
	萨本栋	物理学系教授	字亚栋。福建闽侯人。美国斯丹福大学工学士，吴士脱工科大学电机工程师、物理科博士、研究助理。
普通化学及定性分析甲	张准	化学系教授兼主任	字子高。湖北枝江人。美国麻省理工大学学士、理论化学研究所研究助理。东南大学、金陵大学、浙江大学化学教授。
普通化学及定性分析乙	李运华	化学系教授	广西人。美国哥伦比亚大学工程师、化学博士。
普通生物学	李继侗	生物学系教授兼代理主任	江苏兴化人。美国耶鲁大学博士。
普通地质学	冯景兰	地学系教授兼代理主任	字淮西。河南唐河人。美国柯罗拉多矿科大学采矿工程师，哥伦比亚大学地质科硕士。两广地质调查所技正。河南大学、北洋大学教授。

在专业课程教学中，课堂讲解仍然是主要的教学方法。如中国文学系教授朱自清主讲的“诗”，教法为逐字逐句讲解，而且是“教一首，背一首”，大考、小考都有解释字句，翻译诗句，默写几首较长的诗，最后还要写读书报告。[①] 政治学系萧公权教授的西洋政治思想史和中国政治思想史也采用课堂讲解的方法，但指定参考书要求学生课后阅读并写成读书报告，目的是“培养研讨的能力和取得写作的经验”，以“在自己治学的初基上安放一撮泥土，一块砖石”。萧公权认为“大学教育的真正功用在培养青年人的求知欲，在坚定他们为学问

① 苏景泉：《回忆二十年前在北平清华园的大学生活》，《清华校友通讯》新6期，1963年，第11、12页。

面(而)学问的志趣”,写读书报告是一种能够达到这种目的的有效方法。[①] 社会学系的教学方法基本也是由教授讲授,同学笔记,同时由教授指示许多参考书籍,“使选习者不致目光狭小,只拘于讲授者的意见,或偏于一派的理论”。[②]

专业课程教学中还使用一种注重于介绍新观点和新材料的教学方式,效果良好,很受学生欢迎。朱光潜讲授“文艺心理学”,讲一口带安徽味的蓝青官话,“口才并不好”。但他“深通西方哲学和当时西方流行的美学流派,而对中国旧的诗词又极娴熟”,讲起课来广征博引,触类旁通,“句句仿佛都能钻入学生心中”。听他讲课可以成为一种“乐趣”。[③] 陈寅恪讲授“佛经翻译文学”,也只是对所抄写在黑板上的资料进行讲解、分析,但是经常提出新见解,“令人顿生石破天惊之感,仿佛酷暑饮冰,凉意遍体,茅塞顿开”,听他的课是“最高最纯的享受”。[④] 化学系的教学也基本是采用课堂讲解的方法,但一般不按照课本讲授,而是比较注意介绍学术杂志上的新观点、新材料,尤其讲授高深课程时更是如此。[⑤] 由于这种教学方式注重介绍新知识和新发现,同一课程,每年的讲授内容都会更新,即使学过之后再去听讲,也都会有一种“新鲜”的感觉。[⑥]

讨论式教学也开始在专业课程教学中适度运用。雷海宗讲授“史学方法”一课即引入此法。他安排一部分时间用于讲授,将剩余时间留给学生做读书报告。报告内容主要出自所指定的课外阅读参

---

① 萧公权:《问学谏往录——萧公权治学漫忆》,上海:学林出版社,1997 年,第 113、186 页。

② 紫珊:《清华社会学系的片断》,《清华周刊》(向导专号),1934 年 6 月 1 日,第 135 页。

③ 季羡林:《他实现了生命的价值——悼念朱光潜先生》,《朱光潜纪念集》,合肥:安徽教育出版社,1987 年,第 25、26 页。《季羡林全集·学海泛槎——季羡林自述》,第 5 卷,北京:外语教学与研究出版社,2009 年,第 217 页。

④ 《季羡林全集·学海泛槎——季羡林自述》,第 5 卷,北京:外语教学与研究出版社,2009 年,第 217 页。

⑤ 陈生:《关于化学系》,《清华周刊》(向导专号),1934 年 6 月 1 日,第 143 页。

⑥ 杨联陞:《漫话清华》,《中学生》第 72 期,1937 年。

考书，或从中拟定题目，由学生自选三题，也可由学生自报题目，最后经教授平衡核准一题，学生分别围绕此题进行阅读、思考，并将研究心得在课堂上报告。另一种方法是由学生任选参考书三种，最后按指定要求阅读一种，并轮流在课上做读书报告。读书报告会引发同学之间进行相互讨论和交流，“气氛十分活跃”。这种方法非常有利于培养学生独立思考的习惯，有利于交流思想、拓宽视野。①

当时，一种与讨论式教学法相似的教学计划开始在清华教授中进行讨论。该计划出自清华前教务长张彭春之手，他向校长梅贻琦建议大学三、四年级不授课，而是由学生在教授指导下先确定研究范围，再由教授指定阅读书籍，并主持报告及讨论。但哲学系教授冯友兰认为这种办法必将加重教授负担。② 与冯友兰持有相同看法的教授可能不在少数，毕竟指导学生研究比单纯讲课需要花费更多的时间和投入更多的精力。冯友兰虽然不太赞成这种个性化的教学方法，但也不赞同完全照本宣科式的教学。他开设的中国哲学史课程，学生如不发问，他大多默坐不语，不主动开讲，倒逼学生提出问题；一旦学生发问，他的作答往往是深入浅出，“妙语连珠，耐人寻味”。③

课堂所传授的很多专业理论知识必须接受实践的检验，并通过实践来加深理解。清华很多学系的课程除了课堂讲授外，一般都安排课外参观和实习。如历史系曾参观阜成门外利马窦墓及地质调查所北京人骨齿、古生物化石、初民器皿等。④ 地学系赴西山三家店考察地质岩石，采集标本。⑤ 尤其是1932年工学院成立后，课外实践活动大增。土木工程系各班先后参观北平自来水厂、永定河水利设施、

---

① 卞僧慧：《缅怀伯伦师——在雷海宗先生百年诞辰纪念会上的发言》、许亚芬：《纪念雷海宗师》，见南开大学历史学院编：《雷海宗与二十世纪中国史学》，北京：中华书局，2005年，第38、39、115页。

② 朱乔森编：《朱自清全集·日记》第九卷(上)，南京：江苏教育出版社，1997年，第371页。

③ 何炳棣：《读史阅世六十年》，桂林：广西师范大学出版社，2005年，第64页。

④ 《历史学系主办之两处参观》，《清华副刊》第40卷第3期，1933年11月6日，第16页。

⑤ 《地学系赴三家店考察岩石》，《清华副刊》第42卷第1期，1934年，第34页。

北平市政府卫生局、烈性毒品戒除所、第一卫生区事务所各机关、西直门火车站、前门火车站、交通博物馆、海河整理委员会所兴修之水闸等处;①机械工程系曾参观平汉铁路长辛店铁路机厂。② 工学院各系一般还在暑假期间安排学生进行暑期实习。如 1935 年暑假,电机工程系学生赴上海亚浦耳电灯泡厂、上海东方年红公司、上海建设委员会电机制造厂、戚墅堰电厂、杭州电气公司、南京首都电厂、南京中央广播电台、南京电话局、天津电话局等处实习。③ 同年暑假,土木工程系赴西山松堂进行测量实习,历时 5 周。④ 1936 年暑假,机械系学生赴京沪杭甬铁路局吴淞机厂实习,历时 6 周。⑤

此外,四年级很多学系学生一般都会在毕业前外出调查、实习一次。1935 年 4 月,为切实规范四年级学生的外出调查、实习活动,清华出台了《实习调查暂行办法》。该办法规定"出外实习调查以与各系课程有切实利益者为限",并规定历史系、社会学系、电机工程系、地理系、化学系、生物系、心理学系、政治系、经济系、土木工程系、机械工程系等学系的二十九门课程可以外出进行调查实习,调查地点分绥远包头、洛阳西安、津京沪杭三条路线,还详细规定了各学程的调查、实习路线。该办法还规定外出调查、实习时间最早出发时间为每年的 4 月 6 日,最晚归校时间为 4 月 21 日,学校承担来回火车票费用,其余费用由学生自理。⑥ 这样,课外参观、调查、实习在清华实行了制度化,成为教学活动的重要组成部分。

总的来说,梅贻琦长校以后,以施行"大一不分院系"制度为契

---

① 《参观热》,《清华副刊》第 42 卷第 4 期,1934 年,第 25、27 页。《工程师参观公共厕所》,《清华副刊》第 42 卷第 8 期,1934 年,第 23 页。《土木工程系毕业参观团赴京沪,来函报告启行经过》,《清华副刊》第 42 卷第 9 期,1934 年,第 22 页。

② 《机械系铁路机厂参观记》,《清华副刊》第 42 卷第 9 期,1934 年,第 25 页。

③ 《(清华)学生南下参观》,《世界日报》1935 年 6 月 6 日,第 7 版。

④ 《清华土木系学生西山测量,今日起开始》,《世界日报》1935 年 6 月 26 日,第 7 版。

⑤ 《为派校机械系三年级学生王宣忠前赴贵处吴淞机厂实习》,清华大学档案,档号:1-2:1-78:2-001。

⑥ 《实习调查暂行办法》,原载《国立清华大学校刊》1935 年 4 月 1 日,刘述礼、黄延复编:《梅贻琦教育论著选》,人民教育出版社,1993 年,第 315 页。

机,在教学方法的改进上进行了很多努力。与罗家伦时期相比,公共必修课程中国文、英文、历史等课程教学方法的改进取得较大进展,效果显著;专业课教学中适度引入讨论式教学,同时注重追踪学科最前沿的讯息,及时进行知识更新,有利于培养学生独立思考的习惯和学术兴趣。所有这些都为清华通才教育的实施发挥了重要作用。

第六节　师生合作与人格培养

梅贻琦出任清华校长后,除了注重知识传授和学术训练外,对于如何使学生受到人格上的熏陶,指导学生如何做人方面,也引起了足够的重视。梅贻琦认为学校的责任在造就人才,但是“造就出来的人才如何,不仅要衡量他们底学科的知识技术,还要看他们做人、做事的行动是怎样,态度是如何。这是最重要的因素,同时也是最困难的事情”。他认为学校对于学生的人格训练,只能通过积极的感化方式才能有效,消极的管束作用很有限。学校给学生的影响是整个的,校长、教师、职员,他们做人的态度,做事的方法,都会对学生产生影响,而与学生接触最多的教师,对学生的影响尤其大,“教师在身心上给学生的影响,往往在学科以外”。[①]

1931 年 12 月 3 日,梅贻琦到校第一天即召集全体学生发表讲话:“一个大学之所以为大学,全在于有没有好教授。”“所谓大学者,非有大楼之谓也,有大师之谓也。我们的知识,固有赖于教授的指导指点,就是我们的精神修养,亦全赖有教授的 inspiration(激励)。”[②] 1932 年秋季开学典礼上他又指出“教授责任不尽在指导学生如何读

---

① 梅贻琦:《如何领导青年和做教师的责任》(8 月 15 日暑讲会精神讲话讲词),《云南教育通讯》第 18 期,1939 年。

② 《梅校长到校视事,召集全体学生谈话》,《国立清华大学校刊》1931 年 12 月 4 日,清华大学校史研究室编:《清华大学史料选编》第 2 卷,北京:清华大学出版社,1991 年,第 219 页。

书”，而应同时“能指导学生应如何作人”。[①] 1935年又谆谆教导入学新生“教育上的紧要途径，还是在师生的关系”，“教育事业，仍应看作师生共同工作，期达一个共同的目的”。[②]

但是当时清华师生之间存在一种无形的隔阂，除了在课堂上碰面外，课外接触的机会不多，“下了课后，教授自教授，学生自学生，多半是路上相遇，招呼也不打一个”。[③] 学生与教授之间有“明显的鸿沟”，“不大来往”，偶尔路上遇见，“也是望望然而去之”。[④] 教授们除少数几次学术讲演外，“从没有对于青年思想上加以指导”。[⑤] 这种现象并非仅存在于清华，而是当时大学里所存在的普遍现象，大学教育一般皆“偏重研究工作，及机械授课”，“师生间不发生亲切关系”。[⑥]“教授和学生间的关系，只有上课的时候存在，教授到时走入课室上课，到时下课退出教室，出了教室以后，便和学生没有关系”。[⑦]

为了使学生在人格上能进一步受到熏陶和引导，梅贻琦试图通过一种合适的方式以加强师生间的感情联络，免除隔膜。他最初的设想是举行师生谈话会，由学校邀请教授出席，师生之间随意交谈，话题不限，以增进相互了解。[⑧] 但是，1932年因庚款停付，清华经费紧张，梅贻琦又需赴南京出席科学专家会议，师生谈话会的筹备只得

---

① 《举行二十一年度开学典礼志略》(梅贻琦的开会词)，《国立清华大学校刊》1932年9月16日，转引自清华大学校史编写组:《清华大学校史稿》，北京:中华书局，1981年，第134页。

② 梅贻琦:《致新来校的诸同学》，《清华暑期周刊》第7、8期，1935年，第1页。

③ 子钟:《领袖问题与教授们的责任》，《清华副刊》第38卷第2期，1932年10月8日，第2页。

④ 《季羡林全集·学海泛槎——季羡林自述》，第5卷，北京:外语教学与研究出版社，2009年，第216页。

⑤ 子钟:《领袖问题与教授们的责任》，《清华副刊》第38卷第2期，1932年10月8日，第2页。

⑥ 李幼芳:《与朱光潜教授论大学训育》，《大公报》1937年5月10日，第3张第11版。

⑦ 张彭春:《英国大学与中国大学教育之比较》，《统一评论》第4期，1937年。

⑧ 《学校拟举行教授同学谈话，藉以连络感情免除隔膜，极有意义》，《清华副刊》第38卷第8期，1932年11月21日。

暂缓。[①]

1933年，清华师生间产生了严重的分歧。该年1月3日，日军占领山海关，平津震动。当时正值期末考试之际，清华学生自治会致函校评议会要求将考试延期至下学期时局稳定后举行，以便分头准备离校避难。因这一要求未被许可，学生自治会全体大会决定全体总请假。学校当局认为在国势危迫之际，“不能躬执干戈以卫国家民族者，必须于尽可能范围内努力进行其应作之工作”，何况学校已经对师生安全作出妥善安排，对清华学生“惟以避难无术为虑”，感到非常痛心，驳回了学生全体请假的要求。[②] 教授会发出“告同学书”，对学生全体请假行为进行劝诫：

当我们民族生命在呼吸之顷，我们如果不能多做事，至少不要少做事。假如你们真去拼命，我们极端赞成你们不读书。假如你们担任了后方的切实工作，我们决不反对你们告假。且平心静气的，忠实的想一想：有，不必说；没有，你们就该做你们每天做的事，绝对不应该少做、不做。

不知你们读过《最后一课》这小说没有？我们希望你们看一看，或者重新看一下。假如北平并不危险，那你们无所用其张皇；假如北平实在是危险，你们对于这最后的一课又何忍没有稍许的留恋？听说你们要全体请假，全体都有事情么？

现在学校没有准你们的请求，但是你们还是要全体不考。听说你们所以如此，因为要执行大会的议决案。你们的议决案本是全体告假，而不是全体罢考。你们已向学校请求过，就是议案已经执行过了。至于允许或否那另是一件事。你们又何必坚持不考，贻社会以口实呢？

---

① 七：《师生联络，当局在筹划进行中》，《清华副刊》第39卷第3期，1933年3月29日。

② 《清华考试问题解决》，《大公报》1933年1月12日，第1张第4版。

> 我们不忍看你们的行动趋于极端，更不忍社会对于清华学生失了期望，所以我们用最诚恳的态度进一忠言，而且这忠言也许就是最后(的)。[①]

这次事件一定程度上说明了师生之间平时缺乏沟通，存在很深的“隔膜”，[②]已到了必须予以打破的时候。1933年的最后一天，在辞旧迎新之际，为“发扬校风，联络情意”，清华师生以及教职员家属千余人在新体育馆欢聚一堂，举行聚餐会，为密切师生关系迈出了第一步。[③] 不久，校务会议决定从下学期起，全体师生于每月第三周举行集会一次，“以发扬校风”。[④] 1934年2月22日，第一次全体师生集会在大礼堂举行，梅贻琦说明集会的目的在于使“全校师生团结起来”，故不设固定主题，师生间“可以互相鼓励”，也“可以谈谈学校事情”。[⑤] 但是这种方法也遭到了一些质疑，认为清华举行师生大会，只是一种“一种空洞的仪式”；“大学师生之间的关系，应该是道义的关系。既不可以书本与钟点为接触的媒介，也不能拿茶点与仪式作交谊的维系。只有学术的自由探讨，思想的随时交换，可以打破师生间森严的壁垒”。[⑥]

1934年初，教育部视察清华后，也提出了改进意见，其中有一点为“对于学生学业及训育，须设法责成教员随时密切注意，勤加指导，总期勇猛精进，协力发展，造成优良校风”。[⑦] 对此，校长梅贻琦表示，

---

① 《教授会告同学书》，《国立清华大学校刊》1933年1月11日。

② 罗山：《读了“校事罪言”之后》，《清华副刊》第39卷第3期，1933年3月29日。

③ 《清华全体师生除夕聚餐，目的在发扬校风，联络情意》，《世界日报》1933年12月26日，第7版。《清华全校师生昨晚聚餐，到千余人，尽欢而散》，《世界日报》1934年1月1日，第7版。

④ 《清华大学，昨公布第十次校务会议纪录》，《世界日报》1934年1月9日，第7版。

⑤ 《清华昨举行第一次全校师生集会》，《世界日报》1934年2月23日，第7版。

⑥ 弗华：《到完美理想之路》，《清华副刊》第41卷第5、6期，1934年4月29日，第110页。

⑦ 《教育部指示清华东大两校应改进之点》，《益世报》1934年第7月20日，第2张第8版。

自下学期起将想方设法寻求合适的方法，以增加师生接近的机会。[①] 同年秋，“为指导新生生活入于轨道”，清华成立新生指导委员会，成员包括教务长、各学院院长、各系主任、教授，共 37 人，负责指导学生学业及日常生活，分文法和理工两组进行指导，一名指导员负责指导 10 名学生。[②] 但是该委员会成立后，一时也未能找到有效的指导方法，既未召集新生谈话，也未要求学生联络指导员。[③] 后来，土木工程系最先想出了由教授和助教分组请客的办法，每位教师一学期至少召集学生茶会两次。[④] 这种办法在土木工程系采用后，收到了一定的效果，师生相聚畅谈，距离拉近了很多，学生们感觉教授并非如想象中的可怕。[⑤] 此后，其余各系也相继采用了这种方法。

1936 年教育部视察后，又提出了改进之处，“关于学生训育事项，应由教员共同负责，并酌定导师制度，积极实施，以维校纪而正学风”。[⑥] 1936 年 9 月，“为指导学生学业及一般生活”，评议会通过了《试行导师制办法》，规定一年级新生导师由校长聘请各公共必修课程任课教师担任，其余各级学生及研究院学生由校长聘请各院系教师担任。同年 11 月，校刊分 6 次陆续公布各系 790 余名学生及导师名单。[⑦] 与此同时，又成立学生生活指导委员会，由校长聘任教务长、秘书长、各院院长及教职员若干人组成，以教务长为主席，“审议并辅导关于学生团体生活之事项”，使学生团体生活方面“有一个商量的

---

① 《梅贻琦谈清华下年改进办法》，《世界日报》1934 年 7 月 22 日，第 7 版。

② 《清华大学组织新生指导委员会》，《世界日报》1934 年 9 月 24 日，第 7 版。《新同学指导委员会正式成立》，《清华副刊》第 42 卷第 3 期，1934 年。

③ 陶清：《新人的几句话》，《清华副刊》第 42 卷第 8 期，1935 年，第 6 页。

④ 《师生间联络之第一声，土木系想出好办办法》，《清华副刊》第 42 卷第 1 期，1934 年，第 33 页。

⑤ 《有酒食先生馔——毛会公宴本院院长及本系教授》，《清华副刊》第 42 卷第 9 期，1935 年，第 26 页。

⑥ 《教育部训令》，《清华校友通讯》第 3 卷第 8、9 期，1936 年。

⑦ 清华大学校史研究室编：《清华大学九十年》，北京：清华大学出版社，2001 年，第 85 页。

去处”。[①]

但是各导师对于指导的方法基本上都是带着尝试的心态，并没有很清晰的认识和固定的模式。中国文学系教授俞平伯被指定为11名学生的导师，但“不知当从何处导起”，也只能是将学生一起请到家中举行一次茶会。[②] 金岳霖也是10名学生的导师，他所理解的导师制的目的是为了增进师生间相互了解，从而帮助学生解决一些学习、生活上的疑难问题，“免得在一个学校里住了好几年，谁也不认得谁”。他的方法也是在家中召集学生茶会，师生间进行了无拘无束的漫谈和讨论，学生们感觉从中“得到许多做人方面的启示，解决了许多困难问题”。[③] 化学系主任张准也是导师之一，但他并不召见学生，认为学生有疑问应主动与导师联系。学生觉得他“不热情、不亲切”，便不再主动登门求教。[④]

有教授曾私下表达对导师制度的意见，认为“在今日学校分工时代，大学教授都是对于某一部门的学术有专门研究的，但却不一定对与我们的生活有关的人生问题的各方面都有完满的见解；因此以大学教授来担任指导学生生活的导师，结果未必完善”。[⑤] 也有人对指导的内容提出建议，认为在当时中国面临外敌入侵、民族危机日益深重的形势下，导师应指导学生如何将读书和救亡的双重任务结合起来，达到师生合作、共同救亡的目的。[⑥] 实行导师制必须具备一个重要的前提条件，即导师自身的学识、人格和人生经验必须足够丰富。

---

① 《国立清华大学学生生活指导委员会简章》，载《清华一览》，1936年，见刘述礼、黄延复编：《梅贻琦教育论著选》，北京：人民教育出版社，1993年，第285页。《二十五年开学典礼纪事·潘教务长报告》，原载《国立清华大学校刊》1936年9月21日，见清华大学校史研究室编：《清华大学史料选编》第2卷，北京：清华大学出版社，1991年，第276页。

② 《俞平伯全集·秋荔亭日记(二)》第10卷，石家庄：花山文艺出版社，1997年，第233、242页。

③ 戈登：《清华的导师制尝试记》，《世界日报》1936年11月17日，第9版。

④ 刘绪贻口述、余坦坦整理：《箫声剑影：刘绪贻口述自传》，桂林：广西师范大学出版社，2010年，第100页。

⑤ 若予：《试行导师制度以后》，《清华副刊》第45卷第3期，1936年，第5页。

⑥ 刘清漪：《关于导师制度》，《清华副刊》第45卷4期，1936年，第7页。

但实际上,在知识总量迅猛增加,学科划分日益细密的近代社会,精力有限的个体只能是就某方面谋求专精,而忽略了其余很多方面。要破解这一难题,就必须回到以“通才教育”为出发点。张彭春也认为中国大学实行导师制存在三个问题:1. 导师的指导范围广,能够胜任导师的人很少;2. 导师制所能指导的学生数量有限,同样的学生需要更多师资,也就意味对经费的要求更多;3. 中国大学课时太多,老师与学生观摩切磋的时间太少。①

尽管如此,清华的导师制对于密切师生关系仍发挥了关键作用。对此,1933 年考入清华经济系的杨联陞有亲身体会:

> 师生之间,上着课是板板面孔,规规矩矩。指定的功课,作不到,考不出,必定不及格。下了课,说说笑笑,都可以。教授家里,多数是欢迎学生去的。清茶一杯总有,教授若吸烟,也必以让学生。倚着沙发谈半晚上满不要紧。②

导师制对于学生人格的熏陶和引导也产生了良好的效果。1934 年考入清华化学系的黄培云对此心怀感激,终生难忘:“清华的许多老师给了我很大的影响,许多同学成为我的终身好友。老师们不但使我懂得了如何做学问,更使我学会了如何做人,怎样才活得有意义。”③苏云峰认为清华由全体师生共同参加的训育工作,孕育出了“清华精神”:

> 它所代表的是对学术研究比较执着,对实际政治比较冷淡(后期学生运动是特殊情况);它是一种沉着、积极进取的人生态度;一种认真奋斗,胜不骄,败不馁的运动家精神;对事,它代表实干苦干,脚踏实地,实事求是,勤劳尽职;对

① 张彭春:《英国大学与中国大学教育之比较》,《统一评论》第 4 期,1937 年。

② 杨联陞:《漫话清华》,《中学生》第 72 期,1937 年。

③ 《黄培云口述自传》,长沙:湖南教育出版社,2011 年,第 14 页。

人,它代表谦虚自律容忍异见,互相合作的民主素养。[①]

此外,军事训练课和体育课也分担了一部分人格训练的职能。军事训练课设置的目的在于"锻炼学生身心、涵养、纪律、服从、负责、耐劳诸念,提高国民献身殉国之精神,授以必要之军事学术,以增进国防之能力"。[②] 与罗家伦时期相比,军事训练课程得到了改进,军训设备进行了更新,每个学生都能持枪上操,有时还骑马训练。同学与教官感情融洽,课上极为严肃,课后师生"谈笑自若,亲如父子"。[③] 军事理论课程设置也更为合理,增加了术科课程的种类,分设多组,以便学生选修。[④] 军事训练课走上正轨,与政府大力提倡有很大的关系。特别是九一八事变后,国势危急,对高中以上学生的军事训练加紧展开,军事教官的遴选更为规范,切实保障了各校军事训练的顺利进行。[⑤]

重视体育运动是清华的优良传统,"体育在清华与其说是一门功课,毋宁说是一种风俗,一种习惯,一种校风和传统"。[⑥] 尽管在罗家伦时期,体育部规模有所收缩,人员被精简,但梅贻琦出任校长后,重新增加了体育部的职员,并将体育部的"训练员"分别改称为助教、讲师和教授,重归教员编制。[⑦] 体育课设置的目的在于"提倡各种运动,促进生理上的康健,训练身体各部的合作,并使个性有适当表现,同

① 苏云峰:《从清华学堂到清华大学(1928—1937)》,北京:生活·读书·新知三联书店,2001年,第73页。

② 《军事训练部学程一览》,《国立清华大学一览》,1935年10月。

③ 苏景泉:《回忆二十年前在北平清华园的大学生活》,《清华校友通讯》新6期,1963年,第13页。

④ 《清华军训学术科上课日期定自十九日起》,《世界日报》1934年2月12日,第7版。

⑤ 中国国民党中央委员会党史史料编纂委员会:《抗战前之高等教育》,《革命文献》第56辑,台北:中国国民党中央委员会党史史料编纂委员会,1971年,第144、145页。

⑥ 黄延复:《水木清华:二三十年代清华校园文化》,桂林:广西师范大学出版社,2001年,第212页。

⑦ 清华大学校史稿编写组:《清华大学校史稿》,北京:中华书局,1981年,第137页。

时养成良好品性与习惯”。[①] 体育课分“必修科目”“选修科目”“室内科目”“室外科目”“四季不同科目”“校际级际比赛科目”等，必修科目每周两次，大学四年期间每年都必须修习体育课。

清华新生入学后，体育部首先进行体格检查，测量身高、体重、肺活量，以对每个学生建立体育档案。每学期开始，体育部还要对学生再进行一次体格检查和体能测验，包括身体测量、体格检查、体力测验、体能测验，发现身体发育不良的学生，要参加“矫正课”，在教师指导下，进行矫正锻炼。[②] 1931 年秋季入学的新生体格较弱，“老夫子”（死念书）最多，由体育部教授马约翰亲自担任该班的教学，根据各人具体情况进行辅导。上课时，先由马约翰带队慢跑两圈（800 米）热身，然后进行专项锻炼，最后几分钟，指导学生之间进行相互按摩，以缓解肌肉的疲劳和肿痛。[③] 体育课还教授一些生理、卫生、保健知识以及相关的基本辅助动作，包括沐浴擦背的正确姿势、用以锻炼腰部和腹部肌肉的俯卧撑的正确姿势等，以便学生掌握体育锻炼时自我保护的有效方法。[④] 对那些体格正常的学生，体育课的教学要求有所不同，先由教师带领学生做柔软体操，舒展肌肉，接着由教师领队在体育馆楼上跑步 22 圈（1 英里，约 1500 米），[⑤]要求每个学生都要能跑 1 500 米，身体不好的同学即使走也要走完这个距离，否则体育成

① 《体育部学程一览》，《国立清华大学一览》，1935 年 10 月。

② 黄延复：《水木清华：二三十年代清华校园文化》，桂林：广西师范大学出版社，2001 年，第 220 页。体力测验必须达到 300 分，内容句括肺活量、左手握力、右手握力、背力、背腿力、引体向上、双背推起。总体力＝肺活量/20＋左右手握力＋背腿力＋体重/10＋（引力＋双背推）。体力\[能\]测验包括齐胸单杠腾越（支撑跳越）、爬绳 15 英尺、鱼越前滚翻、跳远 14 英尺、百码跑 14 秒（其后又加游泳 20 码）。

③ 钱伟长：《我的老师马约翰》，庄丽君编：《世纪清华》（3），北京：清华大学出版社，2001 年，第 117、118 页。

④ 曹岳维：《进清华的头一天》，《清华校友通讯》，复 51 期文章精选，见清华校友网 http://www. tsinghua. org. cn/alumni/infoSingleArticle. do? articleId＝10017066&columnId＝10016699）。

⑤ 黄雄威：《清华园目睹之怪现象》，《学府纪闻——国立清华大学》，台北：南京出版有限公司，1981 年，第 438 页。

绩不及格。[①] 体育课激发了学生们运动的兴趣，养成了运动的习惯，以至于到了“一天不运动，一天不快活”的程度。[②]

除了体育课外，清华传统的课外体育活动“斗牛”继续得到保持。每天下午四点半开始，很多学生都会加入一场不讲究规则、不计分数的蓝球比赛，只要将球传给自己的队友或投进对方的球筐就算胜利。体育部主任马约翰经常亲自参加“斗牛”，与学生们一起奔跑，以示鼓励。在如此浓厚的体育运动氛围中，清华学生对体育运动普遍保持浓厚的兴趣，很多“老夫子”变成了“斗牛士”。[③]

体育课以及丰富的课外体育活动对于增强学生体质取得了明显的效果。如1931年秋季入学的钱伟长身体瘦弱，身高只有1.49米，各项体能测试皆不达标，在体育部教授马约翰的指导下，坚持锻炼，最终成为越野长跑健将。徐煜坚入学时体格瘦弱，身高只有1.56米，还曾因此被清华地学系拒绝收录，通过坚持苦练长跑，体格逐渐增强，后来不仅进入了心仪的地学系，而且在1935、1936年的北平五大学(北大、燕京、北师大、辅仁、清华)运动会上夺得万米冠军。[④]

在清华，通过体育运动来养成良好品性与习惯甚至重于锻炼身体。校长梅贻琦非常注重通过体育运动，“养成团体合作的精神”，并通过团体运动的机会，“去练习舍己从人，因公忘私的习惯”。[⑤] 体育部主任马约翰也非常注重通过体育运动来培养一种“运动员精神”，如“不怕难”“跌倒起来再来”等。马约翰总是教导学生，“体育运动不仅锻炼体力，更重要的是锻炼意志；要带着脑袋锻炼，正视自己的缺点，不断努力克服缺点，战胜了自己就得到进步”，“一辈子都要克服

① 《科艺留声——刘曾复口述》，郑小惠等：《清华记忆——清华大学老校友口述史》，北京：清华大学出版社，2011年，第27页。

② 武樵：《学生生活在清华》，《现代青年》第4卷第1、2合期，1936年。

③ 苏景泉：《回忆二十年前在北平清华园的大学生活》，《清华校友通讯》新6期，1963年，第13页。钱伟长：《我的老师马约翰》，庄丽君编：《世纪清华》(3)，北京：清华大学出版社，2001年，第118页。

④ 钱伟长：《我的老师马约翰》，庄丽君编：《世纪清华》(3)，第117、118页。

⑤ 《体育之重要》，载《国立清华大学校刊》1934年11月12日，见刘述礼、黄延复编：《梅贻琦教育论著选》，人民教育出版社，1993年，第62页。

自己的缺点，坚持战胜自我，就能成功"。马约翰认为刻苦的锻炼可以"培养青年们勇敢的精神，坚强的意志、自信心、进取心和争取胜利的决心"，运动场"是培养学生品格的极好场所，可以批评错误，鼓励高尚，陶冶性情，激励品质"，"体育运动的教育价值，不只限于运动场上，而且能影响整个社会"。① 钱伟长切身体会到体育运动"培养了我们的人格，锻炼了我们的意志"，最终得以"有勇气承担风雨，有毅力克服困难，有意志不断战胜自我"。②

梅贻琦长校期间，带有国民党意识形态控制目的的党义课仍然是全校学生的必修课。党义课内容包括"三民主义""五权宪法"（附国民政府建国大纲）以及"建国方略"等。③ 由讲师王宣担任党义课的教学。王宣教授党义"循循善诱，阐述精辟"，"毫不马虎"。但是学生们上党义课完全是在应付，平时只有一二人上课，老师在堂上低头点名，堂下"到"声不绝。④ 多数学生上党义课只跟老师见两次面，一次是开学第一次上课，另一次是学期考试。考试时有些学生发卷未到两分钟即交卷，"胡抄一阵走路"。⑤ 有的学生考完后交卷，还再向老师要一份试卷，代人应试。⑥ 党义课形同虚设，不可能有什么效果。

综上所述，梅贻琦长校时期，通才教育的实施更向纵深方向推进了一步，无论是课程设置、招生录取、教学方法，还是人格的培养方面，都逐渐体现出了通才教育所具有的那种注重知识的整体性和完整性、注重人格的培养和人的全面发展等特征，使得教育又重新向它的本来面目逐渐回归。尤其是"大一不分院系"制度的建立，使学生

---

① 黄延复、王维屏：《马约翰》，体育文史资料编审委员会编：《体育史料》第1辑，人民体育出版社，1980年，第38页。

② 钱伟长：《我的老师马约翰》，庄丽君编：《世纪清华》(3)，第121、123页。

③ 《党义学程一览》，《国立清华大学一览》，1935年。

④ 邹承曾：《清华忆往》，《学府纪闻——国立清华大学》，台北：南京出版有限公司，1981年，第403页。

⑤ 《夏鼐日记》：上海：华东师范大学出版社，2012年，第190页。《季羡林全集·清华园日记》第4卷，北京：外语教学与研究出版社，2009年，第343页。

⑥ 邹承曾：《清华忆往》，《学府纪闻——国立清华大学》，台北：南京出版有限公司，1981年，第403页。

在知识基础的深厚和广阔方面以及思想的训练方面有了确切的制度保证。这一时期，公共必修课程设置更为合理，目标更明确，在整个大学课程中所占的比重更为提高，对于改变中国大学那种根深蒂固的追求专门化、不注重基础知识的风气，起到了良好的导向作用。“大一不分院系”制度的建立，标志着清华教育目标在通才教育与专才教育关系的定位上找到了一个平衡点。这是全校师生经过充分自由发表意见、共同讨论而达成的共识。这不能不归因于校长梅贻琦民主的领导作风以及其所主张的通才教育理念。梅贻琦长校时期，教授治校制度得到了很好的推行，很多决策都是在广泛征求师生意见并经过充分讨论后再做的决定，校长独断专行的治校方式不符合梅贻琦的个性和教育理念。梅贻琦教育理念最重要的一个特征是注重人与人的和谐、人与社会的和谐，把人的发展放在首要的位置，而不是把人作为实现其他各种目的的手段，这也是真正的教育家必须具有的理念。这一时期通才教育实施能取得重要进展还有另外的一个原因，即它是建立在此前各个不同时期所积累的经验和教训的基础上的，无论是在课程设置、招生录取、教学活动，还是在人格训练方面，都吸收了以前通才教育实践中合理的部分，去除了事实证明行不通的部分，并积极探索新的改进方法。只不过在整个社会追求专化门的时代环境下，通才教育所能施展的空间毕竟有限，注定了其效果和影响也只能局限在有限的范围之内。

结　语

中国近代大学制度是向西方学习的产物，在引进西方知识体系以挽救民族危亡、谋求国家富强的过程中，扮演了非常重要的角色。人们提到大学，“即联想分科”，“分科无定，多多益善”，此乃“现代文明社会之特征也”。[①] 毫无疑问，分科治学已成为中国近代大学发展历程中最显著的特征之一。但是，分科治学很容易忽视基础知识的学习，使大学教育中知识传授日趋专门化，课程设置“有趋于专门与艰深之弊”[②]，很多大学连最基本的国文、英文、体育课都未设置，更无论其他基础课程。[③] 大学注重专业教育，忽视基础学科教育，无视知识之间的普通联系，最终导致知识的割裂和碎片化，反使知识的大厦不仅难以建立，而且极易坍塌。结果，中国在引进西方知识体系谋求民族独立、国家富强的道路上，总是因此而一直处于被动的追赶状态。正是在中国大学普遍注重专门化教育，相对忽视基础知识教育的分科时代，针对分科制的弊端，清华大学开始了具有开创性意义的通才教育尝试，并由此积累了丰富的经验，探索出了一条独具特色的中国大学人才培养之路。

一、分科时代通才教育的特征

在1925年至1937年间，因所处的历史情境不同，清华大学通才

---

① 周春岳：《大学改制之商榷》，原载《新青年》第4卷第5号，1917年，璩鑫圭、唐良炎编：《中国近代教育史资料汇编——学制演变》，上海教育出版社，1991年，第824页。

② 《抗战前之高等教育》，《革命文献》第56辑，台北：中国国民党中央委员会党史史料编纂委员会，1971年，第123页。

③ 《抗战前之高等教育》，《革命文献》第56辑，第120页。

教育实施在各个不同阶段采取了不同的模式，但纵观这一时期，通才教育的实施仍呈现出一些共同的特征。

不可否认，要实施通才教育，必须有理念先行。清华大学通才教育实施的各个阶段都有理念主导。如1925年新大学制度的主导者张彭春，为清华第二批留美生，美国哥伦比亚博士，专攻教育，博士论文题目为《从教育入手使中国现代化》。回国后，又受教育改进社委派赴美、法、德、意等国考察，深悉各国教育状况，非常关注各国教育中的新动向。正当国内大学盛行选科制之时，张彭春早已注意到国际教育界注重综合的趋势。同时，他又认识到中国社会的特殊性，认为“适宜于外国的制度，未必即适宜于中国”，必须认清“目前问题的症结所在，运用自己已往的经验，拿他人的方法做参考，找出一条可走的路子”。[①] 清华实行新大学制度、开始尝试通才教育，正是按照这样的思路展开。1926年学系制度建立后，虽然在“造就专门人才”的教育方针之下，通才教育的实施受到很大的限制，但仍得到最低限度的保留。在当时整个社会追求专门化的环境中，清华仍然能给通才教育的实施留下一定的空间，应该归功于在这期间陆续回国执教的清华留美生。1926年清华75位中国教员中，清华出身者达29人；51名教授中，清华出身者多达27人。1927年67位教师中，清华出身者34人。[②] 此后，清华留美生在教师总数中一直占有相当的比例。他们或多或少受到美国大学通才教育理念的影响，并将这种理念带回了清华。1928年至1930年罗家伦长校期间，先后有84位教师到清华任教，其中清华出身者33人。1931年至1937年梅贻琦长校期间，有190位教师到清华任教，其中清华出身者93人。[③] 除此之外，清华大学教师连续在校服务五年，可享有赴欧美国家研究学习一年的待

① 张彭春：《英国大学与中国大学教育之比较》，《统一评论》第4期，1937年。

② 吴洪成：《生斯长斯，吾爱吾庐：清华大学校长梅贻琦》，济南：山东教育出版社，2004年，第55、57页。

③ 苏云峰：《从清华学堂到清华大学(1928—1937)》，北京：生活·读书·新知三联书店，2001年，第113页。

遇，也进一步扩大了接受通才教育理念的途径。[1] 而且，先后于1928年、1931年出任清华校长的罗家伦、梅贻琦都具有比较系统的通才教育理念。清华校内通才教育理念的盛行，是通才教育得以持续实施的重要原因。

通才教育的实施过程是将通才教育理念与具体的社会和大学相结合的过程，理想与现实之间必然存在一定的落差。当时中国社会普遍将大学视为专业训练的机构，学生进入大学的主要目的是为了获取专门知识，认为“越早专门，身分(份)越高”。[2] 专家在当时是“一个流行名词”，“凡受高等教育的人，都希望成为专家”，而且，“学术的专门化，并不限于科学之间，一科之内往往又分化为许多的细目，各有专家”。[3] 整个社会对专门化的偏好已经形成了一股很强的习惯势力，使得通才教育的实施面临不小的阻力，实施效果必然会大打折扣。因此，社会大环境对通才教育的实施效果具有很大的影响。

通才教育的实施还必须与具体的大学环境相适应。由于通才教育不仅注重知识的完整性，更注重人的全面发展，大学的行政组织、权力结构都会在很大程度上影响到通才教育的实施进程和效果。以清华为例，1925年新大学制度创办时，校长拥有绝对的权力，通才教育实施计划主要依赖于校长所委派的教务长张彭春来推动。张彭春个人的学识、教育理念、个性都会直接影响到通才教育实施的进程，新大学制度的命运由少数几个人来决定，结果只能是“人存政举，人亡政息”，因而具有很大的不稳定性。1926年清华建立学系制度后，实行教授治校制度，系主任皆由教授选举产生，教务长由系主任推举，校长的权力受到很大的削弱。但校长又不甘心被边缘化，校长与教授之间不免要发生摩擦。在这样一个不稳定的权力结构中，必定使校政受到影响，殃及通才教育的实施。1928年罗家伦作为政治强

---

① 《国立清华大学教师服务及待遇规程》，清华大学校史研究室：《清华大学史料选编》第2卷，北京：清华大学出版社，1991年，第179页。

② 朱自清：《论大学共同必修科目》，《高等教育季刊》第1卷第3期，1941年。

③ 雷海宗：《专家与通人》，《新南星》第6卷第5期，1940年。

人出任清华校长后，独揽大权，虽然教授会争得了各学院院长的选举权，但是已不能与校长权力相抗衡。而且罗家伦身兼政治家与学者双重身份，浓厚的政治色彩与清华已经形成的崇尚自由的风气格格不入，导致校长与教授之间存在某种程度的隔阂。这些情况都使得通才教育的实施不免因校长个人因素的原因而偏离原来的轨道，削弱了通才教育实施的效果。1931 年梅贻琦出任清华校长后，虽然法律上所拥有的权力并不比罗家伦时期有所减少，但是他很尊重教授的意见，教授治校制度得到了很好地推行，校长与教授之间形成了良性互动，很多决策都是在广泛征求师生意见并经过充分讨论后再做的决定。梅贻琦的民主作风、温和的个性及其教育理念对这一时期通才教育的实施起到了很大的推动作用。

课程是通才教育实施的主要媒介。由于通才教育注重知识、文化和人格的完整性，所以课程设置应尽量能涵盖人类知识体系各大类学科的基本原则和命题。但是究竟如何划分知识体系至今仍无定论，对于通才教育课程设置也是言人人殊。西方自由教育的主要倡导者之一、美国芝加哥大学前校长赫钦斯，认为普通教育的目标是训练人们的心智有明智的行为，普通教育课程应包括西方名著、阅读、写作、思维、说话的艺术、数学等；高等教育的目标是获得智慧，高等教育的课程包括形而上学、社会科学和自然科学的基本问题，也是高等教育恰当的学习内容。① 清华社会学系教授潘光旦认为普通教育的目的是使人获得“共通背景或共通基础”，养成完整、有机、自由的人格，普通教育的内容除了适量的自然科学与社会科学外，应特别注重人文学科，如文学、哲学、历史以及艺术和音乐，以借助人类所积累的经验来了解人性，从而养成完整与健全的人格。② 在清华通才教育

① (美)罗伯特·M·赫钦斯著，汪利兵译：《美国高等教育》，杭州：浙江教育出版社，2001 年，第 49、50、57、62 页。

② 潘光旦：《论教育的更张》，原载《新路》第 1 卷，第 10 期，1948 年 7 月 17 日，潘乃穆、潘乃和编：《潘光旦文集》第 10 卷，北京：北京大学出版社，2000 年，第 268、270、271、275 页。

实施的具体进程中,课程设置也随着教育目标的改变不断进行调整。这说明通才教育课程设置总是与具体的教育目标相联系,因而带有一定的主观性,并没有统一的标准。这就要求必须通过持续不断的实践来逐步积累经验,最终形成一个与具体的社会环境、教育目标相适应的、切实可行的通才教育课程体系。

学生是通才教育所要实施的对象,学生原有的知识结构也在很大程度上影响到通才教育实施的效果。正如物理学家吴大猷所观察到的,"在高中未养成广面求知的兴趣和习惯,再到大学来通识,似嫌晚了些!"[①]1922年"壬戌学制"颁布后,直接与大学相衔接的是高级中学。按照规定,高中分普通、农、工、商、师范、家事等科(可单设一科,也可兼设数科),并且实行选科制。在这种制度下,农、工、商、师范、家事等科的学生知识结构显然已经专门化了,即使以升入大学为主要目标的普通科学生也是文理分科,各有所专。如1924年的东南大学附中,高中实行分科制,分普通科、商科和师范科,普通科又分第一系(文科)和第二系(理科),已经形成了文、理分科的格局。[②] 再如1926的上海浦东中学,高中分升学科、普通科和职业科,其中升学科以升入大学为主要目的,虽然不分文理,设置必修课和选修课,但必修课只占总学分的57%,选修课分为国文、外国语、自然科学、数学、社会科学、艺术等六大门类,由学生按个人兴趣及将来职业志愿进行选习,其结果也是使学生的知识结构过早专门化。[③] 到南京国民政府时期,为了提高中学教学质量,实行会考制,规定初中和高中学生最后都必须参加毕业会考。然而,为了应对会考,初中和高中最后一年基本上都用于"背题目、研究对付考试的方法",导致中学六年实际只有四年时间在学习。[④] 结果,会考制能否使中学生知识水平有所提

---

① 吴大猷:《通识教育》,齐家莹:《科枝大师人文随笔精选》,北京:新世界出版社,2003年,第346页。

② 廖世承等:《施行新学制后之东大附中》,1924年,第69—71页。

③ 《浦东中学廿周年纪念刊》,1926年,第23—25页。

④ 《对北大拟行一年级不分系制几点意见》,《北平晨报》1936年5月21日,第8版。

高,也只能打一个问号。

在当时中学已经开始实行分科教学、学生知识结构有所专门化的情况下,清华只能通过对招考科目和录取标准进行设置来保证选拔出那些相对符合通才教育目标的学生。当时,所有报考清华的考生都要应考相同的必考科目,而且所有科目的考试成绩在录取时的权重完全相等,而不是对文理不同类别的考生设定不同的录取标准。这已经形成了清华招生的一大特色。当时曾流行这样一种说法:“具有某种学科特长的人,利于考北大;平均发展的人,似乎考清华较为合适”。① 但这种办法实行过程中较易受到客观条件的制约,也只是一种迫不得已的权宜之计。若要通才教育能收到良好的效果,必须将其向前延伸到中学教育阶段,这不得不涉及到整个教育制度的改革问题。

教学活动是大学传授知识、培养人才的主要途径,教学方法的优劣对于通才教育目标的实现尤为重要。教学方法是指“在教学活动中,教师如何对学生施加影响、怎样把科学知识传授给学生并培养学生能力、发展智力,形成一定道德品质和素养的具体的手段”。② 大学教授人选决定了一所大学发展的整体水平。所以,梅贻琦说“所谓大学者,非有大楼之谓也,有大师之谓也”。有人曾对“教授”一词的含义进行了解析,认为“‘教’是把所学得的,所经验得的,所发明得的事物告诉给另一个人”,是指“学识”;“‘授’是把上述的事物,用种种的方法,譬如谈话,通信,著作……传达给另一个人,使他能够以最少的时间,学得过去数千万年在人类进化经程中的若干阶段,以奋斗、刻苦、不折不挠的精神,以继续的形态所遗下的为生存所必需的知识与经验”,是指“方法”。③ 教授不仅要具有渊博的学识,而且要掌握适当的教学方法。但教学方法的优劣又不可一概而论,对于某些学科适合的教学方法,未必适合其他的学科,对于一些教师适合的教学方法

① 师谠:《北大被清华同化了》,《北平晨报》1937 年 6 月 11 日,第 9 版。
② 潘懋元、王伟廉主编,《高等教育学》,福州:福建教育出版社,1995 年,第 201 页。
③ 酉生:《论教授》,《清华周刊》第 539 期,1932 年 5 月 21 日,第 110 页。

对另一些教师未必适合,教学方法必须与学科内容以及教师的个性相适应,才能收到良好的效果。这些都需要在教学活动中不断地探索和尝试,才能找到比较适合的教学方法。这一时期清华的教学活动也充分证明了这一点。

在教学活动方面,清华的通才教育还呈现出一个明显的特征,即目标明确,强调教师对学生的指导作用,实现严格的考试制度,以确保达到预期的教学目标。1926 年就读于清华的徐铸成认为清华"制度严,功课紧","每个学生总能达到预期的教育要求";相比较而言,北大、师大等校,教学管理比较松驰,上课一般不点名,也从不考试,完全依靠学生自觉。[①] 北大尤其以"自由研究"著名,"没有无谓的考试的束缚",学生甚至可以一学期不到校。[②] 不同的教学管理方法所产生的效果自然也就有所不同。如 1934 年北大文学院院长胡适应邀出席清华毕业考试,就已感觉到清华"学生训练较北大为整齐"。[③] 与此同时,北大校长蒋梦麟也发现北大采取"自由发展政策",导致"对于一般的训练,多有忽略",学生在研究工具和基础知识方面"殊感不足",决定改变教育方针,"采折衷主义,欲兼取放任主义与严格训练二者之长"。[④] 自由发展固然能使学生的个性和潜能得到发展,但是拥有天赋的人毕竟只是少数,对于大多数学生而言,不通过严格的训练打下坚实的基础,所谓的自由研究也只能是空中楼阁。

知识的博通与专精的关系问题也是通才教育实施过程中难以回避的问题。从理论出发,应该是"通"重于"专","专"必须以"通"为基础,反过来则难以成立。正如清华经济系教授陈岱孙所言:"治学如

① 徐铸成:《旧闻杂忆》,北京:生活·读书·新知三联书店,2009 年,第 45 页。

② 《对北大拟行一年级不分系制几点意见》,《北平晨报》1936 年 5 月 21 日,第 8 版。

③ 曹伯言整理:《胡适日记全编(1931—1937)》,第 6 册,合肥:安徽教育出版社,2001 年,第 399 页。

④ 《北大今后教育方针,放任与干涉兼施,蒋梦麟昨在新生茶会席上之表示》,《世界日报》1935 年 10 月 6 日,第 7 版。

筑塔，基础须广大，然后层层堆建上去，将来总有合尖之日。”[①]清华算学系教授郑之蕃也谆谆告诫学生：“很窄的基础很难变成高高的尖尖的东西上去，很不稳定，很容易倒下来。你们要把基础弄得很宽，它就很扎实，这样你的学问才能够真正上去。”[②]物理学家吴大猷也认为，“在一个人从事‘专精’研习之前，使他养成有对广面求知的兴趣、态度和习惯，使他有自己继续成长发展的基础，才是教育本身的目的”。[③] 也就是说，专精如果不以博通为基础，或许会暂时取得一些成功，但终究有一天会难以深入，失去继续发展的后劲。美国教育家赫钦斯早已洞察到这一点，他认为大学反复向学生灌输那些变化很快的专业知识，结果只能是“努力跟上目前的事态发展，通常会导致总是落后一步”。[④]

而且，从社会实际需要出发，也应该是“通”重于“专”。梅贻琦认为大学的重心应该“在通而不在专”，大学的任务是造就通才，因为社会最为需要的是通才，然后才是专家，专家应该交给研究院或高级专门学校培养，而不是大学。[⑤] 清华社会学系教授潘光旦也持“通”重于“专”的观点，认为应该延长大学教育年限，至少应有五年，前三年为普通教育或通识教育，后两年才分系而成专门教育，想继续追求专精的学生可入研究院。[⑥] 当然也有主张“专”重于“通”的。如李长之即认为“最理想的教育，应该是寓通于专。小而言之，让每个人有一技之长，不致作社会的纯粹消费者，不致让他想由不正当的方法以求生存；大而言之，则让每个专家有一点澄清天下的胸襟，就大处着眼的

---

① 陈岱孙(总)讲：《各系之组织内容与目的 · 经济学系》，《清华暑期周刊》第2、3期，1932年，第33页。

② 《黄培云口述自传》，长沙：湖南教育出版社，2011年，第17页。

③ 吴大猷：《通识教育》，齐家莹：《科枝大师人文随笔精选》，第346页。

④ (美)罗伯特 · M · 赫钦斯著，汪利兵译：《美国高等教育》，第28页。

⑤ 梅贻琦：《大学一解》，刘述礼、黄延复编：《梅贻琦教育论著选》，北京：人民教育出版社，1993年，第105、106页。

⑥ 潘光旦：《论教育的更张》，《新路》第1卷第10期，1948年7月17日，潘乃穆、潘乃和编：《潘光旦文集》第10卷，北京：北京大学出版社，2000年，第274页。

气度，以及应付整个局面的能力，可以备而不用，不可用时抓瞎”。[①]但是，不管赞成“通”重于“专”，还是主张“专”重于“通”，“通”都在其中占有一定的地位，而实际情况往往为一边倒的忽略“通”而强调“专”。即便如清华大学非常注重通才教育，实际的做法也是“专”重于“通”。理论与实践之间往往存在较大的落差，这也是通才教育的一个显著特征。

在通才教育实施过程中，对于追求知识的完整性方面比较容易有具体和明确的努力方向，但对于追求人格的完整性方面则往往觉得无从下手，因而也最易流于形式，难以获得预期的效果。清华大学在各个阶段的实施情况也反映了这一问题。一般倾向于将智力的训练与人格的培养分为不相干的两个部分，各自分别进行。本来，在人类知识总量尚处于有限水平的古代社会，传授知识就是以人格培养为目的，获得知识与养成人格是二而一的事情。但是在知识总量激增后的近代社会，专业知识的获取并不必然带来人格养成的结果，知识传授所承担的人格培养功能大为降低。冯友兰认为所谓“人”，“就是对于世界、社会有他自己的认识、看法，对已往及现在所有有价值的东西——文学、美术、音乐等都能欣赏”。[②] 那么，如何才能使人对世界、社会形成自己的认识和看法，已成了问题的关键所在。这也是通才教育有待解决的一个问题。

总而言之，通才教育的实施是一个系统而复杂的工程，不仅需要具备方方面面的条件，而且经常受各种客观条件的制约，不时会偏离原来的轨道。1925 年到 1937 年间清华通才教育的实施进程充分证明了这一点。所以，这一时期清华的通才教育给人以“似通似专或不通不专”的感觉。[③] 通才教育所要解决的分科时代知识面的狭窄、割裂以及人的发展不完整的问题，这是一个非常远大的目标，并非能一

---

① 李长之：《谈通才教育》，《教育短波》复 1 第 2 期，1947 年。

② 冯友兰：《论大学教育》，原载《展望》第 2 卷，第 9 期，1948 年 6 月 26 日，见谢广宽编：《冯友兰论教育》，北京：人民出版社，2010 年，第 144、145 页。

③ 清华大学校史稿编写组：《清华大学校史稿》，北京：中华书局，1981 年，第 118 页。

蹴而就，需要人们长期和坚持不懈的努力。

二、清华大学实施通才教育的成效

通才教育是一种人才培养的长效机制，短时间内并不能像专门教育那样有立竿见影的效果，这也是分科时代通才教育不易于推行的重要原因。但是，一旦开始实施，经过时间的积淀之后，即便看似不十分完美的通才教育，其成效仍然是纯粹的专门教育所难以企及的。

通才教育注重知识、文化和人的完整性，让教育重新回归其本来面目，并进而让大学重新焕发活力和光彩。从 1925 年改办大学到 1937 年抗战爆发这段时间里，清华在实施通才教育的同时，自身也获得了迅速发展，并很快跻身于中国著名大学行列。早在 1935 年清华成立二十四年之际，冯友兰就说："清华由一留学预备学校进而为中国最重要的学府之一。他进步的速率，实在令人可惊。"[①]抗战胜利后，冯友兰又说："在对日全面战争开始以前，清华的进步，真是一日千里。对于融合中西新旧一方面，也特别成功。"[②]蒋廷黻后来也感叹："在短短的几年时间，清华已发展为全国数一数二的学府"。[③] 2011 年清华百年校庆大会上，胡锦涛也对抗战前清华的快速发展及其所取得的成就予以充分肯定："建校伊始，清华秉持科学救国思想，倡导'中西融合、古今会通、文理渗透'，一批学界泰斗在清华园里潜心治学、精育良才，形成了名师荟萃、鸿儒辉映的盛况，很快发展成为我国最好的大学之一，填补了我国现代科技的诸多空白。"[④]清华的迅

① 冯友兰：《清华二十四周年纪念感言》，《清华副刊》（清华二十四周年纪念特刊），1935 年。

② 冯友兰：《清华的回顾与前瞻》，原载《清华旬刊》（校庆三十七周年特刊），1948 年 4 月 27 日，见冯友兰：《三松堂全集·教育文集》第 14 卷，郑州：河南人民出版社，2001 年，第 157 页。

③ 《蒋廷黻回忆录》，长沙：岳麓书社，2003 年，第 127 页。

④ 胡锦涛：《在庆祝清华大学建校 100 周年大会上的讲话》，《中国大学教学》2011 年第 5 期。

速崛起固然存在多方面的原因，如稳固的基金保障、一流的师资队伍、先进的办学理念、选派留学的独特优势等等，但是通才教育的实施应该是其中最重要的原因之一。研究者在探讨这一时期清华取得成功的原因时都肯定了通才教育所发挥的关键作用。[①]

清华通过实施通才教育，培养了一大批杰出人才，很多人成为学术界的领军人物和大师级人物，其中当选为中国科学院院士（学部委员）、工程院院士以及美国科学院院士或台湾"中央研究院"院士的人数之密集，不能不令人惊叹这一教育史上的奇迹。清华学生中1925年到1937年间入学，并于1929年至1942年间毕业的当选为中科院院士（学部委员）、工程院院士、美国科学院院士以及台湾"中央研究院"院士就有74位，兹列名单如下：[②]

1929级：王淦昌　周同庆　袁瀚清（袁翰青）　张大煜　夏坚白

1930级：龚祖同

1931级：钱思亮（台湾"中研院"）

1932级：娄成后

1933级：傅承义　赵九章　王竹溪　程浴淇　杨遵仪　徐　仁　柯　召　许宝騄

1934级：翁文波　张宗燧　时　钧　高振衡　孙德和　徐芝纶　吴春晗（吴晗）　季羡林　夏　鼐

① 参见刘克选：《三十年代清华大学成功原因初探》，《自然辩证法通讯》第3期，1994年。刘超：《抗战前清华之成长与民国大学变革》，《清华大学学报》（哲学社会科学版）第1期，2011年。刘超、李越：《梅贻琦与清华之崛起》，《清华大学学报》（哲学社会科学版）第6期，2012年。

② 参见苏云峰：《从清华学堂到清华大学（1928—1937）》，北京：生活·读书·新知三联书店，2001年，第221—243页。清华大学校史研究室编：《清华人物志》（4），校友中院士专辑，北京：清华大学出版社，1996年。并据《清华大学史料选编》卷2、卷3所载各级新生名单、毕业生名单进行了订正。参见清华大学校史研究室编：《清华大学史料选编》第2卷，第781—879页，北京：清华大学出版社，1991年。清华大学校史研究室编：《清华大学史料选编》第3卷（下）第458—473页，北京：清华大学出版社，1994年。

1935 级:彭桓武　钱伟长　汪德熙　陈新民

1936 级:钱三强　何泽慧　王大珩　郁钟正(于光远)　陈冠荣　武　迟　程纯枢　王伏雄　王志钧　段学复

1937 级:秦馨菱　葛庭燧　林家翘(美国科学院、台湾“中研院”、中科院外籍)　冯新德　吴征镒　梁守槃

1938 级:胡　宁　张恩虬　陈芳允　李整武(李正武)　曹本熹　朱亚杰　王世真　黄培云　宋淑和(宋叔和)　武　衡　张　琨(台湾“中研院”)　何炳棣(台湾“中研院”)

1939 级:吕保维　林为幹　萧　伦

1940 级:叶笃正　谢义炳　李鹗鼎　李敏华　沈　元　屠守锷　吴仲华　孟庆基(孟少农)　洪朝生　常　迥　陈丽妫(陈力为)

1941 级:卢肇钧　池际尚

1942 级:严志达

在此期间的每一级毕业生中都有人当选院士,获得这一学术界的最高荣誉,而且其中 1936、1938、1940 级每级有十人以上当选,这显然不是一种偶然现象。虽然通才并不是能否当选院士的必要条件,专家也可以当选院士,但是上列毕业于清华的院士,大多是基础扎实、知识广博、文理兼通的人才。理学院毕业的院士这一特征尤为明显,不仅自然科学成绩优异,中国通史课程成绩尤其优秀,国文和英文成绩也大多在中、上等水平。所谓的通才并不是只博不专,而是博及各科,专精一门,与那些知识面狭窄的专家相比,其优势显而易见。

表6-1 清华大学毕业部分院士公共必修学程成绩一览①

姓名	系别	国文	英文	中国通史	西洋通史	经济学概论	社会学原理	逻辑	高级算学	微积分	普通物理	普通化学	普通生物学
季羡林	外文	中	上		超			上					
葛庭燧	物理	86	93			66	86	98			83	83	
翁文波	物理	上	上	中						上	超	上	
高胜衡	化学	中	中				中			上	中	中	中
时钧	化学	下	下			中				上		超	
孙德和	化学	上	中			中				中	上	中	
徐芝纶	土木	中	中			上				超	超	上	
秦馨菱	物理	66	76		73				86	76	88	76	
萧伦	化学	86	86	93					93		83	96	
吴征镒	生物	86	76	96				93				76	
梁守槃	机械	76	86			83				86	93	86	
张琨	中文	86	76	89				79					80
何炳棣	历史	86	96	90	99				64			79	
陈芳允	物理	79	76			69				86	84	76	
李整武	物理	76	84	94						79	89	74	
林家翘	物理	86	96	93						96	98	96	
张恩虬	物理	76	74	86					76	66	76	及格	
曹本熹	化学	76	86	89						86	65	96	
黄培云	化学	86	86	94					94	79	86	96	
朱亚杰	化学	76	84	96						96	69	89	
宋淑和	地学	76	76	84					76			76	
吕保维	电机	70	85			70				96	100	84	
林为幹	电机	71	64			69				86	80		

注:表中的超、上、中、下所代表的成绩分别为91～100、81～90、71～80、61～70分。

① 中国第二历史档案馆藏教育部档案,全宗号:五,案卷号:6188(1)、6188(2)、6188(3)、6188(4)。

清华大学通才教育的成效不仅仅在于培养出了多少杰出人才和学术大师，而且更多地体现在那些曾经受教于此的学子，他们走出校门后在工作、研究、生活中所呈现出的触类旁通、游刃有余。1934年毕业于清华外国语文系的季羡林，对他终生产生"深刻而悠久的影响"的并不是本系的课程，而是两门不属于外国语文系的课程，是他旁听的历史系的"佛经翻译学"和选修的中文系的"文艺理论学"，这两门课程最终成为他学术研究的"发轫"。[①] 1935年毕业于清华物理系的钱伟长，认为他在清华的最大收获为："在数学、物理、化学方面建立了较宽广的基础，而且学到了一整套自学的科学方法和严肃的科学学风"，为后来的教学科研工作打下了坚实的基础。[②] 后来在工作中因为"会查东西，看书也快，各方面的基础也有一点"，"今天干完这个明天就可转另一题目去"，表现出很强的适应能力。[③] 钱伟长的同班同学彭桓武通过选学不同的学科学到了各种思维方式，在自然科学研究中借鉴社会科学的方法，"集各家之所长，形成了自己的风格"。[④] 1937年毕业于清华大学经济系的杨联陞，后来到美国后因为英文基础扎实，讲课、写论文、讨论都能应付裕如；而另一位北大毕业的历史学家，学问精深渊博，但是因受外语水平的限制，不能发挥所长。[⑤] 以上都是人们经过时间检验而得到的对通才教育效果的真切感受。他们受惠于通才教育之处，在于从中所收获的不仅仅是一些狭窄的专业知识，更重要的是坚实的基础、思维的方法及学习的能力。1933年毕业于清华大学物理系的傅承义对此有清晰的认识：

---

① 《季羡林全集·学海泛槎——季羡林自述》，第5卷，北京：外语教学与研究出版社，2009年，第217—218页。

② 钱伟长：《八十述怀》，《钱伟长文选》第4卷，上海：上海大学出版社，2004年，第64、65页。

③ 钱伟长：《和青年朋友们谈学习问题》，齐家莹：《科枝大师人文随笔精选》，北京：新世界出版社，2003年，第401页。

④ 彭桓武：《八十自述：治学与为人之道》，《物理天工总是鲜：彭桓武诗文集》，北京：北京大学出版社，2001年，第89、90页。

⑤ 《纪念杨联升教授》，见周一良：《毕竟是书生》，北京：北京十月文艺出版社，1998年，第184页。

“没有任何一个大学的教学计划能把将来工作中所需要的知识都包括进去，大学阶段的学习只能作为是一个入门。重要的是经过大学训练，使你自学更容易而已。”①这是清华通才教育在知识传授方面所取得的最显著的成效。

清华通才教育的成效还体现在孕育和培养了一种“清华精神”。清华校友认为“清华精神”就是“清华人在各方面的成就上，一向所表现的精神”，主要包括“实干”“服务”“We are men and women of integrity”[我们是完整的(廉正知耻)的人]等。② 彭桓武这样总结自己一生为人处世的经验：“主动继承，放开拓创，实事求是，后来居上。”③这是一种求真务实、努力进取、不浮躁的人生态度。一个国家和社会有这样的人作为中坚力量，并由此而相互砥励、相互影响，必将充满正气和希望。这是清华通才教育最为深远的成效。

事实上，通才教育理念一直为人们所追随，并逐渐为越来越多的人所接受。拿美国来说，自从通识教育的理念被提出以后，特别是二十世纪三十年代以后，通识教育在美国教育发展中一直占据着比较重要的地位，四五十年代，其重要性一度被提到国家战略的高度。“每当美国高等教育出现危机、或者面临迅速变化的尖端技术时，通识教育总是被看作应付这些挑战，进行革新的催化剂”。④ 三十年代中后期，中国大学和教育行政部门也逐渐意识到实施通才教育的必要性和重要性。如 1936 年浙江大学开始讨论大学一年级不分系问题，决定成立“公共科目课程分配委员会”，讨论各学院公共基础课程设置问题。⑤ 1937 年北京大学也终于决定采用一年级不分院系的办

① 傅承义：《地球物理学的探索及其他》，北京：科学技术文献出版社，1993 年，第 40 页。

② 朱自清：《我所见的清华精神》，《清华校友通讯》新 36 期，1971 年 4 月 20 日。周辩明：《清华精神》，《清华校友通讯》，新 37、38 合刊，1971 年 10 月 31 日。

③ 彭桓武：《八十自述：治学与为人之道》，《物理天工总是鲜：彭桓武诗文集》，北京：北京大学出版社，2001 年，第 93 页。

④ 李曼丽：《通识教育——一种大学教育观》，北京：清华大学出版社，1999 年，第 72 页。

⑤ 竺可桢：《竺可桢日记》，第 1 册，北京：人民出版社，1984 年，第 36 页。

法，目的是为了使学生“兴趣广泛一点”，因为许多学生为知识不足所限，在一年级“选不出系来”。[1] 1938 年 9 月至 11 月，国民党教育部公布大学文、理、法、工、农、商各学院共同必修科目，以注重基本知识的训练，“以求合于由博及约之道”。[2] 八十年代中后期，中国开始提出“素质教育”的概念，强调人的全面发展，也是对通才教育理念的认同。有研究者认为：“通才教育对二十世纪的中国至关重要，别无它选。通才教育可能不是最适合中国国情的高等教育体制，但其他种种体制更加糟糕。”[3]进入二十一世纪，中国仍然需要回答著名的“钱学森之问”——为什么我们的学校总是培养不出杰出人才？通才教育作为一种大学教育理念和模式应该是其中的答案之一。

---

① 《对北大拟行一年级不分系制几点意见》，《北平晨报》，1936 年 5 月 21 日，第 8 版。

② 《抗战前之高等教育》，《革命文献》第 56 辑，台北：中国国民党中央委员会党史史料编纂委员会，1971 年，第 126、130 页。

③ (美)易社强著，饶佳荣译：《战争与革命中的西南联大》，北京：九州出版社，2012 年，第 316—317 页。又见(美)易社强著，饶佳荣译：《西南联大的通才教育》，《百年潮》，2012 年第 5 期。

参考文献

一、档案文献与资料汇编

清华大学档案，清华大学档案馆藏。

教育部档案，中国第二历史档案馆藏，全宗号：五，案卷号：6188(1)、6188(2)、6188(3)、6188(4)。

严鹤龄：《清华学校董事管理校务严鹤龄报告书》，北京市档案馆藏。

清华大学校史研究室编：《清华大学史料选编》第1、2卷，北京：清华大学出版社，1991年。

清华大学校史研究室编：《清华大学史料选编》第3卷，北京：清华大学出版社，1994年。

北京大学、中国第一历史档案馆编：《京师大学堂档案选编》，北京：北京大学出版社，2001年。

教育部高等教育司编：《全国高等教育统计》，1931年。

《南大百年实录》编辑组编：《南大百年实录——中央大学史料选》(上)，南京：南京大学出版社，2002年。

璩鑫圭、唐良炎编：《中国近代教育史资料汇编——学制演变》，上海：上海教育出版社，1991年。

王学珍、郭建荣编：《北京大学史料(1912—1937)》第2卷(中册)，北京：北京大学出版社，2000年。

中国第二历史档案馆编：《北洋政府档案·外交部》第10册，北京：中国档案出版社，2010年。

中国国民党中央委员会党史史料编纂委员会编：《抗战前教育概况与检讨》，《革命文献》第55辑，台北，1983年。

中国国民党中央委员会党史史料编纂委员会编：《抗战前之高等

教育》,《革命文献》第 56 辑,台北,1971 年。

中国国民党中央委员会党史史料编纂委员会编:《抗战时期教育》,《革命文献》第 58 辑,台北,1972 年。

二、校刊及校友出版物

《清华周刊》

《国立清华大学校刊》

《消夏周刊》

《清华暑期周刊》

《清华周刊副刊》

《清华副刊》

《清华一览》,1925 年。

《国立清华大学学程大纲(附学科内容说明)》,1929 年。

《国立清华大学本科学程一览》,1929 年。

《国立清华大学一览》,1930 年。

《国立清华大学一览》,1932 年。

《国立清华大学一览》,1935 年。

《国立清华大学二十周年纪念刊》,1931 年。

《国立清华大学教职员录》,1934 年 10 月。

《国立清华大学教职员录》,1936 年 10 月。

《清华校友通讯》(北平)

《清华校友通讯》(台湾)

钱锡康主编:《校友文稿资料选编》第 8 辑,北京:清华大学出版社,2002 年。

孙哲主编:《校友文稿资料选编》第 17 辑,北京:清华大学出版社,2012 年。

《复旦大学一览》,1937 年。

《光华大学十周纪念册》,1935 年。

《国立中央大学一览・文学院概况》,1930 年。

《国立中央大学一览·理学院概况》,1930 年。

三、日记、书信、回忆录、口述史、文集

蔡德贵:《择善而从——季羡林师友录》,杭州:杭州大学出版社,2005 年。

蔡德贵整理:《季羡林口述史》,西安:陕西师范大学出版社,2010 年。

常风:《逝水集》,辽宁教育出版社,1995 年。

曹汝霖:《曹汝霖一生之回忆》,台北:传记文学出版社,1980 年。

陈岱孙:《陈岱孙文集》,北京:北京大学出版社,1989 年。

陈寅恪:《陈寅恪先生全集》(补编),台北:里仁书局,1979 年。

崔国良、崔红编,董秀桦编译:《张彭春论教育与戏剧艺术》,天津:南开大学出版社,2003 年。

冯友兰:《三松堂自序》,北京:人民出版社,2008 年。

何炳棣:《读史阅世六十年》,桂林:广西师范大学出版社,2005 年。

胡晓风等编:《陶行知教育文集》,成都:四川出版集团、四川教育出版社,2005 年。

郭亦玲、沈慧君编:《吴有训的科学贡献:吴有训科学论著、讲演、文稿、谈话集》,厦门:鹭江出版社,1997 年。

季羡林:《季羡林全集·学海泛槎——季羡林自述》第 5 卷,北京:外语教学与研究出版社,2009 年。

政协喜善县委员会文史委员会:《嘉善精英——中国科学院五院士》,1997 年。

蒋廷黻:《蒋廷黻回忆录》,长沙:岳麓书社,2003 年。

《黄培云口述自传》,长沙:湖南教育出版社,2011 年。

黎东方:《平凡的我——黎东方回忆录》,北京:中国工人出版社,2011 年。

李继凯、刘瑞春编:《追忆吴宓》,北京:社会科学出版社,

2001年。

李先闻:《李先闻自传》,台北:台湾商务印书馆,1970年。

《梁方仲经济史论文集集遗》,广东人民出版社,1990年。

刘培育主编:《金岳霖的回忆与回忆金岳霖》,成都:四川教育出版社,1995年。

刘述礼、黄延复编:《梅贻琦教育论著选》,北京:人民教育出版社,1993年。

刘绪贻口述、余坦坦整理:《箫声剑影:刘绪贻口述自传》,桂林:广西师范大学出版社,2010年。

罗家伦先生文存编辑委员会编:《罗家伦先生文存·演讲》,国史馆、中国国民党中央委员会党史委员会,1988年。

罗家伦先生文存编辑委员会编:《罗家伦先生文存·日记与回忆、艺文》,台北:国史馆、中国国民党中央委员会党史委员会,1989年。

罗家伦先生文存编辑委员会编:《罗家伦先生文存·函札》,国史馆、中国国民党中央委员会党史委员,1989年。

罗家伦:《文化教育与青年》,上海:商务印书馆,1946年。

罗久芳编:《五四飞鸿:罗家伦珍藏师友书简集》,天津:百花文艺出版社,2010年。

罗思编:《写在钱钟书边上》,上海:文匯出版社,1996年。

南开大学历史学院编:《雷海宗与二十世纪中国史学》,北京:中华书局,2005年。

欧阳哲生主编:《傅斯年全集》,第5卷,长沙:湖南教育出版社,2000年。

潘大逵:《风雨九十年——潘大逵回忆录》,成都:成都出版社,1992年。

潘乃穆、潘乃和编:《潘光旦文集》第10卷,北京:北京大学出版社,2000年。

彭桓武:《物理天工总是鲜:彭桓武诗文集》,北京:北京大学出版社,2001 年。

浦江清:《清华园日记》,北京:生活·读书·新知三联书店,1999 年。

浦薛凤:《万里家山一梦中(浦薛凤回忆录)》,合肥:黄山书社,2009 年。

《钱宾四先生全集·文化与教育》,台北:联经出版公司,1998 年。

钱伟长、虞昊编:《一代师表叶企孙》,上海:上海科技出版社,2013 年。

任文贵、杨北楼:《长相思:名人笔下的教师》,北京:北京出版社,2000 年。

上海档案馆译:《颜惠庆日记》,北京:中国档案出版社,1984 年。

舒新城:《我和教育——三十五年教育生活史(1892—1928)》,上海:中华书局,1946 年。

孙哲主编:《春风化雨:百名校友忆清华》,北京:清华大学出版社,2011 年。

王大珩:《七彩的分光》,长沙:湖南少年儿童出版社,2000 年。

王淦昌:《王淦昌全集》第 5 卷,石家庄:河北教育出版社,2004 年。

王鸿祯:《中国地质事业早期史——纪念丁文江 100 周年章鸿钊 110 周年诞辰》,北京:北京大学出版社,1990 年。

吴学昭整理:《吴宓日记》,北京:生活·读书·新知三联书店,1998 年。

吴学昭编:《吴宓书信集》,北京:生活·读书·新知三联书店,2011 年。

吴有训百年诞辰纪念活动筹备委员会编:《吴有训百年诞辰纪念文集》,北京:中国科学技术出版社,1997 年。

夏鼐:《夏鼐日记》,上海:华东师范大学出版社,2012 年。

萧公权:《问学谏往录——萧公权治学漫忆》,上海:学林出版社,

1997年。

徐萱:《忘忧草》,北京:人民日报出版社,2004年。

徐铸成:《旧闻杂忆》,北京:生活·读书·新知三联书店,2009年。

徐铸成:《徐铸成回忆录》,北京:生活·读书·新知三联书店,1998年。

薛福成:《庸盦海外文编四卷》,清光绪二十二年(1896)上海醉六堂石印本。

《学府纪闻——国立清华大学》,台北:南京出版有限公司,1981年。

颜惠庆著,吴建雍等译:《颜惠庆:一位民国元老的历史记忆》,北京:商务印书馆,2003年。

杨遵仪:《桃李满天下——纪念袁复礼教授百年诞辰》,武汉:中国地质大学出版社,1993年。

虞坤林编:《志摩的信》,上海:学林出版社,2004年。

俞平伯:《俞平伯全集·秋荔亭日记(二)》第10卷,石家庄:花山文艺出版社,1997年。

张玲霞编:《藤影荷声——清华校刊文选(1911—1949)》,北京:清华大学出版社,2001年。

张彭春:《张彭春日记》,稿本,南京图书馆藏。

张朋园等编:《郭廷以先生访问纪录》,台北:中央研究院近代史研究所,1987年。

张品兴编:《梁启超家书》,北京:中国文联出版社,2000年。

周辅成:《周辅成文集》第2卷,北京:北京大学出版社,2011年。

周谷平、赵卫平编:《孟宪承教育论著选》,北京:人民教育出版社,1996年。

《朱光潜纪念集》,合肥:安徽教育出版社,1987年。

朱金顺编:《朱自清研究资料》,北京:北京师范大学出版社,1981年。

朱乔森编:《朱自清全集·日记》第9卷,南京:江苏教育出版社,1997年。

《朱希祖日记》,北京:中华书局,2012年。

庄丽君编:《世纪青华》,北京:光明日报出版社,1998年。

庄丽君编:《世纪清华》(2),北京:光明日报出版社,2001年。

庄丽君编:《世纪清华》(3),北京:清华大学出版社,2001年。

张岱年、邓九平主编:《草堂怀旧》,北京:北京师范大学出版社,1997年。

章含之等:《我与乔冠华》,北京:中国青年出版社,1994年。

赵元任:《赵元任生活自传》,北京:中国华侨出版公司,1989年。

郑小惠等编:《清华记忆——清华大学老校友口述史》,北京:清华大学出版社,2011年。

四、民国时期报纸、期刊

《北平晨报》

《大公报》

《华北日报》

《申报》

《世界日报》

《益世报》

《独立评论》

《高等教育季刊》

《留美学生年报》

《福建教育月刊》

《国闻周报》

《观察》

《教育短波》

《教育杂志》

《现代青年》

《新南星》

《学生杂志》

《云南教育通讯》

《中华教育界》

《中学生》

《周论》

五、论著

卞僧慧:《陈寅恪先生年谱长编(初稿)》,北京:中华书局,2010年。

蔡仲德:《冯友兰先生年谱初编》,郑州:河南人民出版社,1994年。

陈锡恩著,檀仁梅、廖汉译:《美国大学课程的改造》,上海:商务印书馆,1948年。

陈向明等:《大学通识教育模式的探索:以北京大学元培计划为例》,北京:教育科学出版社,2008年。

方惠坚、张思敬主编:《清华大学志》,北京:清华大学出版社,2001年。

傅承义:《地球物理学的探索及其他》,北京:科学技术文献出版社,1993年。

贺崇铃主编:《清华人物志》(3),北京:清华大学出版社,1995年。

黄俊杰:《大学通识教育探索——中国台湾经验》,广州:中山大学出版社,2002年。

黄延复:《水木清华:二三十年代清华校园文化》,桂林:广西师范大学出版社,2001年。

黄延复:《梅贻琦教育思想研究》,沈阳:辽宁教育出版社,1994年。

黄延复:《梅贻琦与清华大学》,太原:山西教育出版社,1995年。

李传信主编:《清华人物志》(4),校友中院士专辑,北京:清华大学出版社,1996 年。

李曼丽、林小英:《后工业时代的通识教育实践——以北京大学和香港中文大学为例》,北京:民族出版社,2003 年。

李曼丽:《通识教育——一种大学教育观》,北京:清华大学出版社,1999 年。

黎学平:《美国大学通识教育课程发展研究》,长春:吉林人民出版社,2005 年。

罗家伦:《文化教育与青年》,商务印书馆,1946 年。

罗久芳:《罗家伦与张维桢——我的父亲母亲》,天津:百花文艺出版社,2006 年。

梅志:《胡风传》,北京:北京十月文艺出版社,1998 年。

潘懋元、王伟廉主编:《高等教育学》,福州:福建教育出版社,1995 年。

齐家莹等编:《清华人文学科年谱》,北京:清华大学出版社,1999 年。

清华大学校史编写组:《清华大学校史稿》,北京:中华书局,1981 年。

清华大学校史研究室编:《清华大学九十年》,北京:清华大学出版社,2000 年。

舒新城:《中国近代留学史》,上海:中华书局,1927 年。

苏云峰:《从清华学堂到清华大学(1911—1929)》,北京:生活·读书·新知三联书店,2001 年。

苏云峰:《从清华学堂到清华大学(1928—1937)》,北京:生活·读书·新知三联书店,2001 年。

孙宏云:《中国现代政治学的展开:清华政治学系的早期发展(1926—1937)》,北京:生活·读书·新知三联书店,2005 年。

万俊人等编:《清华大学文史哲谱系》,北京:清华大学出版社,2012 年。

王正行:《严谨与简洁之美:王竹溪一生的物理追求》,北京:北京大学出版社,2008 年。

姚树华:《冯秉铨教授的道路》,广州:华南工学院出版社,1987 年。

吴洪成:《生斯长斯,吾爱吾庐:清华大学校长梅贻琦》,济南:山东教育出版社,2004 年。

徐葆耕:《释古与清华学派》,北京:清华大学出版社,1997 年。

杨东平:《通才教育论》,沈阳:辽宁教育出版社,1989 年。

朱潇潇:《专科化时代的通才——1920—1940 年代的张荫麟》,上海:复旦大学出版社,2011 年。

(德)康德著,许景行译:《逻辑学讲义》,北京:商务印务馆,1991 年。

(美)罗伯特·M·赫钦斯著,汪利兵译:《美国高等教育》,杭州:浙江教育出版社,2001 年。

(美)易社强著,饶佳荣译:《战争与革命中的西南联大》,北京:九州出版社,2012 年。

六、学位论文

李蕾:《普林斯顿大学通识教育研究》,湖南师范大学硕士论文,2012 年。

刘军:《中国近代大学预科发展研究》,华东师范大学博士论文,2012 年。

杨竞红:《会通中西,传承创新——三四十年代梅贻琦通才教育思想和实践研究》,浙江师范大学 2004 年硕士论文。

杨颉:《大学通识教育课程研究——日本通识教育的历史与模式》,华东师范大学博士学位论文,2003 年。

王海燕:《芝加哥大学通识教育研究》,河北师范大学硕士论文,2007 年。

肖玮萍:《中国近代大学外语专业人才培养研究》,厦门大学博士学位论文,2013 年。

张雪蓉:《以美国模式为趋向:中国大学变革研究(1915—1927)——国立东南大学为个案》,华东师范大学博士学位论文,2004 年。

朱燕飞:《麻省理工学院通识教育研究》,中国科学技术大学硕士学位论文,2005 年。

七、论文

陈华东:《我所知道的早年罗家伦先生》,《书屋》,2015 年,第 2 期。

方东美:《"但有凋谢无死亡"的罗志希先生》,《传记文学》第 30 卷第 1 期,台北:传记文学出版社,1977 年。

金富军:《清华学校改办大学过程述评》,《纪念〈教育史研究〉创刊二十周年论文集·中国学校史志》,2009 年。

刘超:《抗战前清华之成长与民国大学变革》,《清华大学学报》(哲学社会科学版),2011 年,第 1 期。

刘超、李越:《梅贻琦与清华之崛起》,《清华大学学报》(哲学社会科学版),2012 年,第 6 期。

刘克选:《三十年代清华大学成功原因初探》,《自然辩证法通讯》,1994 年,第 3 期。

刘继青:《大学改革的理想与困境——罗家伦整理整顿清华大学的前前后后(1928—1930)》,《清华大学学报》(哲学社会科学版),2013 年,第 6 期。

施士元口述,杨慧整理:《我所认识的淦昌兄——纪念著名核物理学家王淦昌先生逝世两周年》,《名人传记》,2000 年,第 12 期。

苏云峰:《罗家伦与清华大学》,《中央研究院近代史研究所集刊》,第 16 期,1987 年。

苏云峰:《清华校长人选和继承风波(1918—1931)》,《中央研究院近代史研究所集刊》,第 22 期(下),1993 年。